南京大学人文基金资助集刊

中文社会科学引文索引（CSSCI）来源集刊

民 国 研 究
STUDIES ON REPUBLICAN CHINA

2019 年秋季号　总第 36 辑

主　编／朱庆葆

社会科学文献出版社
SOCIAL SCIENCES ACADEMIC PRESS (CHINA)

民国研究

2019 年秋季号　总第 36 辑

目　　录

Studies on Republican China
Autumn 2019　No. 36

Contents

《纺织时报》视野中的五卅运动*

高红霞** 刘盼红***

提　要　《纺织时报》是由华商纱厂联合会创办的一份行业性报纸，它对五卅运动做了全程报道。检视报道内容，其对事件的反应是不断变化的，这种变化在同时期其他报刊中或多或少也有体现，但因各类报纸报道的立足点不同，在报道的面向和细节方面都存在差异。比较同时期的商业性报纸、党派机关报以及其他行业性报纸，从报道风格和倾向性文字方面可以窥见，无论《纺织时报》的报道如何变化，其维护华商纱厂利益的立足点是不变的。《纺织时报》对于五卅运动的全程报道，在某种程度上为我们揭示了纺织行业资方群体在事件中的心路历程。

关键词　《纺织时报》　华商纱厂联合会　五卅运动

一　关于《纺织时报》和五卅运动的相关研究

《纺织时报》由华商纱厂联合会于 1923 年 4 月 16 日创办，终刊于八一三淞沪抗战前夕，是近代上海第一份报道内容较为全面的纺织行业报纸，

---

* 本文系国家社科基金项目"近代上海传统行业及行业群体研究"（17BZS137）阶段性成果。

** 高红霞，上海师范大学人文学院教授。

*** 刘盼红，上海师范大学人文学院博士研究生。

也是中国近代唯一的纺织行业报纸。① 就该报功能而言，它是当时国内外纺织界人士沟通纺织行业消息、发表业界舆论的平台，因此也成为今天研究 20 世纪二三十年代中国纺织行业业态及纺织行业华商群体状况的重要资料。

目前学界关于《纺织时报》的专门文本研究尚付阙如，《纺织时报》如何报道五卅运动也未见多少探讨。较为多见的是，在对民国社会经济和行业经济研究的论著中，大量引用《纺织时报》报道作为一些观点的佐证。此方面论著有两类：劳资关系研究和中外纱厂关系研究。关于劳资关系研究，代表性文章如田彤的《1933 年纱厂减工风潮中的劳资对抗》和《宝成三八制与劳资关系》。前篇引用《纺织时报》关于华商纱厂减工的报道，考察劳资双方的对抗关系；后篇引用《纺织时报》关于宝成三八制改革的内容，探讨劳资双方的复杂关系。② 在关于华商纱厂和外国纱厂以及华商纱厂与外国纱厂之间关系的研究中，引用《纺织时报》分析华商染织厂如何私下利用中日纱厂关系和华商纱厂内部关系应对细纱交易困境、国际环境下华商纱厂的发展状况、日英纱厂的复杂博弈关系等。③

关于五卅运动的研究论著不计其数，利用报刊研究五卅运动也已成为学界研究的热点，这些研究包含报刊中的五卅运动和五卅运动中的报刊两种研究路径。前者主要利用报刊研究五卅运动，如《福尔摩斯》报中的"五卅惨案"家属抚恤金问题，《上大五卅特刊》对五卅运动的总结与反思，《向导》周报中的五卅运动，从《民报》看冯玉祥对五卅运动的态度等。④ 后者主要从报刊本身出发，看五卅运动中报刊的特点、价值、发展

---

① 这里所说的报纸不包括期刊，近代上海第一份纺织行业期刊是华商纱厂联合会于 1919 年创办的《华商纱厂联合会季刊》。参见中国近代纺织史编委会编著《中国近代纺织史》上卷，中国纺织出版社，1996，第 245 页。

② 田彤：《1933 年纱厂减工风潮中的劳资对抗》，《贵州社会科学》2013 年第 9 期；田彤：《宝成三八制与劳资关系》，《浙江学刊》2009 年第 1 期。

③ 参见赵伟《抗战前细纱交易困境及民族染织厂的应对》，《中国经济史研究》2014 年第 1 期；林刚《1928～1937 年间民族棉纺织工业的运行状况和特征》（上），《中国经济史研究》2003 年第 4 期；林刚《1928～1937 年间民族棉纺织工业的运行状况和特征》（下），《中国经济史研究》2004 年第 1 期；林刚《试论列强主导格局下的中国民族企业行为——以近代棉纺织工业企业为例》，《中国经济史研究》2007 年第 4 期；王小欧《中印棉业市场上的日英博弈》，博士学位论文，东北师范大学，2012。

④ 参见洪煜《〈福尔摩斯〉报"五卅惨案"家属抚恤金问题报道札记》，《史林》2011 年第 2 期；黄云龙《〈向导〉周报与五卅运动》，《郧阳师范高等专科学校学报》2011 年第 5 期；谢志强《〈上大五卅特刊〉对五卅运动的总结与反思》，《近现代史与文物研究》2014 年第 1 期；熊建华《从〈民报〉看冯玉祥对五卅运动的态度》，《近代史研究》1986 年第 5 期。

变化等，如五卅运动中《申报》的媒介批评与史料价值，《热血日报》的创办，五卅运动中的《东方杂志》，五卅运动中《民众文艺周刊》的转型等。① 新闻学界多从事件看报刊发展史，历史学界大多将报刊作为一种史料，而并非研究主体本身。这些研究都大大拓展了五卅运动的研究。但从纺织行业的行业报纸《纺织时报》来研究五卅运动，探讨纺织行业的资本集团如何看待五卅运动，尚有相当的研究空间。

二　《纺织时报》对五卅运动的报道

考察五卅运动爆发前、五卅运动前期和五卅运动后期这三个时段，《纺织时报》的反应和报道并不相同，这样的变化背后始终存在一个不变的基点，即华商纱厂的利益，这是这份行业报的根本立足点。

五卅运动爆发前，《纺织时报》已开始关注上海日商纱厂工人运动。1925 年 2 月，上海发生历时三周，涉及上海日商纱厂 35000 余名工人的同盟大罢工，被称为五卅运动的预演。② 2 月 12 日，《纺织时报》首次报道内外纱厂罢工风潮。至 5 月 15 日顾正红案发生，《纺织时报》关于工潮的报道和评论共 29 篇。③ 其主要内容是转载外文报纸相关报道，秉持中日纱厂应当维持友好合作关系的立场，主要可归类为三个方面。

其一，转引外文报纸，美化日商纱厂是其主要报道倾向。2 月 19 日，《纺织时报》转引《字林西报》关于内外棉株式会社总理对二月罢工的评论，表示该会社没有料到会发生罢工风潮，因为内外棉纱厂的华工待遇很好，"吾人对于待遇华工之事件，固常常设法增进，务求若辈能得安宁"。具体表现为工作时间短，工资高，房租低，有受教育机会。"本会社之工作时间，较之上海其他各纱厂，实较为减少，每一星期中，更可得完全之休息。而工资又较其他各纱厂为优厚。吾人又预备低价之房屋，给若辈居住，房屋约有二千间之多，每一所二层楼之房屋，每月只收租金四元，一

---

①　胡正强、周红莉：《论媒介批评对传媒的政治规制——以〈申报〉"五卅"运动中的表现为例》，《今传媒》2001 年第 2 期；曾成贵：《从对五卅惨案的报道看〈申报〉的史料价值》，《武汉文史资料》2007 年第 11 期；陈绍康、朱少伟：《瞿秋白在五卅运动中办〈热血日报〉》，《新闻记者》1985 年第 5 期；赵志坚、李芬：《五卅运动中的〈东方杂志〉》，《编辑学刊》1997 年第 4 期；袁先欣：《文化、运动与"民间"的形式——以"五卅"前后的〈民众文艺周刊〉为中心》，《文学评论》2017 年第 3 期。

②　沈以行、姜沛南、郑庆声主编《上海工人运动史》上卷，辽宁人民出版社，1991，第 194~199 页。

③　《纺织时报》1925 年 2 月 12 日至 1925 年 5 月 15 日。

层楼者收二元。更设立免费之学校，给若辈之子女读书，且依从中国之教法。总之，对于华工之待遇法，均合于人道。"①

其二，附和外文报纸，认为工潮是由中共引起。《纺织时报》转引日本公使的抗议文字，称此次事件不是单纯的工人罢工问题，中共才是工潮的"罪魁祸首"，"此种外力之煽惑，固不仅此次罢工为然，即年来东西各国之罢工风潮，几无不含蕴多少此种的实味。彼等之动作，表面似为协助劳工，实则从中取利，故其结果，工人方面之大牺牲，适以制成若辈之幸运"。② 4 月 30 日，《纺织时报》编者对于前此风潮受中共"煽惑"感叹道："果尔则劳工供人利用，不独为资本家之不幸，亦非劳动家之福。记者深望所传。"③

其三，宣传中日亲善，加强与日本合作。4 月，《纺织时报》发表内外棉纱厂社长对罢工风潮意见书，为日本纱厂辩护，宣传中日纱厂亲善。中日纱厂是利益共同体。日本纱厂资本增加则中国纱厂和农民得利，"日厂之增加，中国棉产由二百万包一跃而几千万包，农民之利益亦不少"，"华厂之因利导与刺激而获有形无形之利益者亦复不少"；如果日厂不用华棉，华棉产量过剩，华农利益受损，"设无日厂，中国工业或当反形退步亦在意料中"。④ 同月，日华厂经理喜多氏来沪赴宴，宴会上喜多氏和矢田总领事发表关于中日必须亲善的演说。矢田总领事称："中日亲善已为现在之流行语，然实际上中日关系颇深，非亲善不可。日华纱厂在中国经营，发达颇速，多得中国各界之协助，实深欣幸。"华厂大丰纱厂徐庆云同意喜多氏和矢田总领事的看法，称"中国纱厂同人，颇希望贵国纺绩［织］界诸君能携手共进。日本纱厂界之盛衰，中国纱厂界亦有间接影响。故能力所及，无不予以援助"。⑤

《纺织时报》美化日商纱厂、丑化中共、宣传中日亲善的文字，反映了此时该报反对罢工、谋求中日纱厂"友好合作"的态度和意图。

总之，在五卅运动爆发前，工人运动尚在酝酿之中，社会各界反日舆论尚未形成规模。而"我国棉花出口十分之八运往日本"；1913 年日本输

① 《日厂工潮愈见扩大》，《纺织时报》第 186 号，1925 年 2 月 19 日，第 1 版。

② 《日厂工潮与赤化关系之异闻》，《纺织时报》第 195 号，1925 年 3 月 23 日，第 1 版。

③ 《编辑小谈》，《纺织时报》第 206 号，1925 年 4 月 30 日，第 1 版。

④ 《内外棉纱厂社长发表对于前此罢工风潮之意见》，《纺织时报》第 203 号，1925 年 4 月 20 日，第 1 版。

⑤ 《欢迎日华厂喜多氏之宴会》，《纺织时报》第 204 号，1925 年 4 月 23 日，第 2 版。

至中国之棉纺织品，占中国进口棉纺织品的 29.81%，1929 年占 63.85%。① 这些数据表明中日纺织企业利益休戚相关，因此《纺织时报》无视酝酿中的工人运动，坚持美化日厂、宣传中日纱厂亲善。

五卅运动前期。1925 年 5 月 15 日，顾正红案发生，至 6 月底 7 月初工部局停止电力供应，《纺织时报》每日使用大半个版面追踪报道，计约刊出 30 篇文章。此时这些报道不再转载外文报纸，改转《民国日报》，报道立场也部分转向反帝爱国，痛陈日厂暴行，同情纱厂工人，宣传抵制外货、提倡国货，但不主张全体罢工。如 5 月 18 日发表《内外纱厂三次罢工酿成惨剧》，至 6 月 1 日发表《内外棉厂罢工酿成惨剧案五志》，计有 5 篇相关报道和评论，详细揭露顾正红案发生经过。这些报道不再转发美化日厂的外文报刊，而改转发上海《民国日报》。上海《民国日报》是国民党在上海的党派机关报，当时为左派所掌握。转载文章是广州中国国民党中央执行委员会一份通电，严重抗议日本纱厂杀人举动："上海日本纱厂日人，无故枪杀华工三人，重伤数十人，阅之不胜愤慨。本党对于日人在中国境内，自由枪杀中国人民之暴举，表示严重抗议。对于困苦无告之工人的经济要求，认为绝对正当。并议设法予以援助。更有进者，外人枪杀华人之暴举，须根本取缔。故尤须人民一致奋起，废除外人借以作恶之一切不平等条约如领事裁判权等。"② 认为上海日本纱厂日人无故枪杀华工，必须受法律制裁。显然报道立场部分转向爱国制日。

此时的报道还主张限制使用童工，揭露日厂暴行。纱厂童工工作不算轻，工资却很低，一天只有两角多，而且因年纪小、经验少，最容易挨打，工厂非法使用童工一直为社会所诟病。③ 1925 年 3 月 9 日至 6 月 1 日，《纺织时报》连续报道限制童工案。4 月 13 日发表《纱厂家赞成限制童工》，并于 6 月 1 日儿童节这一天发表同情童工的社评，称童工因生计所迫入厂工作，不但牺牲身体，还无法接受教育；主张限制使用童工，仅允许童工从事一部分"轻易无危险之工作"，同时普设义务公学，"使不入工厂及受伤工厂之儿童，均得受普通教育"。④《纺织时报》不但在使用童工一案上转变立场，还揭露青岛日厂武力解决罢工工人的诸种惨状。5 月 29 日夜间，日军开火猛攻罢工工人，"工人有爬入地沟者，日人乘间用破棉麻袋等物塞住地沟两端之口，所有爬入该沟之工人十余名，均因空气不

---

① 方显廷：《中国之棉纺织业》，商务印书馆，2011，第 67、311 页。

② 《内外棉厂罢工酿成惨剧案五志》，《纺织时报》第 215 号，1925 年 6 月 1 日，第 2 版。

③ 朱邦兴、胡林阁、徐声合编《上海产业与上海职工》，上海人民出版社，1984，第 52 页。

④ 《编辑小谈》，《纺织时报》第 215 号，1925 年 6 月 1 日，第 1 版。

通，闷死沟中。前日阴雨，恐阻水道，始将尸首拖出葬埋"。还有十四五名工人潜伏在厂内棉窖中，"日人佯为不知，用锁封闭经过五日，始启其门，未成年之工人饿毙三名，其余均已昏倒，尚无性命之忧"。该厂被围之后，"有一工人思逾垣墙逃命，正在墙顶骑坐，突被陆战队瞥见，用力猛刺其胫及其臀，致伤四五处，该工人于痛苦难忍之际，遂急向内下，终以墙高坠地而死"。总计不下 20 名工人死于非命。①

为表达对逝世工人的悲悯之情，《纺织时报》在这年端午节停刊了一次。"近有定于端阳节为全国总罢业志哀者，昔屈大夫以伤时不遇，自沈阳罹。此次国人感于异族凌虐，怀愤蹈海，亦不乏其人，身世悲伤，志士同慨，矧当外患如棘，内侮未已，奋厉之士，以身为效，亦岂得已哉。本报次期谨停刊一次，以致哀感。"②这与五卅运动爆发之前宣传中日亲善、反对工人罢工形成了鲜明对比。

随着抵制外货的浪潮日益扩大，《纺织时报》编辑呼吁中国实业界应当利用时机，力求振作，以争国货之光。此次抵货对象主要是日本和英国棉货，这对中国纺织业来说，既是重大责任，也是机遇，"数年来困苦敝疲之纺织业，转机其在斯乎，其在斯乎"。③ 申新纱厂总理荣宗敬发表提倡国货宣言，"凡在本公司范围以内之同仁，一律不购买舶来品。苟能持以恒心，守以毅力，庶舶来品绝跻市场，而国货得以推行尽利"。④ 华商纱厂联合会重新修订中国纱厂一览表，区别外货与国货，"现当提倡国货之际会，各界欲知我国自办纺织厂现状者尤多。本会因拟以最速时期，刊行新表，以资宣传"。⑤ 经过这一宣传，崇信纱厂、三新纱厂、永安纱厂等纷纷加入华商纱厂联合会，向社会证明自己的华厂身份。崇信纱厂本为华商所开，因挂英商牌号，由法兴洋行经理，五卅运动发生后，该厂立即取消英商牌号，各股东凑集捐款 3000 元，天祥股东独出 1000 元，各工友募集1000 元，各职员伙友端午节宴资 100 元，一并捐助上海总工会。⑥ 三新纱厂很早由武进盛氏独资创立，民国后挂名英商，未加入华商纱厂联合会，五卅运动后，抵制风潮日甚，国人多有误会，因此由会员聂潞生先生介绍

---

① 《青岛日厂武力解决后发现非命惨死多人之悲剧》，《纺织时报》第 219 号，1925 年 6 月 14 日，第 2 版。
② 《编辑小谈》，《纺织时报》第 221 号，1925 年 6 月 21 日，第 1 版。
③ 《编辑小谈》，《纺织时报》第 218 号，1925 年 6 月 11 日，第 1 版。
④ 《申新厂主提倡国货》，《纺织时报》第 219 号，1925 年 6 月 14 日，第 2 版。
⑤ 《修订中国纱厂一览表广告》，《纺织时报》第 218 号，1925 年 6 月 11 日，第 1 版。
⑥ 《崇信纱厂罢工》，《纺织时报》第 223 号，1925 年 7 月 2 日，第 2 版。

加入本会，与永安入会并案通过。①

　　尽管《纺织时报》痛陈日厂暴行，同情纱厂工人及工人运动，但并不主张工人全体罢工。5 月 30 日，五卅惨案发生，《纺织时报》连续报道纺织界相关新闻，共 11 篇。该报编辑悲叹"以枪杀一工人之故，竟至浸成大流血惨剧，震动全埠，增恶中外情感，孰非日人一念之差恃强行凶致之哉"。② 最初"华商除恒丰停工外，他家尚无消息"。③ 不久"约有溥益第一厂、申新第二第五、纬通、厚生、永安第一、三新、振华、华丰、及统益一部分，至罢业工人中"。④ 该报编辑对华厂罢工行为表示"在国人同情上固不能厚非，然就消极抵制之目的而言，实无一致停工必要。凡属华商实业工厂均应有此观念，故认清界限尤为此次对外要着，否则徒事牺牲，无益实际，识者不为也"，⑤ 认为全体罢工劳民伤财，徒事牺牲，实在没有必要，应该理性罢工。

　　综上观之，五卅运动爆发后，《纺织时报》意识到反日运动势在必行，且有不断扩大之趋势，故不再转引日文报纸中鼓吹中日亲善的报道，摒弃反对工人运动的言论，转而揭露日厂暴行，同情纱厂工人及工人运动，鼓励抵制外货，提倡使用国货。这一时期，企业利益与国家利益基本一致，支持工人运动既刺激了国货的生产与消费，实现国难时期发展实业的目标，又维护了国家、民族利益，为华商纱厂赢得良好的社会声誉。

　　五卅运动后期。1925 年 6 月底，工部局停止电力供应。上海工部局掌控着当时中国最大的发电厂，上海各工厂用电，特别是纱厂用电，均仰赖于此。⑥ 停止电力供应后，华商纱厂遭受严重损失。这一时期，《纺织时报》谅解中日纱厂暗中贸易的行为，强调华商纱厂在罢工运动中损失惨重，对五卅运动持消极态度。

　　随着抵制日货运动日益高涨，中国棉纱尤其是细纱市场供不应求，《纺织时报》中出现同情华商纱厂暗进日英棉纱的言论，对日货改换商标以充国产之事也表示谅解。该报编辑指出，因国人抵制外货，日英棉纱不能进入中国市场，致使中国棉纱供不应求，纱价高昂。如此，华纱与日纱

---

① 《三新纱厂入会》，《纺织时报》第 238 号，1925 年 8 月 24 日，第 2 版。
② 《编辑小谈》，《纺织时报》第 216 号，1925 年 6 月 4 日，第 1 版。
③ 《上海全市罢业中纺织界消息（一）》，《纺织时报》第 216 号，1925 年 6 月 4 日，第 1 版。
④ 《上海全市罢业中之纺织界消息（二）》，《纺织时报》第 217 号，1925 年 6 月 8 日，第 1 版。
⑤ 《编辑小谈》，《纺织时报》第 217 号，1925 年 6 月 8 日，第 1 版。
⑥ 方显廷：《中国之棉纺织业》，第 24 页。

价格相差太大，"则暗进日纱或改换商标以充国产之事，又必不免"。① 华商纱厂在细纱生产方面技术严重落后，中国对高支纱②的需求，"几完全仰给于日英之输入"，日英制品优良，价格低廉，"则不能禁布厂之不用外货"。③ 实质上是希望工人停止罢工，以维持华商纱厂正常运转。工会强制工人罢工，致使华厂迟迟不能开工，损失惨重。《纺织时报》编辑转载《字林西报》有关中国方面的损失概况，称："甚愿好言爱国者勿复以仇视华厂，徒为渔人之利，自斩其脉于不觉为能事也。"④ 鉴于此，部分华商纱厂实行开工，但开工结果并不乐观，工人罢工运动依然高涨。该报认为工人本身是不愿罢工的，恒丰纱厂对待工人"待遇之优，感情之洽"胜于他厂，劳资关系很融洽，开工系"工人切愿工作"。⑤ 但因工会唆使工人坚持罢工，纱厂迟迟不能开工，损失严重，"工人之结势把持，无理取闹，凡有所不利，动辄暴发，一二人倡之，千百人和之。开会立誓，解囊相助，势非要求满足不可"。⑥ 各厂工人极愿上工，但"为工会所牵制，到厂者寥寥无几，致仍不能开工"。该报指责工会原以工人之意为意，今乃反其意而劫持之，批判工会以对外手段对内，"不恤以国内实业供其牺牲"。⑦

归纳而言，《纺织时报》在五卅运动爆发前、运动前期、运动后期都有不同表现。五卅运动爆发前，反日舆论尚未形成规模，该报反对工人运动，继续宣传中日纱厂友好亲善。五卅运动前期，民众反对英日的爱国情绪高涨，该报开始变更报道立场，部分转向反帝爱国，并借机宣传使用国货，力图使企业利益与国家利益达成统一。罢工运动持续发展，以致工部局停止电力供应，华商纱厂利益遭到严重损失，《纺织时报》开始将矛头指向工会，认为工会不惜以国家实业为代价，唆使工人开展罢工运动，希望停止罢工。

三　比较其他报纸报道的差异

不同的报刊由于主办方和投资方不同，立足点会有差别，也决定了它

① 《编辑小谈》，《纺织时报》第 220 号，1925 年 6 月 18 日，第 1 版。
② 高支纱，即细纱。
③ 《编辑小谈》，《纺织时报》第 222 号，1925 年 6 月 29 日，第 1 版。
④ 《编辑小谈》，《纺织时报》第 232 号，1925 年 8 月 3 日，第 1 版。
⑤ 《恒丰聂君之声办书》，《纺织时报》第 222 号，1925 年 6 月 29 日，第 1 版。
⑥ 《编辑小谈》，《纺织时报》第 229 号，1925 年 7 月 23 日，第 1 版。
⑦ 《编辑小谈》，《纺织时报》第 243 号，1925 年 9 月 10 日，第 1 版。

们对于信息的选择性原则会有不同。如此，在报道同一重大事件时，报道的面相和描述方式都会表现出明显差异。《申报》是当时上海发行量很大的商业报纸；《民国日报》是重要的党派机关报；《银行周报》由上海银行公会创办，是近代中国发行最早的金融行业刊物。它们在报道五卅运动时，与《纺织时报》的话语表述迥然不同，将它们做一比较，可以窥见《纺织时报》维护华商纱厂资本集团利益的基本立场。

五卅运动前后的《申报》由史量才执掌。他的办报理念不同于商人，较注重报纸改变社会、服务社会的功能。另外，由于《申报》与租界及上海外文报刊具有密切复杂的关联，① 因此一定程度上受限于租界的压力。在五卅运动期间，《申报》报业史上发生过一次"诚言"风波。五卅惨案发生后，英租界千方百计为自己开脱，自编自印了一份街头小报——《诚言》。《诚言》是英租界密谋以第三者面目编印的报刊，在内容编排上，文字刻意追求浅显，纸张粗劣，既无编辑名字，又无出版发行机构名称，貌似出自中国人之手。工部局派人到《新闻报》② 和《申报》为《诚言》刊登广告。③ 1925 年 7 月 11 日，《申报》在广告栏刊登《诚言》，称此次惨案近因是"日本工厂罢工，杀死华工"，远因是中国"每况愈下，民不聊生，举国不宁，以是人心浮动"。④ 该报一方面深知这是租界的意思，得罪不起；另一方面利用广告刊登该报道，客户出钱，报馆出让报纸版面，内容不代表报馆的观点，拿了钱又不必负责任。⑤《诚言》一出，立刻遭到上海民众的反对，《申报》的最大读者是工商业者和市民，亦得罪不起。史量才等人感到在这次事件中《申报》所犯错误的严重性，便在 17 日发表《辟诚言》，以示道歉。文中指出外国资本家造成外商工厂中华工的不平等地位，从而激起工人运动，否认张伯伦指认此次爱国运动为排外运动，有攻击捕房嚷打嚷杀之事的错误言论。⑥ "诚言"风波揭露了商业报纸经营目标与公共性目标的冲突。传媒的经济收益主要来自两个方面：一是广告收

---

① 〔美〕顾德曼：《上海报业文化的跨国性与区域性》，王儒年译，《史林》2003 年第 1 期。

② 《新闻报》创刊于 1893 年 2 月 17 日，初期由中外商人合资兴办，1949 年 5 月上海解放后，由中国人民解放军上海市军事管制委员会接管。该报是 1925 年上海发行量最大的报纸。

③ 剑京：《英租界当局的谎言报——〈诚言〉》，《上海档案》1985 年第 3 期；刑建榕：《满纸谎言的〈诚言〉》，《世纪》2005 年第 2 期。

④ 《诚言》，《申报》1925 年 7 月 11 日，第 18 版。

⑤ 胡正强、周红莉：《论媒介批评对传媒的政治规制——以〈申报〉"五卅"运动中的表现为例》，《今传媒》2001 年第 2 期；宋军：《申报的兴衰》，上海社会科学院出版社，1996，第 116 页。

⑥ 《辟诚言》，《申报》1925 年 7 月 17 日，第 7 版。

益；二是信息产品的销售收益。这意味着传媒面对的市场压力同样主要来自两个方面，即广告主和作为消费者的大众，但是这两者之间往往存在对立关系，受众的利益与广告主的利益并不是一回事。① 租界方面利用《申报》在广告栏宣传租界报刊，向公众灌输不当言论，《申报》既可以攫取广告收益，又不用对该言论负责，本是租界办报者的商业运作和经营策略，但这伤害了中国民众的感情，不符合史量才服务社会的公共性目标。最后，《申报》对"诚言"事件做出了应有的表态，说明商业报纸需兼顾经营目标和公共性目标来维持生存。

显然在对五卅运动的报道中，《申报》是迫于报纸本身的营销目的而完成政治转向，而《纺织时报》是由华商纱厂联合会创办的行业报纸，是基于维护行业利益而变更舆论立场。《纺织时报》受众主要是纺织界人士及关心斯界人士，经费主要来源于华商纱厂联合会会员会费。该会会员均为实力雄厚的华商纱厂，如申新纱厂、德大纱厂、厚生纱厂、振新纱厂、恒昌纱厂、裕通纱厂、广勤纱厂、恒丰纱厂、同昌纱厂、振华纱厂、杭州鼎新纱厂、太仓济泰纱厂、宁波和丰纱厂、苏州苏伦纱厂、浙江萧山通惠公纱厂、湖北武昌纱布局楚兴公司等。② 《纺织时报》不同于《申报》，《申报》是以营利和服务社会大众为目的而直接迎合社会大众，《纺织时报》更注重沟通纺织业界消息及维护华商纱厂利益。因此，在"诚言"事件中，《申报》从对外国妥协到坚决反帝爱国的立场转向，主要是迫于公众舆论压力、实现报纸本身营销而完成的。而《纺织时报》在五卅运动中不断变更舆论立场：五卅运动爆发之前，反对工人运动，希望与日厂合作，以获取纺织技术、管理经验等方面的支持；五卅运动前期，看到民众反对英日的爱国情绪高涨，立场部分转向反帝爱国，借机宣传使用国货、振兴实业；工部局停止电力供应后，华商纱厂受损惨重，希望停止罢工。其在不同阶段采取不同话语表述主要基于维护华商纱厂利益。

《民国日报》是国民党在上海的党派机关报，它在报道五卅运动时比《纺织时报》更具政治倾向性。当时的《民国日报》为左派所掌握，对罢工表示同情和支持，尤其是该报副刊《觉悟》（有共产党人参加编辑）的态度更为鲜明。③ 对于二月罢工期间"赤化"舆论，《民国日报》十分愤

---

① 周庆山：《传播学概论》，北京大学出版社，2004，第 160 页。
② 《华商纱厂联合会议事录（第六区机器棉纺织工业同业公会）——民国六、七年》，上海档案馆藏，档案号：S30 - 1 - 35。
③ 上海社会科学院历史研究所编《五卅运动史料》第 1 册，上海人民出版社，1981，第 422 页。

恨："在万层压迫底下的中国人民，稍稍有点自卫而反抗的动作，便推想到赤化，便加以赤化的名目。可惜中国人并无资格承受这个尊号。半生半死的国民于苦痛中呻吟一二声，已算大胆极了，那里敢谈到'赤化'！"① 5月30日五卅惨案爆发，《民国日报》翌日发表星无的《流血记》，又于6月4日发表吴雨仓的《被捕者的一个报告》，报道了二人在五卅惨案中的亲身经历，呼吁"上海是中国人的上海"，极具感染力和震撼性，易激发劳苦大众的共鸣和愤怒。② 6月15日，《民国日报》副刊《觉悟》刊登悼念五卅烈士的诗歌，由岂凡编写，歌名《悼五卅诸烈士歌》，歌词如下："昂首问天，满天惨淡，无一回言；低头问地，满地含愁，静不作声。吁——何天之漠漠？吁——何地之沉沉？热血沸腾，良心未灭，勉哉吾侪！仗烈士之威灵，作锄奸之后起。扫荡强邻，呜呼烈士志竟成，呜呼烈士目可瞑。山苍苍，水泱泱！钟毓此人杰，辉映乎先烈！呜呼！烈士！"③字里行间透露着共产党人憎恶帝国主义、同情五卅惨案中遇难工人，以及鼓动民众起来反抗的激进情绪。外国列强肆意侵略中国，中国社会竟冷漠无言，唯有五卅烈士敢于流血牺牲，他们的英灵指引社会各界有良心的人士起来反抗。

显然，《民国日报》作为左派掌握的党派机关报，宣传中国共产党的主张，政治立场十分坚定，言论激进有力。而《纺织时报》立足于沟通行业信息、维护华商纱厂利益，其政治倾向性不强，对一些政治事件往往发表中立言论，在民族、国家利益与行业利益基本一致时，往往采取灵活变通的报道策略。

同为行业报刊的《银行周报》在报道五卅运动时，与《纺织时报》也有所不同。《银行周报》报道五卅运动相对滞后，对五卅运动早期事态鲜有报道，直到后期抵制英日货运动达到高潮之际，才对抵货和提倡国货运动发表评论。《银行周报》总结历次抵货运动失败原因在于国力不振，建议发展金融业和教育业，为小工商业提供资本和人才。它期望西方国家废除不平等条约，但不反对外国在华开展贸易，甚至希望加强中外贸易，从中可见其维护金融行业利益的办刊宗旨。五卅运动前期，当上海和全国各地人民掀起三罢斗争、抵制英日货之际，《银行周报》在最初半个月内一

---

① 《此次纱厂罢工工人是赤化了吗?》，《民国日报》（上海）第2卷第15期，1925年2月15日，第6版。

② 《五卅运动史料》第1册，第653~655页。

③ 岂凡：《悼五卅诸烈士歌》，《民国日报》（上海）第6卷第15期，1925年6月15日，第6版。

连两期均未做公开反应，直到 6 月 16 日，《银行周报》才开始连续六期报道五卅运动相关新闻评论。当然，这也与周报时效性不强有关。但是，与《纺织时报》2 月就已关注罢工运动相比，《银行周报》确实相对滞后。就报道内容来说，《银行周报》倾向于维护银行业利益。该报从增强中国经济实力，讲到培养人才和增强资本，再讲到发展教育事业和小工商业，加强中外贸易，层层推进，最终旨在促进金融行业发展。该报基本支持此次抵制日货运动，但认为抵货运动治标不治本，最根本的是增强中国的经济实力。抵货运动具有合理性，"经济绝交之呼声，洋溢中国，亦理有固然也"。① 但政府态度强硬和国家经济实力雄厚才能从根本上与西方国家竞争。历次抵货运动基本上是日人侵略行为所致，政府往往忍辱负重，"惟有借抵货运动"才能暂时"微创对方"。抵货运动后外国物美价廉产品无法进入中国，但是中国工业又不发达，制品粗劣，不能满足人们对日用品的需求，就会滋生部分奸商暗中与外商的合作，致使抵货运动不能长久进行。应认清抵货运动"为一时示威的方策"，不是"抵御外侮之唯一利器"，最重要的是发展本国经济实力。② 发展本国经济实力，最重要的是人才的培养和资本的增强。反观国内实业人才，往往借自外国。从事实业，"非巨资不可"，有创业之心，无集资之力，发展实业就是空谈。人才和资本的获得，唯有发展教育事业、金融事业以及小工商业，"金融界能供给资本于纯正事业，教育界能造就实业人才以开发事业"，发展小工商业可以规避中国资本和管理经验不足的困难。③《银行周报》对在华外商态度相对理智。它不反对外人在中国经营业务，中国地大物博，人口众多，各国在华开展贸易，"以有易无，互享其益"，甚至希望"政治趋于正轨，交通臻于便利"，这样各国在华贸易就能大大增加。对于抵货运动，《银行周报》认为如果在华外商对中国不抱野心，放弃"昔日巧取豪夺而来之不当权利"，此种运动就不会发生。④ 由是可见，《银行周报》不反对外人在华贸易，中外贸易有利于商人互利共赢，若西方国家放弃不平等条约，抵货运动必能终止，外人在华贸易能够更加顺利开展。

① 静如：《历届经济运动失败之原因与国人今后应有之觉悟》，《银行周报》第 9 卷第 23 号，1925 年 6 月 23 日，第 18～20 版。
② 裕孙：《抵货运动之悲观》，《银行周报》第 9 卷第 24 号，1925 年 6 月 30 日，第 17～19 版。
③ 静如：《历届经济运动失败之原因与国人今后应有之觉悟》，《银行周报》第 9 卷第 23 号，1925 年 6 月 23 日，第 18～20 版；裕孙：《提倡国货与小商工业》，《银行周报》第 9 卷第 26 号，1925 年 7 月 14 日，第 11～12 版。
④ 裕孙：《抵货运动之悲观》，《银行周报》第 9 卷第 24 号，1925 年 6 月 30 日，第 17～19 版。

同为行业报刊，《银行周报》和《纺织时报》所代表的行业不同，根本立足点也就不同，前者代表银行业利益，后者代表纺织行业利益。五卅运动对银行业来说，没有直接利益冲撞，因此，《银行周报》只在抵货运动达到高潮时，才借机提出通过发展金融业和教育事业来增强民族实业的建议。1925年7月6日工部局停止电力供应后，华商工厂尤其是华商纱厂损失惨重，导致纱市混乱，纱布交易所赔偿巨大，赔偿及停市损失，"总数在四十万两左右"，①此时银行业才真正体会到五卅运动给本行业带来的直接震撼。五卅运动与华商纱厂具有直接关联，五卅运动的"火苗"最初就是在一家纱厂中点燃，随着工人运动的兴起，火势最终蔓延至整个上海乃至全国各地华商纱厂。早在运动爆发之前，《纺织时报》开始关注上海纱厂工人运动，运动爆发后，《纺织时报》的报道贯穿始终。相对《银行周报》来说，《纺织时报》报道五卅运动较早，且具有持续性。当然，两份行业报刊报道风格也具有共性，那就是维护本行业利益。《银行周报》借抵货运动之机提出发展金融业和工商业，目的在于维护本行业经济利益。《纺织时报》在运动不同阶段具有不同反应，运动前期支持工人运动，借工人抵货运动提倡国货，运动后期工人运动严重影响华商纱厂经营，《纺织时报》转为反对工人运动，目的也是维护本行业经济利益。因此，行业报刊的报道都具有维护本行业利益的特点。

综上，五卅运动研究已非新问题，各种视角的考察较为丰富，但从《纺织时报》报道入手，追踪五卅运动中重要的相关群体——纺织企业资方群体态度变化来认识五卅运动，尚是值得进一步考察的问题。从纺织企业资方群体主办的《纺织时报》的报道内容，我们可以窥见纺织企业资方群体在运动发生、发展过程中，其观点和态度是在发生变化的，但万变不离其宗，其宗旨便是维护行业利益。纺织企业资方群体在五卅运动中的观点态度变化可通过两个面相观察获得：一是《纺织时报》自身对五卅运动的过程描述和报道；二是通过五卅运动期间其他各类报刊的报道比较。五卅运动是当时上海发生的一件大事，影响甚大，同时期的报刊也多有报道，选择不同类型的《申报》《民国日报》，以及同为行业报的《银行周报》做比较，可以窥见报刊报道背后的利益取向，同时能凸显《纺织时报》态度变化的原因。《申报》是迫于报纸本身营销完成政治转向，而《纺织时报》则基于维护行业利益变更报道立场，《民国日报》始终具有鲜

① 裕孙：《工厂电力停止供给以后》，《银行周报》第9卷第27号，1925年7月21日，第11~14版。

明的支持工人运动的政治立场。《银行周报》与《纺织时报》同为行业报纸，但由于与事件关联度不同，五卅运动由纺织业而起，与《纺织时报》关系直接，因此《纺织时报》自始至终关注事件进展情况，并且随着事件的发展，报道立场发生较大变化；虽与金融行业也有关联，但在时间上金融行业相对纺织业要晚，冲击力度也相对较小，《银行周刊》的报道也较迟缓。比较而言，《纺织时报》党派倾向性不强，不具有始终如一的政治立场，它的立场变化背后蕴含着华商纱厂利益和华商投资者的政治态度。

《李顿调查团报告书》对中国抵制日货运动的认定评析*

王耀振**

提　要　九一八事变后，日本通过种种外交伎俩不仅使抵制日货运动被列入李顿调查团的调查范围，也在很大程度上使《李顿调查团报告书》在国民党之于抵制日货运动指导作用的是非、抵制日货运动"违法性"的真伪等关键问题的认定上多有附和日方错误主张之处。日本进行一系列外交活动的目的无非在于掩盖事变真相，为其蓄谋已久的侵略行动寻找口实。事实上，日本以"国民党的领导"否认抵制日货运动的自发性，以及所谓的运动"违法性"皆因其对华侵略行径在先而无从谈起。

关键词　《李顿调查团报告书》　抵制日货运动　九一八事变

《李顿调查团报告书》作为一份"国联对九一八事变及伪满洲国做出定性的重要依据性文件"，[①] 不仅在当时受到了中国和日本各界的极大关注，也成为当今学界持续研究的热点。例如，胡德坤重点考察了《李顿调查团报告书》中体现出的西方列强对日本侵华行径的绥靖政策，俞辛焞对李顿调查团及报告书在处理中日矛盾中的外交二重性予以了详细解读，洪

---

*　本文系天津市教委科研计划项目"近代日本对中国抵制日货运动的调查与认知研究（1908～1937）"（2018SK074）成果；教育部2019年度人文社会科学青年基金研究项目"近代日本商业会议所对华经济调查的网络建构与机能研究"（9YJC770051）阶段性成果。

**　王耀振，天津外国语大学日语学院讲师。

①　俞辛焞『満州事変期の中日外交史研究』東方書店、1986、316頁。

岚则将考察对象集中于《李顿调查团报告书》公布前后中国社会各界的反响。[①] 这些研究各具特色，为深入研究《李顿调查团报告书》提供了重要参考，但抵制日货运动作为报告书涉及的重要事项鲜有论及。事实上，该报告书有关抵制日货运动的论述曾被作为证据在东京审判中得到采纳，并引发了检辩双方的激烈争论。[②] 然而，这样一份重要的历史文件在对抵制日货运动的认定上立场是摇摆的，结论是模糊的，未能反映出抵制日货运动的真实面貌。本文以《李顿调查团报告书》对中国抵制日货运动的认定为考察中心，尝试揭示抵制日货运动问题在该报告书中的形成过程，进而揭露日本借抵制日货运动转移国际视线，为其蓄意发动的九一八事变及对华侵略行径开脱罪责的企图，以期对深入研究《李顿调查团报告书》及进一步了解抵制日货运动的真实面貌有所裨益。

一　抵制日货运动问题在报告书中的形成

众所周知，李顿调查团来华调查的主要目的"厥在究明此次纷争（九一八事变）之根本原因，调查构成事实背景之事态"，并"借联盟之援助，找出日华两国间永久友好之基础"。[③] 换言之，抵制日货运动起初并不在该调查团来华调查的范围之内。然而，最终的《李顿调查团报告书》却把抵制日货运动专门列为一章，予以大书特书（第七章"日本的经济利益与中国的抵货运动"）。那么，这一调查对象的偏离究竟是如何形成的？探讨这一问题时，首先需要对抵制日货运动问题在《李顿调查团报告书》中的形成过程予以梳理。

九一八事变爆发之初，中国代表施肇基便向国联理事会提交了有关"中国政府请求国际联合会，立即并有效地依照盟约条款，取适当之措施，使日军退出占领区域，保持东亚和平"[④] 的要求。对此，国联于 9 月 22 日召开行政院会议讨论九一八事变，并有意向中国派出观察员。然而，日本

①　胡德坤：《"九·一八"事变与绥靖政策》，《武汉大学学报》（社会科学版）1979 年第 3 期；俞辛焞：《九一八事变后国联与中日的外交二重性评析》，《抗日战争研究》1993 年第 3 期；洪岚：《〈李顿调查团报告书〉公布前后中国社会各界的反响》，《史学月刊》2006 年第 5 期。

②　極東国際軍事裁判所編集『極東国際軍事裁判速記録』第 5 巻（204～205 号）、雄松堂書店、1968、165～213 頁。

③　罗家伦主编《革命文献》第 40 辑，台北，中国国民党党史会，1984，第 2645 页。

④　罗家伦主编《革命文献》第 39 辑，第 2345 页。

却以派遣观察员将"刺激日本激昂之舆论，妨碍事变之和平解决"[①]为由，执意要求由中日两国直接谈判，并于9月底提出所谓的《五项协定大纲》。该大纲的主要内容为，要求中国对日本人在东北任何地方从事的商、工、农等"和平事业"予以保护，以及要求中国立即与日本缔结必要之协定，以便实施中日关于东北铁路的条约等。[②]简而言之，这些要求均为日本在"二十一条"中未能得手的侵略权益，如果得逞，无疑将出现日本独霸东北的局面。显而易见，日本在中国根本无法接受这一协定大纲的情况下，仍执意提出这些无理要求，无非在于以此排除国联干涉，拒绝撤军。为进一步混淆视听，转移国际社会特别是国联对九一八事变的关注，日本内阁会议于10月4日就抵制日货运动做出"阁议决定"。9日，驻华公使重光葵将此"阁议决定"即"对华通牒"递交国民政府，节略如下：

> （1）我帝国政府多次声明此次满洲事变乃为我关东军针对中国多年之排日思想及挑衅行为而采取的自卫措施。毋庸置疑，中国政府于此事态负有当然之责任。我帝国政府念及两国友谊，三番五次要求中国政府取缔中国各地之有组织的反日运动，并隐忍自制以期事态之改善……（2）究其根源，中国的反日运动为中国特有政治组织与政府勾结，由国民党党部直接指导，以推行国策为目的之统一协调运动，绝不可与个人意志等同视之。如此运动不仅与日华间现存条约之规定及精神背道而驰，亦有违正义友好、排斥武力之理念。而中国政府对此运动负有极为重大之责任……（3）此次国联理事会上，中国代表丝毫未显示出防止事态扩大、镇压反日团体、保护我帝国臣民通商自由及生命财产安全之诚意。（4）我帝国政府……强烈要求中国政府履行镇压抵制日货运动、保护我邦民生命财产安全之义务。并声明中国政府需对该运动负全部责任。[③]

观此"对华通牒"可以发现，日本政府不仅完全无视中国代表在国联理事会上的正义举措，还把关东军的对华军事侵略行径归因于"中国多年之排日思想及挑衅行为"，并狡辩称这一军事侵略为"自卫措施"，同时把自身粉饰为"念及两国友谊"的"和平形象"。显而易见，日本这一颠倒

---

① 外务省编『日本外交文書・満州事変』第1卷第3册、外務省発行、1978、185頁。

② 外务省编『日本外交文書・満州事変』第1卷第2册、外務省発行、1977、335～336頁。

③ 守島伍郎、柳井恒夫監修『日本外交史18 満州事変』鹿島研究所出版会、1973、176～177頁。

黑白的外交伎俩意在转移国际联盟对九一八事变的关注，避免国际社会的制裁，为其拒不撤兵寻找借口。

日本外相币原重喜郎亦于"对华通牒"发布的前一日，即 8 日，向日本驻国联代表泽田节藏发出训电，令其向国联说明日本政府立场。币原在训电中命令泽田向国联理事会着重强调"此次事件乃为我守备部队事先应对反日运动，为保军队之安固、铁道及居留民之安全而不得已于广泛范围内展开的自卫手段而已"，并强调要向国联阐明"唯有支那停止反日运动并接受我方提出之直接交涉主张，两国间之险恶空气方可得以缓和"。① 由上述分析不难看出，日本起初试图以拒绝国联向中国派出调查团并直接与中国交涉，来达到阻止国际社会介入、避免自身立场陷入不利境地的目的。

然而，随着日军于 11 月中旬攻占齐齐哈尔，国联要求日本撤军的要求越发强烈。为了缓解自身面临的空前的国际舆论压力，以及为下一步的军事行动谋取周旋时间，日本转而同意国联向中国派出调查团，但在调查团的调查范围和对象上继续提出无理要求。

对于国联调查团的调查范围和对象，中国认为调查范围应限于东三省，且只能调查与事变相关的问题。而日本却一面强调不能调查和干涉日军在东三省的军事行动和撤军问题，一面主张应当调查与日本及欧美列强利害相关的殖民权益问题，如中国的排外问题、抵制外货问题、保障外国人生命财产情况、履行与外国缔结条约的执行情况等。1931 年 11 月，币原向国际联盟日本代表发出训令，令其务必开展外交活动，"力避（调查团）以单独考察满洲特别是我军撤退问题事项为调查目的之事态"，同时强调："毋庸置疑，视察员之任务在于实地见闻支那全国之形势……若详细言之，即考察支那于各地发生之对日不法行为之情势下有无保证我邦民生命财产安全之能力、探讨支那有无履行与日本及其他各国间条约之能力。"② 接此训令后，泽田于 21 日召开的国联公开会议上强调调查团"不能介入日中双方的谈判，不能监督日本军队的动向……应着重调查中国未履行条约之实情、排日运动之实情、不具备近代国家完全形态之实情"。③

日本作为当时国联五大常任理事国之一，其上述压力显然对国联的决策结果产生了影响。如英国外务大臣西蒙就曾针对币原外相及日本代表提

---

①　守岛伍郎、柳井恒夫監修『日本外交史 18 満州事変』183 頁。

②　外務省編『日本外交文書・満州事変』第 1 卷第 3 册、561 頁。

③　League of Nations – Official Journal：Minutes of the Sixty – fifth Session，12th year，No. 12，December 1931：2366.

出的意见表态："应调查中国之一切真相，如导致日本贸易遭受重大打击之抵货运动，以及其他如满洲形势等问题。"① 英国驻国联代表塞西尔也称："日本代表的建议为行政院最终获取情报带来了希望。"② 英国是主导国联运作的国家之一，这一表态显然将不可避免地对国联的相关决策产生影响。1931 年 12 月 10 日，国联行政院通过了有关派遣调查团的决议，该决议针对调查团的调查范围规定："于实地调查有影响国际关系并搅乱日中两国间和平基础之一切事项。"③ 显而易见，在日本的外交压力之下，李顿调查团的调查范围在该团成立之初便被扩大了。

　　为进一步转移国际视线并影响调查结果，1932 年 1 月李顿调查团成立后，日本旋即成立"国际联盟中国调查外务省准备委员会"（"国際連盟支那調査外務省準備委員会"）以应对事态，并迅速向调查团提交了一份题为《中国的对外抵制运动》（『支那ニ於ケル対外ボイコット』，1932 年 2 月）的报告。简而言之，日方提交的该报告是为了掩盖自身侵略行径，"恶人先告状"的一纸"状文"，其内容自然极尽夸张诬枉之能事，不仅对抵制日货运动进行了所谓的评判，还把 1741 年发生于广东的针对荷兰商船的抵制运动、1898 年发生于上海租界的对法抵制运动、1905 年针对美国的抵货运动一并列出，妄称中国在抵制外货问题上"有一贯之传统"，④ 企图通过拉拢欧美诸国形成针对中国的"统一战线"，在外交上陷中国于不利地位。不得不说，这份报告代表的是日本政府针对抵制日货运动的"官方见解"，并对《李顿调查团报告书》最终内容的形成产生了不可忽视的影响。概观日本向国际联盟递交的这纸"状文"，其针对中国抵制日货运动的评判主要集中于两点：其一，一口咬定国民党在运动中的"参与及领导"；其二，炮制运动的所谓"违法性"。由于《李顿调查团报告书》视此两点为抵制日货运动问题的焦点所在，因此有必要对日方的上述两个观点做简要说明。

　　日方的这份官方见解开篇便指出了中国抵制日货运动的所谓"六大特征"：（1）国民党党部的统一指导；（2）断绝与抵制对象国的经济关系；（3）排外团体被赋予制定抵货法令法规之权利；（4）抵货行为成为中国达

---

① 外務省編『日本外交文書・満州事変』第 1 巻第 3 冊、591 頁。

② League of Nations – Official Journal：Minutes of the Sixty – fifth Session, 12th year, No. 12, December 1931：2366.

③ 外務省編『日本外交年表並主要文書（1840～1945）』下巻、原書房、1966、192 頁。

④ 国際連盟支那調査外務省準備委員会編『支那ニ於ケル対外ボイコット』外務省発行、1932、1～2 頁。

成排外目的之一大手段；（5）抵货运动成为中国推行对外政策的手段之一，堪称敌对行为；（6）抵货运动为内政问题所利用。① 其中，该官方见解尤为强调的是第一条特征"国民党党部的统一指导"，认为"抵货运动主体虽最初为学生及部分商人，但济南事件及其后的运动则为国民政府之母体即国民党党部公开指导、煽动所致，运动也因此而更具系统性，其半官方色彩愈发强烈"。② 该官方见解认为，自 1927 年南京国民政府正式成立以来，国民党便"积极指导、煽动该运动，把控运动主导权以为推行国民党国策之手段"。③ 由于当时学生、商人等自发的对日抵制行为被"公认为自卫运动"，④ 因此日本在这份文件中尽可能回避针对早期抵制日货运动的攻击，而是把矛头对准 1927 年及其后的对日经济绝交运动，企图以此凸显国民党在该运动中的主导角色，为日本侵略中国东北寻找"正当理由"。

抵制日货运动的所谓"违法性"是该官方见解极力强调的第二点，声称"如此排外运动紊乱国际和平，破坏国际道德，无视一般国际法、国际联盟条约及非战公约之明文规定"。⑤ 该见解从"（1）中国的抵货运动由接受国民党部之指导的排外团体主导，属于国家行为。（2）中国的抵货运动包含危及外国人生命财产安全之违法行为。（3）抵制外货运动俨然成为国民政府推行对外政策之手段，因此不应仅将这一运动视为针对受害国之特定问题，而应将其视为破坏国际和平基础、扰乱国际良知之国际不法行为"⑥ 这三点认定抵制日货运动是有违国际法的"不法行为"。同时，该见解声称抵制日货运动违反《中日通商行船条约》之条款规定。如日方依据该条约第一条认为："对日抵制自身及其对日人之暴行、日货之扣留与没收、既有契约之废弃等皆有违'彼此臣民侨居，其身家财产皆全获保护，无所稍缺'之规定。"⑦ 再如，日本依据该条约第四条认为，首先"对日抵制中之'拒卖同盟'陷日人于饥饿，使其在留成为不可能，侵害'日本臣民在通商各口岸城镇往来居住之自由'"。同时，认为"中国商人对与日商

① 『支那ニ於ケル対外ボイコット』2~4 頁。
② 『支那ニ於ケル対外ボイコット』2 頁。
③ 『支那ニ於ケル対外ボイコット』47 頁。
④ 菊池貴晴『中国民族運動の基本構造』汲古書院、1974、569 頁。
⑤ 『支那ニ於ケル対外ボイコット』84 頁。
⑥ 『支那ニ於ケル対外ボイコット』85 頁。
⑦ 『支那ニ於ケル対外ボイコット』86 頁。《中日通商行船条约》第一条："大清国大皇帝陛下与大日本大皇帝陛下及两国臣民，均永远和好，友谊敦睦。彼此臣民侨居，其身家财产皆全获保护，无所稍缺。"〔王彦威、王亮编《清季外交史料》（5），湖南师范大学出版社，2015，第 2402 页〕

缔结契约之解除、中国商人对日货之扣留没收、拒买日货之宣传与示威、拒搭日船、拒载日货、以救国基金名义对日货之课税、组织码头工人之罢工"等行为违反"商业之自由"的规定。①

由上述日本官方见解的评判内容不难看出，此见解对抵制日货运动产生的根本原因，即日本对华高压及侵略行径只字不提，反倒对"国民党对运动之支援与领导"及运动的所谓"违法性"大书特书，并把抵制日货运动与针对英美的抵制运动相提并论，其目的在于妖魔化中国要求废除不平等条约的正当要求，并以此"向列强渲染来自中国之威胁，亦对调查团造成胁迫"。②

1932年2月，即李顿调查团出发前夕，日本驻国联代表在与调查团成员会见之际声称，"近年来中国之收复国权运动、排日运动频发，政治混乱……陷日本在华商民生命财产于危险之中"，③ 试图对调查团的调查方向予以诱导。李顿调查团一行到达日本后，日本首相犬养毅于3月1日宴请调查团，并在致辞中称："近来支那局势及对日态度有失偏颇……支那政局混乱，尤其是排外运动无视与诸国条约之利益。帝国政府采取之各种举动意在矫正此不正常事态，并使日支关系恢复正常。"④ 新任外相芳泽谦吉亦在次日举行的欢迎晚宴上继续鼓吹"支那自辛亥革命后内战连连，政局纷乱，俨然已成国际关系之重大威胁。……尤其现今之国民政府及国民党以排外为宗旨，过激手段之革命外交、排外风潮使各国权益受损，各国于支那之通商自由及生命财产颇受威胁，日本受损则最为严重。……在此形势下，日本不得不采取自卫措施"，同时冠冕堂皇地宣称，"只要支那放弃排外主义并展示以诚意，则两国即可恢复正常关系"。⑤ 即使在李顿调查团抵达中国后，日本也没有停止对调查团的干扰。如李顿本人曾就日本的干扰活动称："我们在这里（东北）的第一个星期犹如恶梦。我们被迫接受日本的'保护'，实际上被看作

① 『支那ニ於ケル対外ボイコット』87～88頁。《中日通商行船条约》第四条："日本臣民准带家属、员役、仆婢等，在中国已开及日后约开通商各口岸城镇来往居住，从事商业、工艺制作及别项合例事业。又准其于通商各口任意往返，随带货物、家具。凡通商各口岸城镇，无论现在已定及将来所定外国人居住地界之内，均准赁买房屋，租地起造礼拜堂、医院、坟茔，其一切例例、豁除利益，均照现在及将来给与最优待之国臣民，一律无异。"［王彦威、王亮编《清季外交史料》(5)，第2402页］
② 菊池贵晴『中国民族運動の基本構造』569頁。
③ 「杉村公使ト国際連盟支那視察委員トノ会見録」『アジア歴史資料センターデジタルアーカイブ』Ref. B02030442400。
④ 「国際連盟支那調査委員本邦滞在中ノ日誌2」『アジア歴史資料センターデジタルアーカイブ』Ref. B02030443900。
⑤ 「国際連盟支那調査委員本邦滞在中ノ日誌2」『アジア歴史資料センターデジタルアーカイブ』Ref. B02030443900。

囚犯。"①

如上所述，日本当局在国联派出调查团事宜上虽然经历了由拒绝到接受的过程，但其试图以抵制日货运动转移国际视线、掩盖事变真相的图谋始终没有变化。日本如此处心积虑的外交活动果然没有白费，不仅使抵制日货运动最终被列入李顿调查团的调查范围，也使《李顿调查团报告书》在抵制日货运动的认定上多有附和日方错误主张之处。

二　报告书对抵制日货运动的认定

1932 年 10 月 2 日，《李顿调查团报告书》② 正式公布。对此，国民政府外交部虽于 12 日发表声明，宣称中国政府拥护《李顿调查团报告书》，但这并不代表中国完全认可报告书的全部内容。如蒋介石曾指出："李顿对于调停之主张，亦太怕日寇矣。……余对此认为有修正与保留之接受，而不拒绝。"③ 再如，时任行政院院长汪精卫亦认为报告书"于事实之叙述，及东北事件因果之观察，明白公允。对于日本蓄意破坏中国领土完整，以遂其侵略政策，认为该国确定之计划一点，极为明确"，但报告书"建议之解决方法与其自述之事实不相符合耳"。④ 中国官方针对《李顿调查团报告书》内容的区别对待与该报告书对九一八事变及其后成立的伪满政权等一系列问题的立场与评判结论紧密相关。恰如当时之评论所指，《李顿调查团报告书》是一部"含糊之杰作"，⑤ 其"含糊"立场与态度在针对抵制日货运动的评判中同样有着充分体现。

首先，《李顿调查团报告书》就抵制日货运动发生的原因指出："若仔细研究此等抵货运动，不难发现概由一定之事实、事故或事件引发，均具一定政治性。换言之，皆源于中国重大利益或国家体面遭到严重毁损所致。"⑥ 从有关抵制日货运动的研究来看，20 世纪初的数次抵制日货运动

---

① 金光耀：《"李顿文件"所见之李顿中国之行》，《复旦学报》（社会科学版）2003 年第 4 期。

② 长期以来，国内没有完整版的《李顿调查团报告书》，学界赖以为用的是 1933 年《申报》的节译版本。社会科学文献出版社于 2018 年 9 月出版了《〈李顿调查团报告书〉文献整理》（四卷五册）的英法文版本。本文主要参考的是日本外务省的《李顿调查团报告书》日译本。

③ 秦孝仪总编纂《总统蒋公大事长编初稿》第 2 卷，台北，"国史馆"，1978 年影印，第 236 页。

④ 《中外批评》，《外交月报》第 1 卷第 4 期，1932 年，第 3 页。

⑤ 孟真：《国联调查团报告书一撇》，《独立评论》第 22 号，1932 年 10 月 16 日，第 2 页。

⑥ 外务省假譯『リットン報告書：日支紛争に関する国際連盟調査委員会の報告』国際連盟協会発行、1932、251 頁。

分别由"二辰丸案"（1908）、"安奉铁路改筑事件"（1909）、"对华二十一条"（1915）、五四运动（1919）、"收回旅大运动"（1923）、日本出兵山东（1927～1929）、九一八事变等中日间的重大事件所引发，① 具有明确的"政治目标性"。② 因此，从这一点而言，与前述日本官方把抵制日货运动归为"国民党指导的结果"、"支那排日教育传统所致"③ 以及"第三国际幕后操控"④ 的看法不同，报告书较为公允地指出了抵制日货运动发生的根源所在。但该报告又附和日方谬论，认为中国民众发起的抵制日货运动亦与"中国民众自恃文化之优越思想"⑤ 不无关系。

其次，该报告书虽在运动的领导主体问题上基本沿用了前述日本官方见解，认定 1925 年之后的抵制日货运动发生"确定性之变化，国民党自创设以来不断增强其对该运动之支援与支配，终达今日之于组织上、动力上、协调上、监督上的指导地位"，"国民党亦开始赋予商人、一般民众等运动团体之自治权与决定权"，⑥ 但同时不无矛盾地指出："若无民众之强烈感情基础，则难有如此协力牺牲之持久运动，此非一国民可为之。"⑦ 并就国民党的作用认为："组织力的强化促使抵制团体采用之抵制方法更加统一与严格，并更具效力。国民党党部亦发出命令禁止破坏日人之商业房屋或对日人施以肉体之加害。"⑧ 也就是说，该报告书不仅指出了抵制日货运动的民众自发性，又指出了国民党党部参与抵制日货运动的作用在于提高运动的组织性，统一抵制行动，发挥抵制效果，同时进一步保护了日人商业利益与人身安全。而这一判断又恰恰对日本当局所持观点形成了有力的反驳。

最后，针对日本官方见解提出的抵制日货运动的所谓"违法性"，《李顿调查团报告书》认为："买卖乃为个人之自由，任何政府无权干涉。政府只有保护民众生命财产之责任，而不能禁止市民行使其基本权利"，"各个中国人拒绝买卖日本商品、拒绝使用日本银行及船舶、拒绝为日人劳动之权利任何人不得否定"，"抵制行为本身是一种面对强国军事侵略的合法防卫武器"。但同时报告书含糊其词地声称："本委员会无意指出中国政府

① 王耀振：《日本关于中国抵制日货运动的"静观论"》，《日语学习与研究》2018 年第 6 期。
② 周石峰：《抵制日货运动的历史困境（1908～1945）》，新北，花木兰文化事业有限公司，2015，第 330 页。
③ 『支那ニ於ケル対外ボイコット』47 頁。
④ 『支那ニ於ケル対外ボイコット』51 頁。
⑤ 『リットン報告書：日支紛争に関する国際連盟調査委員会の報告』251 頁。
⑥ 『リットン報告書：日支紛争に関する国際連盟調査委員会の報告』253 頁。
⑦ 『リットン報告書：日支紛争に関する国際連盟調査委員会の報告』259 頁。
⑧ 『リットン報告書：日支紛争に関する国際連盟調査委員会の報告』253 頁。

支持抵货运动事实之适当与否"，"国民党身为政府之组织者，其党部责任至何而终，其政府责任自何而始为其宪法之复杂问题，由本委员会作出判断并非合适"。又说："与其说本委员会之责任在于调查针对特定国家商品的有组织性抵制行为是否有碍两国之友好关系，以及是否符合条约规定之义务，毋宁说其为国际法之问题。但本委员会亦认为在不久之将来应考虑所有国家于本问题（抵货运动）上之利益，通过国际约定进行约束。"① 这一模棱两可的评判也可视为该调查团委员会对日方主张的一种照顾。

《李顿调查团报告书》之所以在针对包括抵制日货运动问题在内的"满洲问题"评判上表现出如此"两面派"式的"含糊其辞"，与该调查团背后之列强乃至国联与中日两国间的"外交二重性"紧密相关。这种二重性既体现在西方列强与日本之间，也体现在列强与中国之间。首先，西方列强与日本同为帝国主义国家，在侵略中国、扩大在华殖民权益问题上具备共通性。因此，它们之间存在相互提携与同情，甚至相互支持出于保护各自权益为目的的"行动"。但同时，日本与西方列强在侵华及扩大势力范围与权益问题上又具有相互排斥的一面。为了抢夺在华权益，二者又经常相互牵制，甚至高调反对。应该说，西方列强与日本之间的这一二重结构决定了二者在对华问题上的基本关系。其次，在列强与中国之间构成侵略与被侵略这一基本大框架下，列强也不乏拉拢中国以牵制他国之例。因此，列强有时也会表现出"慈悲之心"，假意照顾中国反侵略的迫切心情。也就是说，列强与中国之间也存在一种二重关系。② 上述两个二重性成为西方列强处理中日矛盾的主要内在逻辑，由西方列强代表构成的李顿调查团在处理九一八事变及其他相关问题上的基本立场也不外乎此。由此，《李顿调查团报告书》之于抵制日货运动问题上的含糊立场也就得到了合理的解释。

三　抵制日货运动的真实面貌

由以上分析可见，日本将其发动九一八事变的原因无端移植于抵制日货运动的做法不仅严重混淆了国际视听，极大地干扰了国联对九一八事变的相关调查，也使报告书未能对抵制日货运动做出正确认定。因此，有必要基于事实揭示抵制日货运动的历史真相，特别是有必要对九一八事变与

---

① 『リットン報告書：日支紛争に関する国際連盟調査委員会の報告』263～264 頁。

② 俞辛焞：《九一八事变后国联与中日的外交二重性评析》，《抗日战争研究》1993 年第 3 期。

抵制日货运动的关系，以及日本官方见解强调的"国民党的参与及领导"、抵制日货运动的所谓"违法性"予以澄清。

首先，就九一八事变与抵制日货运动的关系而言，虽然在事变爆发之前，"万鲜惨案""中村大尉事件"等已经引发了小规模的抵制日货运动，但如果仅仅以此便断言日本的军事行动为"自卫措施"则未免过于简单。事实上，日本陆军对华发动军事侵略的蓄意性在发动九一八事变的主要人物的言论及日本的相关重要决策中都有着充分体现。举例而言，石原莞尔于 1929 年考察"北满"之际即提出"满蒙问题解决方案"，并将其视为"改变国运之根本国策"，其中就"满蒙"之于日本的重要性指出："解决满蒙问题为日本唯一之生路，一可对外进出而消除国内之不稳，二可解决当下之人口、粮食、资源问题，三可灭绝中国之排日运动。"① 1931 年 6 月，"中村大尉事件"发生后，石原莞尔（时任关东军作战参谋）在发给军事课长永田铁山的信函中就强硬地主张"派遣军队进驻洮南以迫使中国军队谢罪，同时彻底扫除该地之排日运动"。② 同月 19 日，日本陆军五课长会议③制定"满蒙问题解决方策大纲"，针对反日运动，主张"与外务当局紧密合作以达缓和张学良于满洲之排日方针，一旦排日行动未见减退，则终须付诸军事行动而解决之"。④ 日本外务省亚细亚局第一课长守岛伍郎在战后撰写的回忆录中亦承认："陆军之'大纲'认定满洲激烈之排日运动的最终解决之道除武力之外别无他路。为避免国内及列国之反弹，应花费时间宣传支那之排日行为。"⑤

1931 年 10 月 8 日，日本陆军制定"时局处理方策"。该"方策"旨在"树立满蒙独立政权，一举解决诸悬案"，⑥ 其中就抵制日货运动的应对方针提出，"为保证通商贸易之畅通"，应当"不惜诉诸武力根绝支那本部之排日行为"。⑦

可见，日本关东军在中国东北采取的军事行动不仅不是日本宣称的"针对中国多年之排日思想及挑衅行为而采取的自卫措施"，反而是以解决抵制日货运动为口实的不折不扣的蓄意侵略行径。

---

① 守岛伍郎、柳井恒夫监修『日本外交史 18 满州事变』59 頁。
② 守岛伍郎、柳井恒夫监修『日本外交史 18 满州事变』50~51 頁。
③ 分别为陆军省军事课长永田铁山、辅佐课长冈村宁次、参谋本部编制课长山胁正隆、欧美课长渡久雄、"支那"课长重藤千秋。
④ 守岛伍郎、柳井恒夫监修『日本外交史 18 满州事变』64 頁。
⑤ 守岛伍郎、柳井恒夫监修『日本外交史 18 满州事变』65 頁。
⑥ 守岛伍郎、柳井恒夫监修『日本外交史 18 满州事变』181 頁。
⑦ 守岛伍郎、柳井恒夫监修『日本外交史 18 满州事变』178 頁。

其次，就"国民党的参与及领导"而言，确如日本政府宣称的那样，中国政府并未参与到 1927 年之前的抵制日货运动中。至于日本当局指出的国民政府及国民党党部对 1927 年及其后的抵制日货运动予以了"强有力的指导"这一点，如果予以完全否认，亦不符合历史事实。如 1928 年"济南惨案"发生后，国民党党部开始积极倡导与支援抵制日货运动，并开始承担起重要的指导性角色。根据 1928 年 5 月 6 日国民党中常会"议订对日经济绝交方法大纲"第一条的规定："各民众团体，如商会、商民协会、学生会、工会、农民协会、妇女协会等应对与日商交易之各行商联合组织仇货委员会予以指导，统揽所有对日交涉事务。"① 同月 10 日的国民党中常会"议订五三惨案宣传大纲"也规定："全国民众及本党党员应遵从中国国民党之指导，有组织有计划地设定目标，开展反日运动，并严守本党中央之方案。"② 可见，此时的国民党已经展现对抵制日货运动予以积极指导的姿态。

但必须指出的是，国民党党部对抵制日货运动的指导是基于民众自发性运动这一大前提下的指导，绝非强制，亦不存在以日本当局宣称之"伤害日人人身财产安全"为目的的指导。事实上，根据 1928 年 4 月 21 日国民党中常会"议定对于日本出兵山东之对策"的内容，"一旦发生民众罢工等危害治安之抗议运动，当应予严厉制裁"。③ 同年 4 月 23 日，国民党中常会"议定反对日本出兵山东宣传大纲"亦指出："民众组织尚不完备，民众意识亦非牢固，且民间之动力无处不在，故本党当温存此民间动力，使之步入正常轨道。"④ 1931 年 9 月 23 日，国民政府发布《告国民书》，针对反日运动呼吁"对于在华日侨，政府亦严令各地方官吏妥慎保护，此为文明国家应有之责任。吾人应以文明对野蛮，以合理态度显露无理暴行之罪恶，以期公理之必伸"。从上述考证可见，国民党对抵制日货运动的支援或指导的目的并非日本指责的"煽动排日运动"，而在于规范运动乱象，避免"危害治安"之举动，使运动"步入正常轨道"。

再者，日方言之凿凿的有关抵制日货运动的"违法性"也是无稽之谈。从《国联盟约》而言，日本在九一八事变及其后展开的对华军事侵略行径，显然有违"盟约"宗旨中有关"缔约各国为增进国际间合作并

---

① 中国第二历史档案馆编《中华民国史档案资料汇编》第 5 辑第 1 编《外交》（1），江苏古籍出版社，2000，第 261 页。
② 《中华民国史档案资料汇编》第 5 辑第 1 编《外交》（1），第 266 页。
③ 《中华民国史档案资料汇编》第 5 辑第 1 编《外交》（1），第 256 页。
④ 《中华民国史档案资料汇编》第 5 辑第 1 编《外交》（1），第 258 页。

保持其和平与安全起见，特允承受不从事战争之义务，维持各国间公开、公正、荣誉之邦交，严格遵守国际公法之规定，以为今后各国政府间行为之规范。在有组织之民族间彼此关系中维持正义并恪遵条约上之一切义务"的规定，也肆意践踏第十条"联盟会员国担任尊重并保持所有联盟各会员国之领土完整及现有之政治上独立，以防御外来之侵犯"的规定。同时，违背第十二条第一款"联盟会员国约定，倘联盟会员国间发生争议势将决裂者，当将此事提交仲裁或依司法解决，或交行政院审查。联盟会员国并约定无论如何，非俟仲裁员裁决或法庭判决或行政院报告后三个月届满以前，不得从事战争"①之精神。1932年2月16日，国联行政院会议议决致日本政府劝告书，提醒日本"此次事件发生以来，中国自始即诉诸国联，声明由此可得和平的解决。按照国联盟约第十条规定，国联应保全联盟国之领土，尊重及保持现在之政治的独立，理事会兹特唤起日本政府对于该约之主义，凡有侵略联盟各国之领土完整及政治的独立者，联盟各国不能认为有效"，同时认为"一切纷争应依《非战公约》和平解决……日本不能和平解决，甚为遗憾"。②可见，国联认定日本的对华军事侵略行径不仅违反《国联盟约》，亦有违《非战公约》的规定。

　　单就抵制日货运动本身而言，正如捷克代表班涅斯在1932年12月6日举行的国联大会第十次会议上指出的那样，"李顿调查报告中提及中国排外宣传以及抵制外货的组织性活动固可非议，但不能因而忽略用武力侵略他国乃更为可恶的事实。既然日本侵犯《盟约》的事实历历在目，则国联应树立维护《盟约》之典范"。③1933年2月，国联十九国委员会做出的报告也针对日本特别强调的抵制日货运动认为，"中国方面于九一八事变后所使用的抵制方式，实际上属于报复性手段"，在责任认定上认为"有关自1931年9月18日起所发生的一系列事件，中国方面实无相关责任"。④因此，不得不说日本官方见解中所谓抵制日货运动有违国际法的谬论是"贼喊捉贼"行为的完美注解。《李顿调查团报告书》对日方谬论的附和亦严重有损该报告结论的权威性。

① 《呈：外交次长暂行代理部务沈瑞麟呈大总统修正国际联合会盟约议定书业经国会同意缮具批准文件请予批准盖用国玺交部副署文（附盟约议定书）》，《政府公报》第2578期，1923年，第4~15页。
② 《中华民国史档案资料汇编》第5辑第1编《外交》（1），第545~546页。
③ Tenth Plenary Meeting of the Assembly, 3. 30 p. m., Dec. 6th, 1932 (Geneva), Text of the Debates, 1932, v. 3, p. 40.
④ Seventeenth Plenary Meeting of the Assemblu, 10. 30 a. m., Feb. 24th, 1933 (Geneva), Text of the Debates, 1933, v. 4, pp. 14-16.

　　再就日方所言抵制日货运动"违反中日通商行船条约之明文规定"一说而言，且不说日方赖以为据的《中日通商行船条约》为强加于中国的不平等条约，单就日方所列抵制日货运动中发生的"对日人之暴行""对日货之扣留"等"违法"行为而言，诚如菊池就抵制日货运动是否具有"违法性"所指出的那样，"排除暴行及其他违法行为，学生及商人等民众自发之抵货运动被公认为自卫运动"。① 换言之，日方指出的上述"违法"行为皆为运动发生过程中的偶发个案，是个体行为而非运动的性质。恰如顾维钧在 1932 年 11 月 21 日召开的日内瓦国联会议上指出的那样，"吾人在日本此种残暴预定军事侵略行动之前，认为任何形式之抵抗均为合理合法"，中国之于抵制日货"绝无责任之可言"，"（对日）经济绝交对日本有不利影响……然较之日军在东三省、上海、天津各处所杀害之数万华人生命，所毁灭之数十万万华人之财产，则相去天壤矣"。② 由上述分析可见，由于日本对华侵略行径在前，因此谈论抵制日货运动的所谓"违法性"无疑是本末倒置。

　　其实，当时日本朝野亦存在对抵制日货运动保持清醒认知的人士。如斋藤良卫曾就反日及抵制日货运动的原因明确指出："屡次发生的排日运动之直接原因虽每次皆有不同，但根本原因在于我之大陆政策。"③ "只要我大陆侵略政策一日不解消，则排日运动终不得解决。"④ 就连鼓吹对华侵略扩张的满铁社长山本条太郎也曾就 1927 年的反日及抵制日货运动指出："中国的民族主义借势收回利权运动波及满洲，满洲之排日气氛陡然紧张，此亦为东方会议之宣传煽动之结果。"他在赴北京考察之后终于醒悟，"与中国之民族主义浪潮相背而行之举既为不利亦为不可能"。⑤ 1931 年 9 月 23 日，重光葵在发给币原外相的电文中亦承认"此次军部之行动无视政府，几经努力之外交成果毁于一旦……由此，经济绝交及全国学生运动此起彼伏，反日感情之恶化较之二十一条之影响尤甚"。⑥

　　通过上述分析，九一八事变与抵制日货运动的关系，以及日本强调的"国民党的参与及领导"、运动的所谓"违法性"两个关键点的真相均获大

①　菊池貴晴『中国民族運動の基本構造』569 頁。
②　《三月来之外交大事（10～12 月）》，《外交部公报》第 5 卷第 4 期，1932 年，第 8～14 页。
③　斎藤良衛『対支経済政策ノ或基本問題』外務省通商局、1938、201 頁。
④　斎藤良衛『対支経済政策ノ或基本問題』207 頁。
⑤　上村伸一『日本外交史 17・中国ナショナリズムと日華関係の展開』鹿島平和研究所出版会、1971、225 頁。
⑥　守島伍郎、柳井恒夫監修『日本外交史 18 満州事変』121 頁。

白。不得不说，《中国的对外抵制运动》这一日本向李顿调查团提交的有关中国抵制日货运动的官方见解，是一份牵强附会、顾左右而言他的不折不扣的"恶人先告状"之作。《李顿调查团报告书》在抵制日货运动评判问题上的含糊做法，充分暴露了该调查团乃至国联在处理中日矛盾上的双重立场。

四　结语

综上所述，李顿调查团之所以偏离轨道，把本不相关的抵制日货运动问题列入调查范围，并在报告书中对该运动做出有违事实的评论，归根结底是日本的外交压力及调查团在处理中日矛盾上的双重立场。也正是由于这种双重立场，《李顿调查团报告书》不仅在九一八事变、伪满政权及日本关东军的军事侵略行径等问题的定性与认识上模棱两可，而且在有关抵制日货运动的认定上立场模糊、结论含糊，甚至在抵制日货运动中国民党作用的是非、抵制日货运动"违法性"的真伪两大问题上多有附和日方错误主张之处。一个无法置自身于公正立场、持公平态度审视问题的调查团，其结论自然难以令人信服。本文基于事实的考证，得出结论认为国民党之于抵制日货运动的领导目的在于规范运动乱象，避免危害治安之举动，使运动步入正常轨道。而所谓抵制日货运动的"违法性"，更是因日本的对华侵略行径有违《国联盟约》《非战公约》等国际法在先而变得毫无根据。因此，日方以"国民党的参与及领导"否定抵制日货运动的自发性，以及鼓噪抵制日货运动的所谓"违法性"的观点是倒打一耙的谬论。至于日本宣称的九一八事变为应对中国抵制日货运动的"自卫措施"的说法，则更是无稽之谈，其目的无非在于配合其蓄谋已久的对华侵略行动，妄图以中国抵制日货运动为口实使其侵略行径"正当化""合法化"，避免国际社会的制裁。

"九小岛事件"前后国人对西沙群岛的认知演变[*]

陈梁芊[**]

提　要　1933 年"九小岛事件"的前期，国人一度将九小岛误认为西沙群岛。这种认知一方面是由于法国 1932 年悬而未决的西沙主权交涉以及日本的插手和舆论干扰；另一方面，国人对西沙群岛虽因开发考察等活动有所了解，但认知尚不清晰。"九小岛事件"中的舆论高潮很大地促进了南海诸岛知识的传播和普及，使国人对西沙群岛的认知更加清晰明确，同时推动了国民政府对南海疆域的战略重视和对民众海疆意识教育工作的开展。国民政府通过审定地图、出版地理教科书等行为，明确中国对南海诸岛的主权，强化国人的海疆意识。

关键词　"九小岛事件"　西沙群岛　法国　日本　海疆认知

20 世纪 30 年代，中国民族边疆危机日益严重，发生在九一八事变后的"九小岛事件"是近代列强侵犯中国南海主权的一次重要事件，涉及中法日三国交涉，在国内掀起了一时的舆论高潮。学界关于"九小岛事件"的研究已有多篇，[①] 对事件的经过、交涉过程以及影响已有了一定的梳理，

---

*　本文系 2018 年度国家社会科学基金重大项目"二十世纪中国收复南海诸岛历史主权研究"（18ZDA184）的阶段性成果，并受南京大学优秀博士研究生创新能力提升计划 B 资助。

**　陈梁芊，南京大学中国南海研究协同创新中心博士研究生。

①　例如：郭渊《南海九小岛事件与中法日之间的交涉》，《世界历史》2015 年第 3 期；王胜《民国知识阶层的海疆危机诉说与应对之策——基于 30 年代初报刊关于九小岛事件报道的考察》，《云南师范大学学报》（哲学社会科学版）2015 年第 4 期；王潞《国际局势下的"九小岛事件"》，《学术研究》2015 年第 6 期；郭渊《从南海九小岛事件看民国学者对南沙主权之论证》，《北方法学》2016 年第 1 期；郭渊《广东地方政府与南海九小岛事件》，《历史教学》第 16 期，2017 年；等等。

对其背后法日的南海战略政策、国内对该事件的舆论及应对等也做了丰富的研讨。但以往的研究多忽略了事件中西沙群岛这一重要角色，或将其与九小岛混为一谈，也较少提及事件前期国人出现的认知偏差及原因。同时，有关西沙群岛的认知研究也不多见。① 因此，本文尝试利用档案与报刊资料，研究"九小岛事件"前期国人对九小岛的认知反应，细究国人将九小岛误认为西沙群岛背后的复杂原因，并梳理国人对西沙群岛的认知演变过程，探讨该事件对国人深化海疆认知的影响。

一　事件前期国人对"九小岛"的认知反应

1933 年 7 月 25 日，法国《政府公报》(*Journal Officiel de la République Française*) 正式公布其占领南沙各岛礁的名称及位置，并宣称法国实际已于 1930 年 4 月 13 日派舰占领南威岛 (Spratly)，1933 年 4 月分别占领安波沙洲 (Caye d'Amboyne)、太平岛 (Itu Aba)、南钥岛 (Loaita)、中业岛 (Thitu)、双子岛 (DeauxIles)，并置于其主权管辖下。② 消息一出，举国震惊，国际关注，随之引发中法日三国的海疆争议。

国内关于"九小岛事件"的报道，始见于 1933 年 7 月 15 日。当日，《中央日报》分别据美联社 13 日、国民社 12 日巴黎电，报道了"法巡舰亚勒特号及亚斯脱莱伯号占领九岛，植以法旗为并岛之礼"这一举动，并介绍该群岛的地理位置在"北纬 10°东经 115°，法属西贡之东、吕宋岛之西"，且"全为中国渔人所择居之地"。③ 国民政府对此事"极端重视"，7 月 17 日，外交部即致电驻马尼拉总领事馆及海军部，咨询"该小岛位于何处，是否即西沙群岛，及岛上现在有无中国人民居留"④ 等具体情况，并向驻法使馆询问法国对此事的态度。⑤

---

① 例如：王静《20 世纪初国人对西沙群岛的主权认知及捍卫——以"西沙事件"为考察中心》，《边界与海洋研究》2018 年第 1 期。

② *Journal Officiel de la République Française*，le 25 juillet 1933.

③ 《法占九小岛从来未为任何国占领 全岛为中国渔人择居》，《中央日报》1933 年 7 月 15 日，第 3 版。

④ 《外交部致驻马尼拉总领事馆代电》(1933 年 7 月 17 日)，台北"国史馆"藏，"外交部档案"，法国占南沙九小岛案 (一)，020/049904/0014/0009；《外交部致海军部咨》(1933 年 7 月 17 日)，台北"国史馆"藏，"外交部档案"，法国占南沙九小岛案 (一)，020/049904/0014/0010。

⑤ 《外交部致驻法使馆电》(1933 年 7 月 17 日)，台北"国史馆"藏，"外交部档案"，法国占南沙九小岛案 (一)，020/049904/0014/0011。

7 月 19 日，海军部回复称，"九岛即系西沙群岛（Iles Paracels），与琼州岛相距密迩"。[①]《中央日报》也刊载某地理专家的看法，"所谓珊瑚岛即西沙群岛，西名 Paracel I. s，在北纬 15°46′西经 5°12′之间，位于海南岛之东南六里许，属我国广东省，其地旧称七洲洋，为往来香港南洋必经之地"，[②] 认为九小岛即法国之前就有所图谋的西沙群岛。这一观点影响了国内民众对九小岛的最初认知，一时成为舆论的主流。当即就有人认为此事"足以影响我全部海防"，要求政府严提抗议，"以保领海主权而杜侵占之渐"。[③]

但至 7 月 25 日法国正式宣称占领南沙各岛礁时，中国政府尚未能获悉九小岛具体的地理位置以及其为中国领土的确切证据，因而只表示"外海两部积极筹谋应付办法，对法政府此种举动，将提严重抗议"。[④]

在政府收到确切信息前，国内对这一事件已相当关注，对九小岛的名称和地理位置议论纷纷。除了上述认为法占九小岛即西沙群岛的主流观点外，认为"九岛是西沙群岛的一部分"的看法也颇为流行。如国立中央大学地理学家张其昀就认为"该珊瑚群岛为西沙群岛之一部，此外附近并无他岛"。[⑤] 此外，有少数人通过经纬度判断，认为九小岛应是位于南海南部"西沙群岛东南约距七八百公里之堤沙浅洲（Tizard Bank）中之珊瑚礁"。[⑥] 但因国人对此群岛知之甚少，该说法起初并未受到重视。政府在事件初期没有迅速对事件定调，致使国人对九小岛的具体情况众说纷纭、模糊不清，而"西沙群岛说"或"西沙群岛之一部说"也因披着"专家说"的外衣一时流传甚广。

直到 7 月 29 日外交部收到驻马尼拉总领事馆的电报，首次获悉准确情报："法占中国海小岛距巴拉望岛（Palawan）西南 200 海里，在海南岛东南 530 海里、西沙群岛之南约 350 海里，位处北纬 10°～12°东经 115°之间。"[⑦]外交部经研究认为并非此前所传的西沙群岛，具体情况尚需派人实

---

① 《外交部收海军部咨》（1933 年 7 月 19 日），台北"国史馆"藏，"外交部档案"，法国占南沙九小岛案（一），020－049904－0014－0014。

② 《法占西沙群岛 属我广东省旧称七洲洋 共廿二岛东西相距千里》，《中央日报》1933 年 7 月 25 日，第 1 版。

③ 《外交部收汉口党务整理委员会代电》（1933 年 7 月 25 日），台北"国史馆"藏，"外交部档案"，法国占南沙九小岛案（一），020/049904/0014/0024。

④ 《法占粤海九小岛 外部准备提抗议》，《申报》1933 年 7 月 27 日，第 3 页。

⑤ 桐茂：《九珊瑚岛被占之后》，《党旗》第 1 卷第 13 期，1933 年。

⑥ 国纲：《法国占领九小岛事件》，《东方杂志》第 30 卷第 16 期，1933 年。

⑦ 《外交部收邝广林电》（1933 年 7 月 29 日），台北"国史馆"藏，"外交部档案"，法国占南沙九小岛案（一），020/049904/0014/0037。

地调查。随后几日，几家主流媒体也纷纷报道，予以澄清，① 即"法占九小岛总名堤匣板（Tizard bank）"，并非西沙群岛。

然而，认为九小岛与西沙群岛有关的观点并未就此消弭，仍有报道和评论将九小岛与西沙群岛混为一谈，即便官方媒体也未能避免。一方面，有些报刊继续持九小岛即我国西沙群岛的观点，如《中央日报》8月1日才发文澄清称"前传九小岛即系西沙群岛，殊属不确云"，② 却在8月8日的"夜报"版又说"法占九小岛，实为我西沙群岛之附属岛"，并陈述西南当局在该岛的建设计划。③ 另一方面，一些报道、评论虽表明九小岛与西沙群岛无关，也指明其确切位置，但在提出中国对其拥有主权时，错用了西沙群岛的部分历史。如《大公报》8月4日的文章中称"该岛为中国之领土已数百年"，并叙述相关历史："1883年德政府曾派员测量该群岛，旋经中国政府严重抗议而罢。光绪三十三年中国政府曾派军事大员开发该地，其后中国政府亦曾准某商业团体开发该地。距今数年前，中山大学由省政府建设厅指导之下，曾派学生多人调查该地。一年前粤省政府曾允许某商业团体采取该地鸟粪肥料，并在该地建设无线电台……"④ 但上述历史实属西沙群岛，与南沙九小岛并无直接关系。

诸如此类张冠李戴的报道和评论层出不穷，连几家大报社都犯错，更遑论众多小报。可见当时国人对南沙九小岛的情况知之甚少，对西沙群岛虽有一定认知，但在具体情况上又模糊不清，相关历史并不熟稔，因而很容易人云亦云。这也难怪有人批评当局对领土的态度随便，"原在民国十七年我国组织了调查团，前往该处实地勘察，因此对于西沙群岛的位置等等有相当可靠的根据"，但在此次事件中，政府对九小岛的无知显露无遗，对曾勘察过的西沙群岛的情况也模棱两可。在收到法国对九小岛经纬度的报告后，反而怀疑当年对西沙的测量可能有误。⑤ 但对南沙九小岛的实地考察又由于多种因素迟迟未定，并最终搁浅，焉知"法方所开的经纬度，

---

① 分别为1933年的《大公报》7月31日第3版《外部调查粤南九岛 日本各方面聚讼纷纭》、8月1日第3版《粤南九岛 政务会将派员调查》、8月3日第2版《粤南九岛问题 中央交外部负责交涉 法使昨抵京谒罗外长》；《中央日报》8月1日第3版《法所占九岛 在西沙群岛之南 时有海南人前往》；《申报》7月31日第3页《中央重视法占九小岛案》、8月1日第13页《九小岛之位置》；等等。
② 《法所占九岛 在西沙群岛之南 时有海南人前往》，《中央日报》1933年8月1日，第3版。
③ 《法占九小岛 确为我国领土 西南电呈中央贡献意见 并拟具建设该岛计划》，《中央夜报》1933年8月8日，第1版。
④ 《粤南九岛 确系我国领土 西南当局正研究对策》，《大公报》1933年8月4日，第3版。
⑤ 国纲：《法国占领九小岛事件》，《东方杂志》第30卷第16期，1933年。

在我国立场上又岂能完全置信?!"①

当然，在海疆意识尚未普及的年代，内陆民众对南海诸岛不熟悉尚可理解，但与之有切身利益的琼崖沿海居民对九小岛的具体情况也模糊不清。如 8 月 3 日广东琼崖旅京同乡会代表前往中央党部，请求政府尽快对法交涉，提出严重抗议以保全国土完整，请愿书中陈述"法人所占之珊瑚九小岛实为西沙群岛，系吾国之领土，隶属于崖县"，"法方变更经纬度，混淆听闻，侵我西沙群岛领土"等，并历数日法两国先后对西沙群岛的觊觎之心，痛陈丧失国土之哀。② 这份守卫国土家园的爱国心值得肯定，但请愿书中混淆了九小岛和西沙群岛的经纬度，反映出沿海民众在事件初期对九小岛和西沙群岛的情况也存在认知偏差。

国民政府在"九小岛事件"前期对法占南沙各岛的地理位置一时难以确定，导致在事件发生后没有第一时间对法国提出抗议，实属遗憾。国人因对九小岛具体情况存在认知疏漏，一度将其错认为西沙群岛，也使"九小岛事件"一时扑朔迷离，趋向复杂。

二　"九小岛事件"前后法日两国的干扰举动

国人对南海疆域认知模糊的事实虽不可否认，但法日两国在"九小岛事件"前后的一系列举动同样干扰了国人的认知判断。

（一）悬案未决：法国对西沙群岛的"主权"声索

20 世纪 20 年代末，法国对西沙群岛即有所关注，曾于 1927 年和 1929 年先后派军舰至西沙群岛测量海域和岛屿。③ 1931 年 12 月 4 日，法国外交部向中国驻法使馆递交照会，声称"安南对西沙群岛拥有先占之权利"，并由此提出作为安南殖民者的法国对西沙群岛有先占权。④ 一个月后，法外交部再次就七洲岛（Iles Paracels）问题向驻法使馆提交节略，强调"该岛屿向属安南王国"，并追溯安南朝历史，称"1816 年嘉隆（Gia Long）

① 桐茂：《九珊瑚岛被占之后》，《党旗》第 1 卷第 13 期，1933 年。
② 《外交部收琼崖同乡会呈》（1933 年 8 月 3 日），台北"国史馆"藏，"外交部档案"，法国占南沙九小岛案（一），020/049904/0014/0056。
③ Ulises Granados, "As China Meets the Southern Sea Frontier: Ocean Identity in the Making, 1902 ~ 1937," *Pacific Affaires*, 2005, 78（3）: 443 ~ 461.
④ Note Affaires Etrangères à Légation de Chine, le 4 décembre 1931, p. 87 ~ 88, Série E, Carton 513, Dossier 9sd/1, Ministèredes Affaires Etrangères, Asie: 1930 ~ 1940, Vol. 745.

王正式管领该岛并树立旗帜，1835 年明命王复遣人至该岛建塔及石碑"，声明安南占领该岛的历史事实。① 6 月 15 日，法属印度支那当局正式宣布吞并西沙群岛，并将西沙设置为帕拉塞尔行政代理公署（Délégation administrative des Paracels），划归承天省。② 法国及法属印度支那当局的一系列侵略举动引起了中国政府的强烈抗议。外交部随后列举 1887 年"中法越南续议界务专条"第三款中对海中各岛的划界规定，1909 年李准率舰赴西沙勘测、竖旗鸣炮且"未闻法方有何异议"，民国以来广东省政府先后五次批准商人承垦西沙群岛，1930 年远东观象会议上建议中国在西沙建设观象台等多条证据，力证"西沙群岛属我国领土的一部，为华人久居之地"，并直指法国"摭拾安南一二遗史牵强附会"的可笑行为，称其所谓的先有权缺乏有力证据，"实属不攻自破"，积极与法国政府进行交涉。③

但是，关于西沙群岛的交涉后来不了了之，中国政府再未收到法方回复，以至于 1933 年得知法占九小岛后，外交部当即联想到前一年与法交涉的西沙群岛案，即发电询问驻法使馆"去年七月二十六日，本部为西沙群岛问题令向法外部驳回后，对方有何表示，颇堪注意"，④ 而顾维钧则回复称"去年本馆便令驳复照会，因未经法外部答复，现正催复"。⑤ 可见在收到中国照会后，法国对西沙群岛一事并未再有进一步的举动和交涉。

事件发生后，一些国人也联想到此前法国"声索"西沙群岛主权之事，认为这是法国将先前的口头"声索"直接升级成了武力侵占："法国前亦曾与我国一度起领权纠纷，迄今悬案尚未解决，而现已变本加厉，实行派舰占领矣"⑥；"去岁五月，南京《中央日报》已有琼崖所属之西沙群岛为我领土，而法政府竟谓为属于安南之电讯。至本年四月上旬，乃实行派遣海军差遣舰，将我之西沙群岛即彼之所谓珊瑚九岛者强行占领……"⑦ 由于

① 《外交部收驻法使馆呈》（1932 年 2 月 13 日），台北"国史馆"藏，"外交部档案"，西沙群岛案（一），020/049904/0001/0006x。

② 〔越〕阮雅等：《黄沙和长沙特考》，戴可来译，商务印书馆，1978，第 218～219 页。

③ 《外交部致驻法使馆训令》（1932 年 7 月 26 日），台北"国史馆"藏，"外交部档案"，西沙群岛案（一），020/049904/0001/0062x。

④ 《外交部致驻法使馆电》（1933 年 7 月 17 日），台北"国史馆"藏，"外交部档案"，法国占南沙九小岛案（一），020/049904/0014/0011。

⑤ 《外交部收顾公使来电》（1933 年 7 月 28 日），台北"国史馆"藏，"外交部档案"，法国占南沙九小岛案（一），020/049904/0014/0028。

⑥ 《法占西沙群岛 属我广东省旧称七洲洋 共廿二岛东西相距千里》，《中央日报》1933 年 7 月 25 日，第 1 版。

⑦ 《琼崖旅京同乡请中央 严重抗议法占九小岛 并详述九岛之历史与地理 确为我国西沙群岛之一部》，《中央日报》1933 年 8 月 3 日，第 3 版。

两次事件接踵而至，让人不得不产生联想。这一点在《外交部公报》对"九小岛事件"的报告中也被分析道，"去岁法方曾主张西沙隶属安南，酿起无谓之交涉，今岁适又有法占九岛之事，遂致以此讹彼，几成轩然大波"，[①] 足可见 1932 年法国针对西沙群岛的行径干扰了国人对九小岛位置的判断，带偏了舆论导向。

而这并非简单的巧合。就目前所见的法国档案而言，虽尚不能直接证明法国 1932 年关于西沙群岛的交涉是为了一年后侵占南沙九小岛故意放的烟幕弹，但可以明确的是，南沙群岛一直是法国侵占的目标。在与中国交涉西沙群岛主权的同时，法国国防部在给法国外交部的信件中讨论到占领位于菲律宾西部、北纬 7°～12°间的岛礁，[②] 就纬度来看，与 1933 年法国占领的九小岛相近，而并非位于北纬 15°～17°间的西沙群岛。

悬而未决的西沙群岛案像是法国侵占南沙九小岛的一个序曲，混淆视听，给国人造成了一定的认知困扰。而让法国"惊喜"的是，在与中国交涉西沙群岛的主权归属时，还意外得到了西沙群岛"为我国最南之疆土"[③]（Ces groupes se trouvent à 145 miles marins de l'Ile de Hai - Nan et forment la partie du territoire chinois située la plus au sud[④]）的说法，这无疑增加了法国占领南沙九小岛的交涉筹码，为日后中法两国在南沙群岛的主权争议埋下了隐患。

（二）趁火打劫：日本对西沙群岛的觊觎

日本对中国南海诸岛早有觊觎之心。清末时曾有日商西泽吉次在东沙岛采集鸟粪，20 世纪 20 年代又有平田末治借中国商人的名义开采西沙群岛磷矿，还有拉萨岛磷矿株式会社侵占并开发南沙群岛等一系列侵犯行为。自 1931 年九一八事变后，日本加快推行其"南进政策"，试图向东南亚扩张，增强其在太平洋的势力，而地理位置优越、资源丰富的南海诸岛自然成为其侵略的目标之一。

因此，日本对法占九小岛一事十分关注。日本媒体在 7 月下旬对此事

①　《西沙群岛交涉及法占南洋九岛事》，《外交部公报》第 6 卷第 3 期，1933 年。

②　Lettre du Ministre de la Défense au Ministre des Affaires Etrangères, 30 mars 1932, Prise de possession des îlots à l'Ouest des Philippines. Monique Chemillier - Gendreau, La Souveraineté sur les archipels Paracels et Spratleys, Paris, L' Harmattan, 1996, Annexes 36.

③　《外交部致驻法使馆训令》（1932 年 7 月 26 日），台北"国史馆"藏，"外交部档案"，西沙群岛案（一），020/049904/0001/0062x。

④　Note de la légation de la République de Chine du 29 septembre 1932. Monique Chemillier - Gendreau, La Souveraineté sur les archipels Paracels et Spratleys, Annexes 10.

即有一连串报道,把被法国占领的岛屿称为"帕拉申群岛""平田群岛"[①]等,做出了与事实不符的报道。[②] 日方的舆论传至中国,一定程度上误导了当时尚未确认九小岛位置的国人。尽管日本学者将本国舆论对事实的误认归咎于法国人的举动所带来的巨大冲击,[③] 但国人在事后普遍认为将九小岛指认为西沙群岛是"日本政府别具用心、含沙射影",以至于"上下懵懵的我国,一时亦众说分歧,莫衷一是"。[④] 这一说法虽尚未有日方资料加以证实,但国人的揣测足见九一八事变后日益凸显的反日情绪。

7月底,日本以"该岛自数十年前即有日人居住、创办实业"[⑤] 为由参与到九小岛主权的纷争中,主张其在该群岛的既得利益,"九小岛事件"遂从中法交涉演变成中法日三国之争。8月15日,日本内阁做出不承认法国对九小岛占领的决定,并以日本拉萨岛磷矿株式会社在有关岛屿的开发经营为依据要求法国撤回占有宣告。[⑥] 此后,日法在九小岛主权问题上进行了多次交涉。相比之下,国民政府反因"调查证据尚欠明了,尚待顾使及海部之详细报告"[⑦] 迟迟未对法国正式提出抗议或交涉。难怪时人有评论称,"日本之抗议,反远烈于我国,大有喧宾夺主之势"。[⑧]

日本的插手引爆了国内的舆论,对于两年前才痛失东北的中国人来说,法日两国在九小岛主权上的扯皮是火上浇油,被认为是"中国民族危机的继续扩大",[⑨] 担心这将会演变成继1898年后的又一轮帝国主义对中国领土的瓜分,重演"抢夺时代"。[⑩] 而日本蚕食中国南疆、扩张其太平洋势力的野心也昭然若揭,有人分析"九小岛若为日本所得……该岛成为海战的第一度防御,不但能进一步断绝英国向远东进出,并能保守台湾军

---

① 如《法国人在南洋占领的新领土为我国二十年前早已占有领土 该领土被命名为平田群岛 直至三年前我国仍在该地实施磷矿的开采经营》,〔日〕《时事报》1933年7月28日,转引自〔日〕浦野起央《南海诸岛国际纷争史》,杨翠柏等译,南京大学出版社,2017,第168页。

② 〔日〕浦野起央:《南海诸岛国际纷争史》,第144页。

③ 〔日〕浦野起央:《南海诸岛国际纷争史》,第144页。

④ 国纲:《法国占领九小岛事件》,《东方杂志》第30卷第16期,1933年。

⑤ 《粤海九岛问题 英方认为属诸中国 法方宣称纯为便利航海 日本竟欲主张既得权益》,《大公报》1933年7月30日,第3版。

⑥ 〔日〕浦野起央:《南海诸岛国际纷争史》,第146~148页。

⑦ 《粤海九岛问题 中央交外部负责交涉 法使昨抵京谒罗外长》,《大公报》1933年8月3日,第2版。

⑧ 君宧:《法占九小岛》,《循环》第3卷第34期,1933年。

⑨ 乃:《粤海九岛问题》,《文化界》第1卷第1期,1933年。

⑩ 《益世报对法占九岛之评论:"抢夺时代"的重演——粤南九岛问题的严重性》,《国民外交杂志》第2卷第5期,1933年。

港的防线，对于中国的侵略便可操之自如"。① 因此，不少有识之士对中国一再丧失领土的局面十分担忧，"陆地有东北沦亡，海岛则九岛被据，陆海互祸其何以堪"，痛陈"此九岛之得失关系太平洋未来之战争、关系中国国防均属甚巨"，② 呼吁国人应奋力争回失地主权。

　　然而，此时的国民政府被另一件事分散了注意力。日本及台湾总督府看到法国如此轻易"依简单之声明，而决定其属籍"就占领了九小岛，也起侵占野心，想仿效法国"采同样手段而占领西沙群岛"，③ 并厚颜称，"据总督府之属类，该地之属籍虽不明了，然从事业关系观之，当然属诸日本"。④ 这不得不让国民政府和国人警惕，一定程度上影响了政府对"九小岛事件"的关注程度和处理方式。8 月 10 日，国民政府对"九小岛事件"态度转为"持重"，关注重点转向被日本觊觎的西沙群岛，"日人因法方之占领九岛，显然将在西沙群岛有所企图，以为对抗，正予以十分之注意"。⑤ 11 日，外交部命广东省政府"派舰驶往西沙群岛严密巡视"，⑥ 后又派甘介侯随同前往视察情形，并嘱其随时汇报。⑦ 这一系列的决策不仅是因为中国有充足证据证明"西沙群岛确为我国领土，且有悠久历史"，也出于对日本上下夹击、侵略中国领土的防备。

　　日本的插手使"九小岛事件"变得错综复杂，让国民政府一时顾此失彼，疲于处理两群岛问题。日本先指鹿为马混淆视听，后更毫无顾忌地趁火打劫企图攫夺西沙群岛，"日人的手段，一面放出巴拉色尔岛（即西沙群岛）就是法人所占的九小岛的空气，想来淆乱听闻；而暗地却想将西沙群岛混入漩涡中，作为将来占领的借口"⑧；同时又与法国就九小岛主权进行严重交涉，"阻止法国获得南海诸小岛"⑨，从而想趁机侵占西沙、南沙群岛，坐收渔翁之利。

---

①　《法国占领九小岛问题》，《先导》第 11 期，1933 年。
②　《法占我九小岛》，《青年评论》第 46 期，1933 年。
③　国纲：《法国占领九小岛事件》，《东方杂志》第 30 卷第 16 期，1933 年。
④　《日觊觎西沙岛》，《申报》1933 年 8 月 1 日，第 13 页。
⑤　《九岛问题 我政府态度持重》，《大公报》1933 年 8 月 13 日，第 3 版。
⑥　《外交部致广东省政府电》（1933 年 8 月 11 日），台北"国史馆"藏，"外交部档案"，法国占南沙九小岛案（三），020/049904/0016/0014。
⑦　《外交部致视察专员甘介侯电》（1933 年 8 月 25 日），台北"国史馆"藏，"外交部档案"，法国占南沙九小岛案（四），020/049904/0017/0006。
⑧　俞沛文：《中国南海九小岛问题》，《光华附中半月刊》第 2 卷第 1 期，1933 年。
⑨　国纲：《法国占领九小岛事件》，《东方杂志》第 30 卷第 16 期，1933 年。

三　"九小岛事件"前国人对西沙群岛的认知发展与不足

从上述"九小岛事件"中可以看出，国人对西沙群岛情况的一知半解在法日两国的干扰下完全暴露，导致事件前期对九小岛认知有误。但相对离大陆更远的九小岛，国人对西沙群岛的认同感更加强烈，因而在西沙群岛出现主权危机时国民政府将关注度从九小岛转移到西沙群岛上。这和近代以来一系列开发西沙群岛的实践不无关系。

西沙群岛古称"焦石山""象石""七洲""九乳螺洲"等，一直为我国东南沿海渔民往来捕鱼经营的重要场所，也是来往香港、南洋等地的航海必经之路。

1909年，因日本商人西泽吉次在东沙岛盗采鸟粪，两广总督张人骏在与日本人交涉东沙岛事时，"闻海南大洋中复有西沙岛，恐亦为日人所占"，便派人实地查勘，认识到西沙群岛"地居琼崖东南，适当欧洲来华之要冲，为南洋第一重门户"地理位置的重要性，考虑到"若任其荒而不治，非唯地利之弃，甚为可喜，亦非所以重领土，而保海权"，[1] 遂派水师提督李准巡视并考察西沙群岛，重新命名、登岛升旗鸣炮再次宣示主权，并设立"西沙群岛筹办处"，统筹经营西沙事宜。可以说，这是一项"开辟鸿蒙之举"，"西沙岛之名，遂逐渐为一般所知晓"，[2] 启蒙了国人对西沙群岛的主权认知。

民国初期，因国家战乱频繁、政府财力拮据，中国政府采取授权给商人承包的形式开发西沙群岛，这可视为"一种带有主权宣示性质的间接管辖"。[3] 但这种方式被觊觎西沙群岛磷矿资源的日本人钻了空子。20世纪20年代初，日本商人平田末治通过与中国商人何瑞年的资本合作，以"西沙群岛实业公司"的名义控制西沙群岛磷矿的实际开采与销售，从而掠夺岛上资源。1922年，该事被披露后引起了广东琼崖民众的强烈抗议，控诉"琼人在该岛捕鱼者悉被掠夺驱逐，而此岛遂俨然为日本之殖民地"。[4] 该事件经琼崖公民大会递交到广东省政府，后又上报北京政府，虽然政府软

---

[1]　陈天锡编《西沙岛东沙岛成案汇编》，商务印书馆，1928，第720页。

[2]　陈天锡编《西沙岛东沙岛成案汇编》，第3页。

[3]　许龙生：《中日两国围绕西沙群岛磷矿开发的合作、竞争与纠纷（1917～1930）》，《史林》2017年第5期。

[4]　《咨询何瑞年等勾结日本人承办西沙群岛实业公司一案曾否咨经贵部核准请详细见复由》（1923年1月18日），台北中研院近代史研究所藏，"外交档案"，03/20/042/02/002。

弱无能，未能采取行之有效的手段对此事进行处理，致使事件反复持久，但琼崖民众通过宣传、集会等形式进行的一系列抗议活动，经由媒体跟踪报道，还是引起了国人对西沙群岛的一定关注，但仍局限在西南沿海一带。

随后，逐渐出现一些有关西沙群岛的调查和介绍性文章，知识分子开始对西沙群岛的地理情况和发展历史有所关注。史地专家李长傅先后撰写了《东沙岛及西沙群岛》①、《志西沙群岛》② 来介绍西沙群岛的地理位置、诸岛名称以及近代以来政府对其的管治与开发。一得的《西沙群岛调查记》③ 则介绍了西沙群岛的丰富资源和被日本人觊觎侵占的经过，且配上简略地图，以便读者更直观地了解西沙群岛的方位，并呼吁国人"速起经营"。这些文章较为简短，更偏向普及性质，有助于国人了解西沙群岛的基本知识，增强国人的海疆观念。

1928 年 5 月，广东省实业厅成立了以中山大学教授沈鹏飞为主席的西沙群岛调查筹办委员会，首次由政府派员赴西沙群岛进行实地调查，对西沙群岛的地质、海流、气候、物产、交通、渔业等方方面面进行了专业细致的研究，为日后对该岛的开发建设提供了充足的专业信息。④ 陈天锡根据此次调查情况编写的《西沙岛东沙岛成案汇编》，详细介绍二岛的自然地理和历史发展，是研究东西沙群岛重要的资料。此外，一些专门性的调查文章⑤陆续发表，一定程度地推动了国内对西沙群岛的研究，增强了学者、知识分子对西沙群岛的深度认知，也为政府提供了可靠的信息资源和主权证据。

但是，近代中国因长期处于内忧外患中，无暇顾及边政，对西沙群岛在内的南海疆域关注度并不高，虽有一些报道但很少形成舆论热点，影响力和普及度自然可想而知。同时，国内尚未刊行规范统一的地图，出版的舆图"多抄袭陈编，以讹传讹，甚至翻印外国出版之中国图籍，不加审

---

① 李长傅：《东沙岛及西沙群岛》，《地学杂志》第 13 卷第 8/9 合期，1922 年。

② 李长傅：《志西沙群岛》，《史地学报》第 3 卷第 5 期，1925 年。

③ 一得：《西沙群岛调查记》，《侨务》第 75 期，1923 年。该文被《国际公报》1923 年第 19 期转载。

④ 详见沈鹏飞《调查西沙群岛报告书》，学生书局，1975 年影印本。

⑤ 例如朱庭祜《西沙群岛鸟粪（附图）》，《两广地质调查所年报》第 1 期，1928 年；朱庭祜《西沙群岛之磷酸矿》，《矿冶》第 2 卷第 5 期，1928 年；方新《西沙群岛调查记》，《中央政治会议广州分会月刊》第 10、13 期，1928 年；丁颖《西沙群岛调查录（附表）》，《自然界》第 4 卷第 9 期，1929 年；等等。

察，致国疆界线任意出入"，① 这也是国人对西沙群岛具体位置一知半解
的重要原因。因此，国人虽已深知西沙群岛为我国一部，但在具体情况上
仍存在认知疏漏，而这些模糊的认知在1933年"九小岛事件"中得以集
中体现，致使"我国人事前之疏于察觉，以及对于地理知识之缺乏，不啻
充分暴露于世"。②

四　"九小岛事件"后南海疆域知识的传播和普及

真正将包括西沙群岛在内的南海疆域具体知识传播和普及给全国民众
的，还是"九小岛事件"形成的舆论高潮及事后的教化工作。

"九小岛事件"掀起的舆论高潮是前所未有的。这在很大程度上缘于
九一八事变后日本对东北的侵占导致国人对领土沦丧分外关注，民族主义
情绪也格外强烈。据粗略统计，仅"九小岛事件"持续发酵的8月就有近
百篇新闻报道和社会评论，在国内掀起了一股舆论高潮，虽然其中不乏张
冠李戴的错误报道，但产生的传播普及作用是不容忽视的。事实上，8月
以后国人的关注点已不再是法占九小岛是不是西沙群岛，而是迫切希望政
府能尽快对法国进行交涉、提出抗议，保卫南疆。

事后新闻热度虽有所降低，但仍陆续有深度评论，除了多篇对事件分
析评价和建言献策的文章外，基于国人对西沙群岛概念不清，陆亚东专写
一篇《西沙群岛应有之认识》，意图"唤起国人对于此群岛之特别注意"。
文章中详细介绍了西沙群岛各岛屿的中英文名称、经纬度，列举了西沙群
岛为中国领土的法律和事实证据，同时论述了西沙群岛在国防和经济上的
重要地位，称作为"香港南洋航行之孔道"的西沙群岛"扼东西两洋之要
卫"，守住"则西南巩固可无外顾之忧，反之则琼崖势成孤立，闽粤诸省
亦将临危"；而岛上丰富的磷酸矿可作肥料，"于我国农业，大有利益"，
当务之急是及时经营开发岛上矿产、海产等"以广本国之财源，而杜外人
之觊觎"。最后他从政治、经济、交通三点探讨开发西沙群岛的办法，并
敦促政府"派舰严密巡视以防日方侵占"。③ 半年后，《外交评论》又刊登
了中央大学地理学系教授胡焕庸翻译的一篇法文论文，借以揭露法国对西

---

① 《参谋本部等呈国民政府》（1931年8月19日），台北"国史馆"藏，001/012100/0007，
　　转引自程玉祥《20世纪30～40年代国民政府对南海地图的绘制与审定》，《中国边疆史
　　地研究》2018年第4期。
② 徐公肃：《法国占领九小岛事件》，《外交评论》第2卷第9期，1933年。
③ 陆亚东：《西沙群岛应有之认识》，《外交评论》第2卷第10期，1933年。

沙群岛的觊觎之心，"以资唤起国人之注意，并愿政府早为之戒备"。①

　　事件之后，政府对西沙群岛的战略地位和资源开发也更加重视。1933
年 9 月 1 日，国防委员会第 67 次会议就西沙群岛一事决议"由行政院电令
广东省政府派人往西沙岛建筑气象台、灯塔，并置设警察"。② 同年，广东
省政府出台的《广东省三年施政计划说明书》中对管理西沙群岛做了充分
的规划和细致的财政预算，计划在岛上"建设短波无线电台、灯塔、气象
台等"设施，并利用西沙群岛的鸟粪建设混合肥田料制造场。③

　　与此同时，政府对于南海疆域地图的审定工作有条不紊地进行。1933
年 11 月 24 日，水陆地图审查委员会在第五次会议上通过的《指示编制地
图应注意事项》中表示，"南海有东沙、西沙、南沙等群岛及现法占之九
小岛均属我国，凡属中国全图及广东省图，均应绘具此项岛屿并注明属中
国"。④ 1935 年公布的《中国南海各岛屿华英名对照表》将南海诸岛按地
理位置划分为东沙岛、西沙群岛、南沙群岛（今中沙群岛）和团沙群岛
（今南沙群岛）四部分，并标明中国南海疆域的最南端为北纬 4°的曾母
滩。⑤ 1935 年 4 月，《中国南海各岛屿图》刊印出版，这是国民政府公开
出版的第一份具有官方性质的南海专类地图，而这份官方绘制的标准南海
地图也影响了此后十多年国内南海地图的印制。⑥ 如由中华舆地学社印行、
谭廉编绘的《中华民国南海各岛屿图》就依据《水陆地图审查委员会会
刊》的内容改制而成，详细标画出了南海诸岛各岛礁沙滩及其名称，并附
有《中华民国南海各岛屿华英名对照表》。⑦

　　同时，一些地理教科书和地图的出版发行也起到了向民众传播、普及
南海疆域知识的作用。地理学家张其昀在其编著的《本国地理》⑧（中册）
第九章"海南岛"第十节"东沙岛、西沙群岛与南海九岛"中提到"法
国强占我国南海之堤闸滩（Tizard Bank）九珊瑚岛，今已成为世界瞩目之

①　胡焕庸译《法人谋夺西沙群岛》，《外交评论》第 3 卷第 4 期，1934 年。
②　《国防委员会第 67 次会议记录》（1933 年 9 月 1 日），台北"国史馆"藏，"外交部档
　　案"，西沙群岛案（二），020/049904/0002/0037x。
③　广东省政府秘书处编《广东省三年施政计划说明书》，1933，第 248 ~ 252、470 ~ 472 页。
④　《指示编制地图应注意事项》，中国第二历史档案馆藏，一二（6）/14206。
⑤　水陆地图审查委员会编《中国南海各岛屿华英名对照表》，《水陆地图审查委员会会刊》
　　第 1 期，1935 年，第 61 ~ 65 页。
⑥　李国强：《民国政府与南沙群岛》，《近代史研究》1992 年第 6 期。
⑦　国家图书馆中国边疆文献研究中心编《南海诸岛图籍录》（近现代卷），国家图书馆出版
　　社，2016，第 12 页。
⑧　张其昀编著《本国地理》中册，钟山书局，1934。

国际问题",① 书中详细介绍了南海九岛的位置、隶属我国的历史证据、战略价值等,发行后反响热烈,并接连再版。1935年,白眉初编著的《中华建设新图》② 中,《政治区划图》和《广东》图中,画有东沙岛、西沙群岛、南沙群岛和团沙群岛四个附图,该书标明"中等学校适用",具有教科书性质。屠思聪编的《表解说明中华最新形势图》③ 中,《中国政区图》和《中国地形图》都有标有东沙岛、西沙群岛、南沙群岛和团沙群岛的附图,《广东省》的图中也附有《我国属壤南海诸岛图》;该书因绘图准确、选择审慎、附说详尽,被国民行政院教育部列为中等学校地理教科书。此外,针对教师的教学大纲④以及面向初中⑤、高中⑥、简易(乡村)师范学校⑦学生的教科书中也都明确将南海诸岛标绘到中国的版图中。

尽管"九小岛事件"将国人对西沙、南沙群岛的认知不足暴露于世,但也给国人以警醒,从而敦促国民政府加强对南海疆域的战略重视,推动了对南海诸岛的知识传播和普及,修正了国人对西沙群岛的模糊认知,南海诸岛的概念也更加清晰明确。

五　余论

1933年的"九小岛事件"前期,国人因对西沙、南沙群岛的模糊认知以及法日两国的干扰举动,一度将九小岛误认为西沙群岛,国民政府没有第一时间确认法占九小岛的具体位置,导致在与法国的交涉中陷于被动的境地。后又因日本插手,扬言要借鉴法国方式侵占西沙群岛,国民政府顾此失彼,将注意力转移到西沙群岛。由此可见,"九小岛事件"不单是中法双边就南沙九小岛的主权交涉,而是法国、日本侵略殖民中国的进一步举动,更是列强在西南太平洋的战略博弈。在九一八事变后民族主义情绪高涨的形势下,国人对"九小岛事件"给予了更多的关注和议论,促进了南海诸岛知识的传播和普及,也间接推动了国民政府对南海疆域的战略重视以及对民众海疆意识教育工作的开展。

---

① 张其昀编著《本国地理》中册,第75页。
② 白眉初编著《中华建设新图》,北平建设图书馆,1935。
③ 屠思聪编《表解说明中华最新形势图》,上海世界舆地学社,1939,增订本。
④ 江苏教育厅编《小学教师文库》第1辑(上),开华书局,1936。
⑤ 葛绥成编、金兆梓校《初中本国地理》第4册,中华书局,1934,第7页。
⑥ 盛叙功编《高中外国地理》上册,中华书局,1935,第7页。
⑦ 葛绥成编《地理》第2册"本国地理下",中华书局,1936,第118页。

近代中国在内忧外患、积贫积弱的情况下缺乏对海疆足够的关注，在事件发生后，对海疆认知不足导致外交上的"迟作为"，海军力量薄弱导致军事上的"不作为"，这些都给日后中国的海疆保卫敲响警钟。当下，南海局势更加错综复杂，周边国家的频频挑衅以及域外大国的横加干涉都是中国在南海诸岛主权维护上长期面临的挑战。吸取"九小岛事件"的经验教训，采取更主动、强硬的外交姿态，强化在南海的军事存在，加强对民众海疆意识的教育普及和舆论宣传，将有利于中国更好地守卫南海疆域、维护南海主权。

抗战胜利后中国知识界对海疆建设的
认知与构想*

—— 以史地学者围绕琉球归属的讨论为中心

徐一鸣**

提　要　中国虽为一个海陆复合型国家，但长期"有海无防"。近代以来，西方海洋强国从海上入侵中国，中国的海洋意识开始觉醒，初步建立起近代海防体系。囿于国内外多重因素，近代中国的海上力量未能得到充分的发展。抗战胜利是中国发展海疆建设的一次良好契机，19 世纪末被日本武力吞并的琉球群岛对中国海疆建设有着重要影响，史地学者们从历史渊源和地理国防的角度论证中国收复琉球的重要性，并围绕琉球之收复提出对战后中国海疆建设的构想。

关键词　抗战胜利　海疆　琉球　史地学者

在中国台湾和日本九州之间的琉球群岛上，曾有琉球王国存世数百年。琉球国自明洪武五年（1372）开始向明政府朝贡，明清时期一直和中国保持宗藩关系，"虔事天朝为外藩最"。[1] 1609 年，日本萨摩藩入侵琉球，迫使琉球向萨摩藩纳贡，但是日本一直承认琉球是一个独立的国家。1879 年 3 月，日本出兵占领了琉球，将琉球国改为日本冲绳县。在被日本"吞并"后，琉球国向清政府求助，清政府与日本政府进行了交涉，最终

---

*　本文为 2015 年度国家社科基金重大项目"《钓鱼岛问题文献集》及钓鱼岛问题研究"（项目号：15ZDB049）、2016 年度江苏省普通高校学术学位研究生科研创新计划项目"战后美国的琉球政策与中日之应对研究（1945～1972）"（项目号：KYZZ16_0023）阶段性成果。

**　徐一鸣，南京大学中华民国史研究中心博士研究生。

① 张廷玉等撰《明史·琉球传》，中华书局，2000，第 5607 页。

无果。清政府从未承认日本"吞并"琉球的合法性，1887 年，总理衙门大臣曾纪泽明告日本驻华公使，中国仍认为琉球问题尚未了结，[①]"球案"成为中日间的历史"悬案"。

学界已有成果主要是从国民政府的琉球政策层面研究战后琉球归属问题，[②]在抗战胜利后，社会各界人士对琉球的归属问题展开了广泛的讨论。其中，史地学者们分别从历史渊源和地理国防的角度论证中国收复琉球的重要性，并对战后中国海疆建设提出了构想，本文拟从这一层面对抗战胜利后知识阶层对中国海疆建设的认知和构想加以探讨。

一　近代中国海洋意识的觉醒

中国位于欧亚大陆，又濒临太平洋，是一个典型的海陆复合型国家。在航海技术不发达的时期，中国的边疆威胁主要来自内陆，海洋成为保卫中国的一道天然屏障，这使得中国自古在边防上都是以"塞防"为主，几乎没有"海防"，并通过册封藩属国形成了"以琉球守东南，以高丽守东北，以蒙古守西北，以越南守西南"[③] 的边疆防御体系。两次鸦片战争的失败使中国被迫面对来自海洋的威胁，"中国的前线不再是长城或甘肃的玉门关了，却是在广州和上海了"。[④]

除了西方海上强国的入侵，中国的邻国日本在明治维新后大力发展海上力量，开始挑战中国在东亚的传统国际地位。1875 年，日本出兵朝鲜，迫使朝鲜于次年签订日朝《江华条约》；1879 年，日本吞并琉球国；1885 年，清政府和法国签订《中法新约》，承认法国在越南的殖民权。中国固有的边疆防御体系逐步瓦解。在海疆危机的冲击下，当时的有识之士认识到海防的重要性。自 19 世纪 60 年代起，清政府逐步建立起近代海防体系，但是甲午战争使之全面崩溃。民国建立后，大量西方海权思想的传入，使中国人的海权意识进一步觉醒。第一次世界大战后，世界海权的争夺更加

①　中国社会科学院近代史研究所：《日本侵华七十年史》，中国社会科学出版社，1992，第 24～25 页。

②　相关论文有：侯中军《困中求变：1940 年代国民政府围绕琉球问题的论争与实践》，《近代史研究》2010 年第 6 期；王海滨《中国国民政府与琉球问题》，《中国边疆史地研究》2007 年第 3 期；尤淑君《战后台湾当局对琉球归属的外交策略》，《江海学刊》2013 年第 4 期。

③　《清光绪朝中法交涉史料》卷 2，沈云龙主编《近代中国史料丛刊》第 15 辑，台北，文海出版社，1973，第 2 页。

④　〔美〕费正清：《美国与中国》，张理京译，世界知识出版社，2003，第 151 页。

激烈，孙中山认为太平洋将成为各国争夺的焦点，作为太平洋重心的中国，必须取得太平洋的海权。1919 年，孙中山在《战后太平洋问题·序》中写道："海权之竞争，由地中海而移于大西洋，今后则由大西洋而移于太平洋矣。盖太平洋之重心，即中国也；争太平洋之海权，即争中国之门户权耳。谁握此门户，则有此堂奥、有此宝藏也。人方以我为争，我岂能付之不知不问乎？"①在辛亥革命后，虽然以孙中山为代表的时人已经有了一定的海洋思想，在成立南京临时政府时便设立了海军部，但是清政府与列强签订的不平等条约并没有废除，中国沿海的重要城市和港口仍被列强把持。国民政府从清政府接收来的海军几乎没有发展，海军力量十分薄弱，与一直大力发展海军的日本相差巨大。抗日战争初期，中国海军就遭受重创，几乎全军覆没。

二　抗战胜利前关于建设海洋中国的讨论

太平洋战争爆发后，世界反法西斯同盟成立，中国因在对日战争中的巨大贡献，成为战时世界"四强"之一。随着战争形势越来越有利于盟军，以美国为主导的同盟国开始商讨战后世界重建问题，中国国内各界人士也就战后中国建设问题展开讨论。不少学者从历史发展和地理国防的角度指出中国战后建设海疆、走向海洋的重要性。

第一，基于近代以来中国海防薄弱以致外敌从海上入侵的历史教训，指出在战后要加强海疆建设，保卫领土安全。

中国的海疆曾"北起鞑靼海峡，南逾麻六甲海峡"，原本可以"控大洋以谋远略"。但近代以来，港九、琉球、越南、缅甸、澳门"失之于先"，台湾、澎湖、旅大、广州湾、威海卫"受制于后"，中国海疆"藩篱尽撤"，海权受制于人，以致"暴敌来侵，无法防御，沿海精华地区，丧失殆尽"。鉴往知来，"他日之海防建设，当为建国工作之核心部门也"。②

国立浙江大学史地系教授张其昀于 1943 年应美国国务院邀前往哈佛大学进行研究讲学，1944 年 9 月 18 日在哈佛大学地学研究所进行《中国之陆权与海权》的演讲，阐述了中国自古以来的陆权与海权的关系，指出"海权沦丧，大陆亦无以自保"，近百年来的不平等条约，都是战舰威胁的

①　《战后太平洋问题·序》，中国社会科学院近代史研究所中华民国研究室等编《孙中山全集》第 5 卷，中华书局，1985，第 119 页。

②　程潞、邓静中：《我国海权建设之地理基础》，《海军建设月刊》第 2 卷第 12 期，1942 年。

结果。"中国立国于太平洋上，台湾海南二岛为耳目之所寄"，甲午战败，台湾被日本侵占，"俨有丧明之痛"；而此次抗战中，日本又占据了海南岛。今后中国只有重兴海运才可以保护台湾和海南岛，只有守住此二岛才足以屏藩全国，因此，"中国海权之恢复实为远东和平之柱石"。[①] 中国只有加强海权，才能巩固陆权，保卫国防安全，进而维护整个远东地区的和平。

第二，受西方海权思想影响，认为战后世界会以太平洋为中心，世界各国的联系更加密切。而中国作为主要的太平洋国家，有向海洋发展的条件，为了战后在国际社会中有更好的发展，中国必须海陆兼顾。

胡秋原（史学家、政论家，时任《中央日报》主笔）提出中国发展与太平洋关系密切："老罗斯福说，二十世纪是太平洋世纪"，唯有太平洋真是世界的枢纽，而中国国境线的二分之一在太平洋岸，"我们一切国防外交政策，不能不以太平洋为出发点"。[②] 李旭旦（国立中央大学地理系教授）指出"未来中国的前途，在求海权之建立。南洋与东北是我国民族之两大出路，要经营南洋与东北，则以海上之联系为最重要，也最为便捷"；"中国将来如不能立足于太平洋上，就不能立足于世界"。[③] 雷海宗（西南联合大学历史系教授）认为"历史上的中国虽为大陆国家，但今后的中国必须兼顾海洋，否则就只有永作他人所封闭的内地国"。[④]

沙学浚（国立浙江大学史地系教授）则强调了中国具备向海洋发展的条件，德国地理学家冒耳（Otto Maull）总结的发展海洋活动的九个基本条件，中国大致能够满足："临海地位的优越；良好的通航海岸；与腹地的密切联络；腹地的广大；优越的中介交通地位；集中于海岸线的人民；容易到达的对岸；造船的原料；人民倾向于海洋活动。"并指出空权时代虽然已经到来，但是海洋时代并未结束，"现代及今后中国需要在政治上，交通上，经济上，文化上，变成世界国家体系之一员，需要主动的与世界各部都发生或疏或密的关系，惟有经海洋活动，中国的势力线可以联系世界最大多数的国家（中国的船可以开到这些国家，飞机却不能飞到）"，因此，中国必须成为重要的"海洋活动的国家"，才能生存、才能发展。[⑤]

由于抗战胜利前对于战后中国重建的讨论范围较为广泛，这一时期关

---

① 张其昀：《中国之陆权与海权》，《思想与时代》第 39 期，1945 年。
② 胡秋原：《中国的太平洋——论我国策之基点》，《海军杂志》第 14 卷第 12 期，1942 年。
③ 李旭旦：《让我们还都南京》，《新中华》第 12 期，1943 年。
④ 雷海宗：《战后世界与战后中国》，《当代评论》第 5 期，1942 年。
⑤ 沙学浚：《中国需要海洋活动》，《新经济》（半月刊）第 11 卷第 6 期，1945 年。

于战后海疆的建设并没有特别受到关注，史地学者们的讨论也仅在较宏观的层面，没有提出具体的建设海疆规划，但已经明确意识到建设海疆的重要性。抗战胜利后，围绕是否收复琉球，社会各界展开了热烈的讨论，其中史地学者对于收复琉球、建设海疆的诉求最为突出。

三　抗战胜利后史地学者围绕收复琉球的讨论及对海疆建设的构想

全面抗战爆发后，中国民族情绪高涨，要求打败日本收复失地的愿望日益强烈。在中国人的普遍认知中，琉球也属于中国被日本掠夺的失地，要将其收复。1942 年 11 月 3 日，国民政府外交部部长宋子文在中外记者招待会上表示，"在战争结束后，中国将收回东北、台湾及琉球，朝鲜将获得独立"。①在 1943 年 11 月举行的开罗会议上，美国总统罗斯福和蒋介石就战后对日处置的相关问题进行了数次会谈，罗斯福主动提及了战后琉球群岛的归属问题，"并数次询问中国是否要求该群岛"，蒋介石表示中国愿意与美国共同占领琉球群岛，并根据一个国际组织的托管制度，与美国共同管理该群岛。②

自九一八事变以后，蒋介石曾多次表示要从日本收复琉球，但蒋介石也认识到琉球与台湾在中国历史上的地位并不一样，琉球在被日本吞并前一直是独立的王国，"其地位与朝鲜相等"，③ 在开罗会议上蒋介石的主要目标是收复中国的固有领土台湾和东北等地，因此，对于罗斯福的询问，蒋介石提出了在战后可由"中美共管"琉球，在其日记中也说明了原因："谈领土问题，东北四省与台湾、澎湖群岛应皆归还中国，惟琉球可由国际机构委托中美共管。此由余提议，一以安美国之心；二以琉球在甲午以前已属日本；三以此区由美国共管比归我专有为妥也。"④ 虽然开罗会议上没有明确战后琉球的归属，但蒋介石已经对琉球群岛的战略重要性有了一定认识，"琉球是太平洋的重要军事据点"，因此"不能不过问，无论如

---

① "The Ambassador in China（Gauss）to the Secretary of State"（1942/ 11/05），*Foreign Relations of the United States（FRUS）*，1942，China，Washington D. C.，United States Government Printing Office，1956，p. 174.

② "Roosevelt – Chiang Dinner Meeting"（1943/11/23），*FRUS*，1943，the Conferences at Cairo and Tehran，Washington D. C.，United States Government Printing Office，1961，p. 324.

③ 《蒋介石日记》（手稿本），1943 年 11 月 15 日，美国斯坦福大学胡佛研究所藏。

④ 《蒋介石日记》，1943 年 11 月 23 日。

何，不能让日本占领"。①

　　1945 年 4 月，美军占领了琉球群岛，并设立了美国海军军政府控制琉球群岛。1945 年 9 月 2 日，日本向同盟国无条件投降。在日本投降后，处置日本和签订对日和平条约成为盟国面临的首要问题。1945 年 12 月，苏美英三国莫斯科外长会议决定成立远东委员会和盟国对日委员会来负责战后远东地区的各项问题，中国同时是这两个委员会的会员国。日本在战败后一直谋求"收回"琉球，1947 年 6 月 5 日，日本外相芦田均在招待外国记者团时宣称："基于情感的理由，要求参加共管琉球。"②

　　为准备对日和约，国民政府外交部于 1947 年 9 月约集社会各界人士会谈，就对日和约的各种问题进行了讨论。对于琉球问题的讨论集中在三点："（一）是否一部或全部要求收回，（二）是否共管，（三）是否托管。"③ 地理学家胡焕庸（国立中央大学地理系教授，中国地理学会理事长）受邀出席了讨论会，提出了琉球归属的三种方式：上策是归还中国；中策是由中国托管；下策是由中国托管而以冲绳作为美国基地。应绝对反对将琉球局部或全部交给日本。并指出了琉球对于中国的重要性，"若不收回琉球，中国就不能成为太平洋国家。琉球若给日本拿去，台湾就危险了"。④

　　除了政府组织的讨论，史地学者们还分别通过在报刊上发表文章或者著书来讨论收复琉球对建设海疆的重要性，并对海疆建设进行了构想与规划，主要包括以下几个方面。

　　第一，梳理中国和琉球之间的历史渊源，论证中国收复琉球的历史依据。

　　历史学者们利用丰富的史料，论证琉球在历史上即为我国海疆之一部分。1947 年 6 月 23 日《中央日报》的《文史周刊》开设《琉球史专号》，"编辑按"中写道，1879 年，"乘我国家多事，日人强据琉球，久侵不归，还制造脱离我国的文献，硬说隋书上的流求是台湾。时至今日，侵略者已自食其果，但无条件投降不过一年，竟野心复萌，居然声言索回琉球，移

---

① 《蒋委员长于国防最高委员会第一百二十六次常务会议报告开罗会议有关我国领土完整等问题》（1943 年 12 月 20 日），张瑞成编《光复台湾之筹划与受降接收》，台北，中国国民党党史会，1990，第 36～38 页。
② 程鲁丁：《琉球问题》，文献书局，1949，第 1～2 页。
③ 《外交部对日和约审议会谈话会记录》，中国第二历史档案馆编《中华民国史档案资料汇编》第 5 辑第 3 编《外交》，江苏古籍出版社，2000，第 364 页。
④ 《外交部对日和约审议会谈话会记录》，《中华民国史档案资料汇编》第 5 辑第 3 编《外交》，第 377～378 页。

民台湾。为此特出'琉球史专号'，敬请国人警惕"。① 刊登了《琉球与我国历史上之关系》（作者丁实存，边疆史专家，时任国史馆撰修）、《琉球考》（作者梁嘉彬，琉球史专家，时任台湾省政府编纂处编纂）、《姚文栋琉球小志跋附注及表》（作者岑仲勉，历史学家，时任中央研究院史语所研究员）三篇文章。丁实存在文章中指出，根据史料记载，"（嘉靖）三十六年，贡使来报王尚精之丧，先是倭寇浙江败退，抵琉球境，子尚元遣兵邀击，大胜，获中国被掠者六人，是送还。……（万历）四十四年日本谋取台湾之鸡笼，尚宁遣使以闻，诏海上警备"。② 这表明在明朝时琉球已为抗击日本进犯、保卫我国海疆发挥作用。此外，梁嘉彬在《古琉球确即瀛洲考释》中认为"琉球列岛古称瀛洲，为战国秦汉时代海上'三神山'之一"，并通过大量史籍论证"琉球自战国至秦汉继续为我方士集团所开发"。③

汪诒荪（国立安徽大学史学系教授）于 1947 年在《学原》上发表《琉球与中国之历史关系》，以翔实的史料介绍了明清时期中国历次册封琉球的经过以及日本吞并琉球的过程，认为"吾人如追溯自明治以来迄今日日人对琉球历史之曲解，实为日本帝国主义觊觎琉球政策及其民族制霸野心之复萌"。④

第二，总结经验教训，指出日本吞并琉球是为近代侵略中国海疆的第一步，必须阻止琉球再次成为日本对外侵略扩张的踏脚石。

琉球群岛位于日本九州与中国台湾之间，自北而南绵延达八百余海里。特殊的地理位置，使得琉球成为日本南侵的踏脚石，近代日本对外侵略的第一步便是侵占琉球群岛，"日本帝国侵略主义之坐大，诚以攫取琉球为嚆矢"。⑤

首先，在历史上，日本先侵占琉球，继而夺取中国台湾，日人"得了这一串跳板"，形成日本"南疆屏障和东海锁链，北与千岛群岛，小笠原群岛呼应，形成海洋干线南北有力的翅膀，北向防苏，东向制美，西向封锁中国，南向控制南洋"，"数十年来日本称雄于太平洋以此"，"一九四一年日本之敢于发动太平洋的战争亦以此"。"琉球陷入日手"，对于中国，不啻是"授予日本以侵华之津梁"；对于世界，可谓"放纵日本帝国主义

---

① 《琉球史专号》，《中央日报》1947 年 6 月 23 日，第 9 版。
② 丁实存：《琉球与我国历史上之关系》，《中央日报》1947 年 6 月 23 日，第 9 版。
③ 梁嘉彬：《古琉球确即瀛洲考释》，《思想与时代月刊》第 12 期，1947 年。
④ 汪诒荪：《琉球与中国之历史关系》（上），《学原》第 8 期，1947 年。
⑤ 汪诒荪：《琉球与中国之历史关系》（下），《学原》第 9 期，1947 年。

肆其侵略之胆的起点"。历史的事实告诉我们"自从一八七九年琉球丧失
之后，中国海之藩篱，被人拆毁"，随后"甲午之战、二十一条、九一
八……以至这一次的七七事变"纷至沓来，而这一连串日本侵华的行为，
都是自琉球亡于日本开始的。因此，琉球在地理形势和历史关键上，都是
一个不容忽视的据点。①

　　其次，对日本夺取琉球，不仅着眼于其对日本侵华的影响，亦分析了
其对整个远东地区的深远影响。地理学家吴壮达在 1947 年受台湾省立农学
院之聘，担任地理学教授，对台湾进行了实地考察，对于中国海疆形势有
独到的见解。其一，从军事的角度来看，如果当初清政府能够保护琉球不
被日本侵占，那么琉球就会成为"日本侵略政策南进的第一块绊脚石"。
假使日本进犯琉球受挫，"或不致轻启甲午之争，台湾或可免沦亡五十多
年的悲剧"，那么，此后几十年的中日和全东方的形势发展便会"情形异
趣"。其二，琉球被日本兼并，虽然不是"朝鲜之亡与台湾之失"的原因，
但日本既经确实掌握了琉球，琉球便立刻成为日本侵略的杠杆，撬动了台
湾这块巨大的基石。在日本割据台湾后，中国的东部海岸，便完全落入日
本的武装控制中。而中国香港与马尼剌（即今菲律宾马尼拉）这两个代表
西方势力前哨的营垒，亦受到"皇军"的监视。是以琉球国的毁灭，固是
日本侵略势力"南进"的开始，亦正是中日，甚至是全远东形势转变的起
点。但是，在琉球群岛被日本侵占后，其军事战略价值"已隐没于日本帝
国宽大的外套中"，直到 1945 年 4 月的冲绳战役，琉球的战略重要性才重
新受到关注。②

　　有鉴于此，日本在战后又提出要将琉球收归日本，并要求移民台湾，
"显然没有忘掉战前侵略的野心，想要卷土重来"，日本近代对外侵略的第
一步便是兼并琉球，"殷鉴还宛然如在目前，尤其不能忽视"，因此，为了
防止日本侵略势力的再起，维护中国国防安全以及保障东亚和平，"中国
必须收回琉球"。③

　　第三，从地理形势分析，琉球在战后中国海疆建设中占有重要地位。
特别注意到台湾与琉球在海疆防卫上的密切联系，指出不仅要警惕日本，
也要认识到如果美国占有琉球，中国的海疆同样处于威胁之中。

　　史地学者们更为关注的是琉球群岛对于战后中国海疆建设的影响。其

---

① 庄文：《琉球概览》，国民图书出版社，1945，第 27～28 页。
② 吴壮达：《琉球与中国》，正中书局，1948，第 148～149 页。
③ 万光：《琉球应归还中国》，《观察》第 24 期，1947 年。

一，琉球群岛和台湾由于战略地理位置，对于中国东部沿海的防卫有着极其重要的作用。在战后必须收复台湾和琉球，不仅因为"其过去原为我国之领土、有六百万之华夏同胞急待解放"，更为重要的原因在于"其对我国之军事形势"，台湾和琉球有如"我国海上之外篱"，"南向而下南洋，必须经过台湾海峡，东向而出太平洋，必须经过琉球群岛"。因此，"台湾琉球一日不能收复，则我海上活动，一日不能越出黄海东海范围之外"。①虽然当时台湾已经收复，但是通入太平洋的门户"仍嫌太小"。而琉球群岛的陆地面积，虽然远不及台湾，但是散布海面之广，五倍于台湾，"我们必须收回琉球，才可以策划国防上的安全"。②

其二，琉球群岛除了可以保障中国的出海通道，亦是"中国对日防御的第一重警戒线"。琉球群岛"既曾充作日本南进的坚牢踏石，反过来，自然也可成为控制日本侵略主义复活的有力据点"。而以琉球、台湾、上海为据点，则足以建立我国海防的防御阵线。就海程计算，作为群岛核心的大琉球岛（即冲绳岛），"去上海仅约四百浬，去基隆不过三百浬，自那霸至日本九州的鹿儿岛，为三百六十九浬。自大岛的名濑至鹿儿岛，仅二百零五浬"。联结上海、基隆与大琉球，是一个足以"巩固东中国海防御形势的三角阵"。以大琉球岛的基地为中心，"以过去的超级空中堡垒的一六五〇哩飞行半径为标准，已可远及于包含北海道的日本领土全部。随着航空技术的进步，大琉球岛在空军战略上的价值，当然加重，琉球群岛无疑是对日管制的重要地区；且从我国的国防立论，唯有获得群岛的控制权，中部沿海地方的安全才有可靠的保证"。③

琉球群岛不仅在中国东部沿海的防卫中有着重要作用，更有学者规划了中国从北到南的整个海防体系的建设，认为琉球在其中占有不可或缺的地位。由东沙群岛、西沙群岛、团沙群岛（即今南沙群岛）、台湾、琉球、济州岛和朝鲜半岛所构成之弧形便是"理想中完好无缺的海上防卫圈"。④还有学者进行了形象的比喻："如果说台湾和海南岛是中国海疆上的两只眼睛，那么琉球群岛和西南沙群岛就是中国海疆上的两个触角，都是不可少的。"⑤

其三，学者们同时分析了如果不能收复琉球将对中国海防产生的危

① 胡焕庸：《台湾与琉球》，京华印书馆，1945，第 60～65 页。
② 万光：《琉球应归还中国》，《观察》第 24 期，1947 年。
③ 吴壮达：《琉球与中国》，第 150～152 页。
④ 程鲁丁：《琉球问题》，第 38～39 页。
⑤ 万光：《琉球应归还中国》，《观察》第 24 期，1947 年。

害。在美国夺取琉球后，日本对中国大陆的封锁便被打破，"盟军可以在中国海岸上觅取任何一点完成打通大陆海上通路的计划，由此一点可以说明琉球对于窒息我海岸通路，具有最大的威胁"。① 由于中国大陆东面的缘海被九州、琉球和台湾所包围，是封闭性的缘海，失去台湾和琉球，中国东南沿海就"失掉了国防前哨，海岸暴露，极易受敌人海陆的袭击"。而且中国海岸线周围被别国势力所环绕，如果琉球群岛也被他国控制，"中国就没有通入太平洋的门户，即使中国建立海陆空军，也缺乏海上犄角声援的据点，处于显著劣势的地位"。②

其四，自 1945 年冲绳岛战役后，美国军队便控制了琉球群岛，并建立了军政府管理琉球群岛。有学者在当时已经意识到如果美国继续占有琉球亦会给中国海疆带来威胁，"大战甫经结束，美国认识并曾提出必需保有太平洋上若干岛屿基地的意见，大琉球岛已被列为其重要的一处。一九四七年六月初间，美方又曾表示，美国人除因大琉球岛在战略上具有非常价值外，即就今次在此岛完成美国历史上最大战役之一的牺牲，感情上，亦决不放弃大琉球岛"。1947 年 6 月 27 日，驻日盟军总司令麦克阿瑟在东京对美记者团谈话时，更是直言："琉球群岛是美国天然边疆。"如果琉球群岛成为"美国的边疆"，则"不仅日本所负于中国与琉球的旧账永远不得结偿，在我们亦便等同将东海的安全，交给太平洋彼岸的主人负责"。③

琉球在历史上曾为中国的藩属国，但亦是一个独立的王国。虽然战后中国国内要求"收复"琉球群岛的呼声颇高，但这种"收复"是要求将被日本武力侵占的琉球群岛从日本剥离，并不是出于中国自身扩大领土的要求，最终目的是扶助琉球重新成为一个独立自主的国家。正如吴壮达在书中所讲："我们应当确立这样的原则，作为处理的最高准绳：促成一个国际间公正无私的计划，以共同扶植琉球人，使其长成足以重建自己国家的能力；并使独立后的琉球人，永远超脱国际阴谋的网罗，与黩武主义的践踏。一个获得国际衷诚保证的、中立的、民主的新琉球国如能造成，对中日间以至世界和平的维持，当可多增一重有效的因素。"④

---

① 程鲁丁：《琉球问题》，第 42 页。
② 万光：《琉球应归还中国》，《观察》第 24 期，1947 年。
③ 吴壮达：《琉球与中国》，第 150～152 页。
④ 吴壮达：《琉球与中国》，第 152 页。

四　结语

　　史地学者围绕琉球问题的热烈讨论，对国民政府的琉球政策形成产生了一定的影响，国民政府外交部于 1948 年拟就《对日和约草案》，在领土条款中规定："日本将下列领土及其全部主权归还中华民国：甲、台湾省及附属于台湾之各岛；乙、澎湖群岛即位于格林威治以东经线一一九度与一二〇度及北纬线廿三度与廿四度之间诸群岛；丙、琉球群岛。"① 但是 1949 年退守台湾的国民党政府并未签署《旧金山对日和约》，1948 年拟就的这份草案最终没有产生实际作用。而美军在战争结束前便认识到琉球群岛的战略重要性，在战后实际控制了琉球群岛，建立了军事基地，并通过《旧金山对日和约》在联合国托管制度的名义下成为琉球群岛的管理当局。位于冲绳岛的嘉手纳基地至今仍然是美国在远东地区最大的空军基地。

　　由于特殊的地理位置，琉球群岛在东亚拥有十分重要的地缘战略价值。之于中国，琉球群岛可以成为保卫东海岸的屏障，反之，也可能成为制约中国出海通道的枷锁。对于日本来说，琉球群岛则可成为南下进攻的跳板。对于美国，则是其在太平洋地区的基地防卫链中不可或缺的一部分。"谁控制了海洋，谁就控制了世界"，海洋对一国的发展至关重要，近代世界强国皆拥有强大的海上力量。中国虽然拥有向海洋发展的优越地理条件，但长期未能认识到海洋的重要性，直至受到来自海上的威胁，海洋意识才开始觉醒。由于内部和外部的多重因素，近代中国并未能建立起完备的海防体系，海疆依然危机四伏。抗战胜利，中国成为当时的世界"四强"之一，为中国的海疆建设提供了一次良好的契机。知识阶层对于海权的认识较战前有了很大发展，特别是在二战中，是否控制海洋依然对战争有决定性的影响，使知识阶层更深刻地认识到在战后发展海洋对中国的重要性。加强中国海权、建设海疆的呼声在当时受到了较多的关注，围绕收复琉球的问题，史地学者们对海疆建设提出了许多构想。虽然这些构想最终未能实现，但对于今日我国海疆的建设仍具有一定的启示作用。

---

① 《对日和约草案》，《中华民国史档案资料汇编》第 5 辑第 3 编《外交》，第 492 页。

清末民初时期公司制度演化博弈分析
及仿真研究

李　健*

提　要　作为均衡结果的近代中国公司制度演化是由制度均衡到非均衡再到均衡的移动过程。它是具有主观学习、适应性预期和制度理性的参与人（官僚集团、商人集团）重复博弈的过程。公司制演化历经晚清轮船招商局的创建、《公司律》的颁行、北洋政府时期《公司条例》的出台，实现了近代中国第一次由官僚与商人共同参与立法，其实质是官僚集团与商人集团利益博弈的结果。基于利益集团理论，利用演化博弈论，假设清末民初公司制度演化过程中仅存在对《公司律》颁布后修律的支持方和反对方两个利益集团，通过构建模型，分析利益主体是如何从《公司律》颁布后最初的直接对立，经过博弈，最终达成双边妥协并出台《公司条例》。利用利益集团理论和演化博弈论分析公司制度演化是一种新的尝试。

关键词　公司制度　利益集团理论　《公司律》　演化博弈论

一　引言

　　清末民初是中国公司制度演化发端与成长的重要时期。1904 年，晚清政府颁布了中国近代历史上第一部成文的《公司律》以及配套的法律《破产律》《矿务章程》《银行法规》等，标志着中国近代公司制度由官督商

---

*　李健，辽宁大学经济学院博士研究生，沈阳工程学院马克思主义学院讲师。

办特许公司制度阶段进入准则公司制度阶段。《公司律》的颁布，使官办、官督商办、商办等各种形式的公司均按照商律办理，公司各个股东地位平等，并依据资本原则规定股东利益，实际上减弱了官权的干涉，有助于商权的独立运作。但是，由于《公司律》是晚清政府为了自身利益最大化而不得已颁布的正式制度，并未真正尊重商人的利益，也没有商人的参与，《公司律》颁布后依然存在法律的虚化与内部人控制问题，公司法人地位没有明确规定，官方非法干涉公司治理、以权代律的情况依然存在，官僚群体与商人群体为了各自利益逐渐形成官僚利益集团与商人利益集团，进而引发两大利益集团的博弈与1914年《公司条例》的出台，这是近代中国第一次由商人集团与官僚集团共同参与的立法。《公司律》颁布后，官僚集团希望继续维持现有的正式公司制度，因为监管缺失，其可以在享有行政特权的同时继续维护自己在公司治理中的利益；商人集团则因为备受压制而积极推进《公司律》的修订，希望可以在政府颁布的完善的公司法保护之下具有自己公司独立的法人资格，不受官利的影响去经营实业，以获取利润最大化。因此，支持公司法制度演化的呼声日益高涨。两大利益集团之间的博弈与公司制度演化有密切的联系。

奥尔森在《集体行动的逻辑》中强调：利益集团对制度演化起到决定性的作用。诺思指出，制度演进的方向与社会中利益集团之间的博弈过程及结果相关，"如果说制度是游戏规则，那么利益集团就是玩家"。[①] 而利益集团力量的大小，以及利益集团对利益结构的比较，是影响制度变革的重要内生变量。[②] 利益的趋同性是制度变革顺利进行的重要保证。但利益集团效用函数的不一致导致利益结构冲突，进而形成方向不同的博弈力量，制度的选择与设计是不同利益集团力量对比及其利益耦合的程度。最终实现博弈各方都认为是最大效用和对博弈结果满意的状态，即各博弈主体都不会更改自己策略的一种均衡状态。

对于近代公司制度演化的研究，基于历史视角研究的文献很多，立足于经济学视角研究的却很少。本文运用利益集团理论对公司制度演化进行分析，主要研究两大利益集团在公司制度演化过程中利益集团之间力量的变化，以及影响制度变化的过程。运用利益集团理论和演化博弈论分析清末民初公司制度演化，是对原有公司制度历史分析的一个新的尝试。

---

① 道格拉斯·C.诺思：《经济史中的结构与变迁》，陈郁、罗华平等译，上海人民出版社，1994，第225~226页。

② 罗金生：《利益集团与制度演化——渐进转轨中的中小商业银行》，中国金融出版社，2003，第2~6页。

二　清末民初公司制度演化中的利益集团分析

（一）清末民初公司制度演化中的官僚集团与商人集团利益关系分析

晚清公司制度演化包括特许公司制度的探索与《公司律》颁布的实践，其推行主体是中央政府。政府不是公司制度博弈的参与者，而是官僚集团与商人集团发生矛盾时的裁判者以及博弈行为的法律颁布者。其公司制度演化的核心是改变官僚压制商人的局面，目的是保利权，所以进行了官督公司模式的探索与鼓励商办公司模式的改进。而《公司律》颁布后，随着商人集团力量不断壮大，谈判能力不断增强，公司制度演化的目的就转变为振兴实业，保障商人集团的利益，大力发展良好的营商环境，促进商品经济与公司法人机制的完善，这种改变必然要影响官僚集团和商人集团的根本利益。

1. 官僚集团与公司制度演化的利益关系

晚清政府为达到保利权的目的而委托以李鸿章为代表的官僚集团经营洋务运动，采取了官督公司模式进行经营。但是官督公司轮船招商局、开平矿务局、上海机器织布总局由于没有准则公司制度的限制而出现行政命令大于股东权益的情况，股东权益得不到保障。官僚集团任命的官僚经理人为了私利损害公司利益，开平煤矿就是官督公司模式没落的标志。开平煤矿经营前期是由唐廷枢掌管，唐廷枢时期的矿务局没有利用官款与举借外债，商办模式收益甚高；而后期是由张冀掌管，当时矿务局资金短缺，张冀便私自采用外资入局的方式解决资金问题。由于没有洋务大员与股东大会的监管，张冀任用天津海关税务司德璀琳，借机向英国墨林公司借款并引胡佛担任局顾问，导致 1900 年八国联军侵华后以张冀与义和团"疑以拳匪相通"相威逼，诱骗其在卖约上签字，将开平矿务局转让给墨林公司。官督模式的公司制度探索以此为失败标志，晚清政府被迫于 1904 年颁布《公司律》，企图通过准则公司制度来激励商办公司经营实业，以增加税收挽救财政危机，然而法律的虚化使中央政府对官僚集团的监管力不从心。长期以来，官僚集团依旧牢牢地把控着官督公司治理中的经理人遴选权利，商人股东集团得不到应有的保障，利益已然受到损害。所以商人集团必然强烈要求修改《公司律》，这也势必会影响官僚集团的利益基础。

第一，公司制度演化将减少官僚集团在公司治理中的收益。晚清政府颁布公司制度的初衷是借公司之力打击洋商公司，并在干预华商公司经营的过程中谋取自身利益，所以当时政府并不关注如何用立法来保证华商公司运作，收回领事裁判权才是《公司律》颁布的直接动因。公司制度演化修律后，公司法人制度建立，公司法人财产与股东个人财产相分离，官僚不能再任意操控法人资金，私人收益必将减少。

第二，公司制度演化将动摇官僚集团在公司治理中的垄断地位。由于官僚集团以权代法，可以控制公司治理机制中的经理人遴选机制，商人集团中的股东群体根本没有力量去监督经理人，官僚集团具有很强的特权性，商人集团只能被动接受或者依附于官僚集团。公司制度演化修律后，商人集团谈判能力增强，官僚集团将失去对华商公司治理的控制与经理人遴选权利，不能再任意控制公司治理，垄断地位被打破。

第三，公司制度演化将削弱官僚集团在公司治理中的业务优势。官僚集团形成的优势在于行政权力的滥用，导致商人集团资本力量的弱化。在原有公司制度下，官僚集团就是权力控制中心，商人集团为了经营只能采取官利制度屈居于官僚集团之下，并在官僚集团的庇护下经营。公司制度演化修律后，公司法人制度建立，家族企业崛起，经理人遴选家族本位化与经营决策权家族内部化出现，[①] 官僚业务优势不复存在。

2. 商人集团与公司制度演化的利益关系

商人集团起步很晚，鸦片战争后，大量洋商进入中国，由于洋商集团公司制企业的示范效应，以及洋务运动官督模式企业的创办与实践，商办公司企业应运而生。但由于官僚集团的压制与特许制度的实施，商人集团只能缓慢发展，直到甲午战争之后，国家迫于财政危机才得以有大力发展的机会。在光绪皇帝发出"以筹饷练兵为急务，以恤商惠工为本源"的号召下，[②] 中央政府颁布了《工艺振兴给奖章程》给商人以激励，又经维新思想的传播与商人力量壮大，效仿西方商会制度，1902 年建立了中国近代第一家商会——上海商务总会。加之官督公司模式弊端显漏，开平煤矿被英国墨林公司侵吞，《公司律》被迫颁布。但《公司律》颁布后的法律虚化使商人集团利益始终得不到真正的保障，所以，商人集团大力通过商会的力量去推进公司法的变革，他们是公司制度演化坚定的支持者，也是公司制度演化最大的受益者。

第一，公司制度演化将有助于商人集团摆脱官僚集团的长期束缚。中

---

① 杨勇：《近代中国公司治理：思想演变与制度变迁》，上海人民出版社，2007，第 110 页。

② 朱寿朋编纂《光绪朝东华录》（四），中华书局，1958，总第 3631 页。

国自古以来以农立国就意味着重农抑商的观念一直存在，商人经商只能以官督商卖的模式依附于官僚而生存，官僚集团凭借其行政权力实施商榷制度、土贡制度、官工业制度对商人进行打压并垄断营利行业。《公司律》颁布后，官僚集团依然对公司治理权进行垄断，只有修律才能使商人摆脱官利制度与官僚的盘剥，以独立法人身份去经营。

第二，公司制度演化将有利于商人集团增强竞争力。第一次鸦片战争后，商人集团受到洋商集团的压制，在航运业竞争中逐渐落败。为了自身利益诉求，商人集团曾向官僚集团求救，但未果。迫于无奈，华商集团只能通过诡寄经营与洋商附股的方式与洋商集团合作，商人集团利益损失巨大，只有制度修律才能使商人集团以利益最大化为目标去经营实业，并分离公司法人财产与股东个人财产，提升企业竞争力。

第三，公司制度演化将提升商人集团的社会地位。《公司律》的颁布没有完全解决股权不平等、小股东利益得不到保障的问题，故而修律势在必行。只有在商办体制下，公司才能够具有独立的法人治理结构，商人集团真正在利益的驱使下才能够从事实业而与洋商集团进行竞争，利用公司治理结构来达成利润最大化的目的，进而实现公司营利的目的，商人集团也才能真正参与到公司法的立法过程当中。

（二）利益集团对公司制度演化的影响

公司制度演化中的两大利益集团有着紧密的利益关系，且两大利益集团都拥有强大的力量，通过自己的方式对公司制度演化与修律产生重大的影响。

1. 官僚利益集团

政府与官僚集团属于委托—代理关系，但是中央政府要求官僚集团对商办企业按照《公司律》实施监管，而官僚集团这个代理人名义上是理性经济人，实际进行的是违规操作，依然实施官督商办体制。这与官僚的行政背景有莫大的关系，官僚可以监控公司内部官僚经理人升迁绩效的考核，可以凭借公司经营业绩与资金收益取得中央政府的任命，也可以凭借管控的公司谋取官僚大员自身的利益，所以官僚集团深刻影响公司法的演化与发展。虽然《公司律》已经颁布，但是由于基础法制环境的缺失，官督性质的企业与官僚集团都有着千丝万缕的联系，官僚集团为了自身政治与经济的利益最大化企图控制新兴的经济产业与领域，并继续控制公司经理人的任命与选派权力，以及官僚集团仍然对商人集团不信任，官督商办企业内部人控制问题严重。所以，官督商办性质的企业仍然是"百毒之虫，死而不僵"，官僚集团非法干涉公司治理，以权代法，致使商法被束之高阁，中央政府无法实施监管，公司制度的演化受制于官僚集团的主观行为，要进行公司制度演化必须有官僚集团的合作。

2. 商人利益集团

在公司制度演化的影响下，商人集团采取寻租或商会组织的方式推进公司制度的演化。洋商集团来华之后，商人集团谋生的航运业贸易每况愈下，航运业务完全被洋商挤占，而晚清政府却没有给予任何的保护与支持，所以商人集团不得已实施诡寄经营与华商附股。出于税收与统治需要，官僚集团被迫开展洋务运动、兴办官办企业与进行轮船招商局的公司制度探索，致使商人利益集团被压制。《公司律》颁布后，随着工业化进程的发展，商人集团逐渐扩大自己的力量，在当时官僚与商人双方利益交汇趋同的情况下，力图消除隔阂，共同振兴实业。商会理案的最大特点就是破除了旧有的衙门积习，做到以理服人，秉公断案，主要采取倾听原告与被告双方申辩，以及深入调查研究，剖明道理的办法来调解息讼。① 通过调解商事纠纷，商会更加深入地了解了商人集团的诉求，积累了丰富的经验，使《商法调查案》的颁布成为可能，推动了《公司条例》的出台。另外，商会的力量得以发展，成为中央政府修律的重要推手，清末开明绅商的支持也对公司法修律起到了重要作用。

三　清末民初公司制度演化从双边分歧到双边妥协的博弈分析

（一）《公司律》颁布后公司法修律启动和阻滞阶段双边分歧的博弈

晚清政府的不适当干涉，严重影响了《公司律》的实施功效。虽然官僚集团做过不少信守法律、确保企业独立运作的承诺，但实际上凡是同官僚集团联系密切或受官僚格外关注的企业，多不能充分遵照《公司律》经营。② 官僚集团为了维护自身的利益，就必须控制公司经理人的遴选权利与进行行政干预，故而官僚集团是《公司律》修律的反对者；而商人集团

---

① 江眺：《公司法：政府权力与商人利益的博弈》，博士学位论文，中国政法大学，2005，第 61 页。

② 李玉：《晚清公司制度建设研究》，人民出版社，2002，第 146~147 页。

在历经了官督公司经营模式，以及《公司律》颁布后的官僚集团以权代法经营阶段，为了自身利益成立商会，并实施《商法调查案》，积累了大量的商事经验，进而努力采取直接和强烈的行动，提出修改《公司律》并积极推进《公司条例》的出台，是《公司律》修律坚定的支持者。

晚清政府和北洋政府作为执政主体，既是国家政策的制定与颁行方，也是一个特殊的利益集团，在正式制度演化过程中，政府一直以自身利益为先。假设政府不参与博弈，只是以中立的政策决策者的身份出现，政府的立场就取决于利益集团不同力量的对比变化，受到利益集团的极大影响。所以，我们假设政府为外生变量，博弈方为《公司律》修律的支持方与反对方两个利益集团。在晚清官督公司制度下以及清末《公司律》颁布之初，官僚集团与商人集团一直都有鲜明的利益诉求，两方对于重新修订《公司律》并颁布《公司条例》有不同的立场，表现为直接的对立与分歧。

1. 官僚集团与商人集团的博弈

在此官商博弈中，假设商人集团为博弈方 1，博弈策略是支持与不支持；官僚集团为博弈方 2，博弈策略是支持与不支持。

（1）各个博弈方符合有限理性人假设，遵照利益最大化原则决策。

（2）对于商人集团与官僚集团实施修订公司法策略上，可以持有支持与不支持两种策略。支持表示同意政府修订公司法；不支持表示不同意政府修订公司法。

（3）博弈双方符合不完全信息演化博弈假设。

（4）商人集团与官僚集团都支持改革，所得到的收益组合是（A，B）；商人集团支持，官僚集团不支持，所得到的收益组合是（C，D）；商人集团不支持，官僚集团支持，所得到的收益组合是（E，F）；商人集团与官僚集团双方都不支持，所得到的收益组合是（G，H），即双方维持官督公司制度的现况。

根据上述假设，依然假定商人集团与官僚集团是风险中性，博弈矩阵如表 1 所示。

表 1　商人集团与官僚集团不同策略组合的支付矩阵

博弈双方		官僚集团	
		支持	不支持
商人集团	支持	（A，B）	（C，D）
	不支持	（E，F）	（G，H）

假定 S 是商人集团选择支持策略的比例，V 是官僚集团选择支持策略

的比例，（S，V）表示系统演化的动态，商人集团选择支持的策略适应度是：

$$U_1 = V * A + (1 - V) * C$$
$$U_2 = V * E + (1 - V) * G$$

平均适用度是：

$$\overline{U} = S * [V * A + (1 - V) * C] + (1 - S) * [V * E + (1 - V) * G]$$

则商人集团选择支持策略的复制动态方程是：

$$F(S) = dS/dt = S(1 - S)[V * (A - C - E + G) + C - G]$$

同理可得，监管部门采用监管策略的复制动态方程是：

$$F(V) = dV/dt = V(1 - V)[S * (B - F - D + H) + F - H]$$

故第三方与监管部门的二维动力博弈系统演化描述为：

$$\begin{cases} F(S) = dS/dt = S(1 - S)[V * (A - C - E + G) + C - G] \\ F(V) = dV/dt = V(1 - V)[S * (B - F - D + H) + F - H] \end{cases}$$

根据上式，令 ds/dt = 0，dv/dt = 0，求得 O（0，0）、A（1，0）、B（1，1）、C（0，1）、D [- (F - H) /B - F - D + H， - (C - G) /A - C - E + G] 五个均衡点。

2. 均衡点稳定性分析

复制动态方程得到的五个均衡点未必就是系统的演化稳定策略点 ESS，所以根据 Friedman 所述，ESS 可以从雅克比矩阵 J 局部稳定分析得出结果，即雅克比矩阵为：

$$J = \begin{cases} (1 - 2S)[V(A - C - E + G) + C - G] & S(1 - S)(A - C - E + G) \\ V(1 - V)(B - F - D + H) & (1 - 2V)[S(B - F - D + H) + F - H] \end{cases}$$

根据雅克比矩阵稳定分析可得，J 的迹 M 和 J 的行列式 N 分别为上述特征方程系数，在 M < 0，N > 0 时平衡点稳定，故 D 点代入雅克比矩阵导致 M 为 0，肯定不是 ESS，均衡点一定在 O、A、B、C 四点中，如表 2 所示。

表2　商人集团与官僚集团的博弈系统局部平衡点分析

均衡点	M	N
O：S = 0，V = 0	(C - G) + (F - H)	(C - G) (F - H)
A：S = 1，V = 0	- (C - G) + (B - D)	- (C - G) (B - D)

续表

均衡点	M	N
B：S = 1，V = 1	− （A − E） − （B − D）	（A − E）（B − D）
C：S = 0，V = 1	（A − E） − （F − H）	− （A − E）（F − H）
D [− （F − H） /B − F − D + H， − （C − G） /A − C − E + G]	0	− （F − H）（B − D）（C − G）（A − E） / （B − F − D + H）（A − C − E + G）

根据表 2 可知，M、N 取值正负无法直接进行判断，必须根据 A、B、C、D、E、F、G、H 的取值进行判断，根据阶段博弈矩阵，可以产生 16 种派生的不同演化博弈情景，赋予 M 和 N 具体的经济含义：

（1）（B − D）表示商人集团选择支持时，官僚集团选择支持的相对净支付；

（2）（C − G）表示官僚集团选择不支持时，商人集团选择支持的相对净支付；

（3）（F − H）表示商人集团选择不支持时，官僚集团选择支持的相对净支付；

（4）（A − E）表示官僚集团选择支持时，商人集团选择支持的相对净支付。

3. 模型分析

将 16 种派生结果进行博弈模型的分析：第一，根据模型确定商人集团与官僚集团的支付矩阵；第二，根据支付矩阵计算相对净支付；第三，根据相对净支付对应的可能情形；第四，比较各种分析情况的进化稳定策略 ESS；第五，根据理想的进化稳定策略的相对净支付进行措施的建议与设计。①

情况 1：（A − E）>0；（C − G）>0；（B − D）>0；（F − H）>0。在商人集团方面，无论官僚集团选择支持还是不支持，商人集团选择支持的相对净支付总为正值，故商人集团倾向于选择支持；在官僚集团方面，无论商人集团选择支持还是不支持，官僚集团选择支持的相对净支付总为正值，故官僚集团倾向于选择支持。因此，演化稳定策略 ESS 为（支持，支持）。均衡点局部稳定性如表 3 所示，相对净支付矩阵如表 4 所示。

---

① 潘峰、王琳：《两人进化博弈策略的决定机制与应用研究》，《运筹与管理》2018 年第 5 期。

表 3　均衡点的稳定性分析

均衡点	M	N	稳定性
O：S＝0，V＝0	（C－G）＋（F－H）＞0	（C－G）（F－H）＞0	不稳定
A：S＝1，V＝0	－（C－G）＋（B－D）不定	－（C－G）（B－D）＜0	鞍点
B：S＝1，V＝1	－（A－E）－（B－D）＜0	（A－E）（B－D）＞0	ESS
C：S＝0，V＝1	（A－E）－（F－H）不定	－（A－E）（F－H）＜0	鞍点

表 4　商人集团与官僚集团的相对净支付

博弈双方		官僚集团	
		支持	不支持
商人集团	支持	A，B	C，D
	不支持	E，F	G，H

　　情况 2：（A－E）＞0；（C－G）＞0；（B－D）＜0；（F－H）＞0。在商人集团方面，无论官僚集团选择支持还是不支持，商人集团选择支持的相对净支付总为正值，故商人集团倾向于选择支持；在官僚集团方面，由于商人集团始终选择支持，官僚集团选择支持的相对净支付总为负值，故官僚集团倾向于选择不支持。因此，演化稳定策略 ESS 为（支持，不支持）。均衡点局部稳定性如表 5 所示，相对净支付矩阵如表 6 所示。

表 5　均衡点的稳定性分析

均衡点	M	N	稳定性
O：S＝0，V＝0	（C－G）＋（F－H）＞0	（C－G）（F－H）＞0	不定
A：S＝1，V＝0	－（C－G）＋（B－D）＜0	－（C－G）（B－D）＞0	ESS
B：S＝1，V＝1	－（A－E）－（B－D）不定	（A－E）（B－D）＜0	鞍点
C：S＝0，V＝1	（A－E）－（F－H）不定	－（A－E）（F－H）＜0	鞍点

表 6　商人集团与官僚集团的相对净支付

博弈双方		官僚集团	
		支持	不支持
商人集团	支持	A，B	C，D
	不支持	E，F	G，H

　　情况 3：（A－E）＜0；（C－G）＞0；（B－D）＜0；（F－H）＞0。在商人集团方面，当官僚集团选择支持时，商人集团选择支持的相对净支付为

负值；当官僚集团选择不支持时，商人集团选择支持的相对净支付为正值。所以，商人集团的选择将根据官僚集团的策略变化而定，当官僚集团更加青睐于支持时，商人集团将选择不支持；当官僚集团倾向于不支持时，商人集团将选择支持。在官僚集团方面，当商人集团选择支持时，官僚集团选择支持的相对净支付为负值；当商人集团选择不支持时，官僚集团选择支持的相对净支付为正值。所以官僚集团的策略选择也依据商人集团的策略选择，当商人集团更加青睐于支持时，官僚集团将选择不支持；当商人集团更青睐于不支持时，官僚集团将选择支持。因此，演化稳定策略 ESS 为（支持，不支持）和（不支持，支持）。均衡点局部稳定性如表 7 所示，相对净支付矩阵如表 8 所示。

表 7　均衡点的稳定性分析

均衡点	M	N	稳定性
O：S = 0，V = 0	(C − G) + (F − H) > 0	(C − G)(F − H) > 0	不定
A：S = 1，V = 0	− (C − G) + (B − D) < 0	− (C − G)(B − D) > 0	ESS
B：S = 1，V = 1	− (A − E) − (B − D) > 0	(A − E)(B − D) > 0	不定
C：S = 0，V = 1	(A − E) − (F − H) < 0	− (A − E)(F − H) > 0	ESS

表 8　商人集团与官僚集团的相对净支付

博弈双方		官僚集团	
		支持	不支持
商人集团	支持	A，B	C，D
	不支持	E，F	G，H

由以上三种情况可以绘制出商人集团与官僚集团的博弈系统收敛相位图，如图 1 所示。

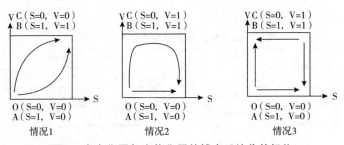

图 1　商人集团与官僚集团的博弈系统收敛相位

因此，根据情况 1、情况 2 和情况 3 的均衡点分析、相对净支付矩阵分析以及博弈系统收敛相位图，说明其他 13 种情况演化稳定性判断方法一致，故而得出 16 种不同情形的均衡点分析结果（见表 9）。

表 9　16 种情况下的均衡点稳定性分析结果

情况	A－E	C－G	B－D	F－H	源点	ESS
1	+	+	+	+	O (0, 0)	B (1, 1)
2	+	+	－	+	O (0, 0)	A (1, 0)
3	－	+	－	+	O (0, 0), B (1, 1)	A (1, 0), C (0, 1)
4	－	+	－	－	B (1, 1)	A (1, 0)
5	－	+	－	－	B (1, 1)	O (0, 0)
6	－	－	+	－	A (1, 0)	O (0, 0)
7	+	+	+	－	A (1, 0), C (0, 1)	O (0, 0), B (1, 1)
8	+	－	+	+	A (1, 0)	B (1, 1)
9	+	+	+	－	C (0, 1)	B (1, 1)
10	－	+	+	－	—	—
11	－	+	+	+	O (0, 0)	C (0, 1)
12	－	+	+	+	A (1, 0)	C (0, 1)
13	－	+	+	+	B (1, 1)	C (0, 1)
14	+	－	－	+	—	—
15	+	－	－	－	C (0, 1)	O (0, 0)
16	+	+	－	－	C (0, 1)	A (1, 0)

4. 案例分析

由以上分析结果继续对模型参数进行分析可得，根据商人集团与官僚集团对于重新修订公司法的策略选择问题具体情况分析，官僚集团由于利用行政力量可以控制公司的治理权以及经理人的遴选，并任命官僚经理，在不修订公司法的情况下，获得更大的收益。如果实现公司法的修订，在其他条件都不改变的情况下，收益集合会减小。显而易见，官僚集团在支持与不支持公司法演化中选择不支持是最好的策略。与此相反，商人集团则在支持政策的演化中获得更多的收益，但是在官僚集团采取支持策略，而商人集团采取不支持策略时，可以获得更大的收益。根据以上分析可得：（1）（A－E）<0；（2）（C－G）>0；（3）（B－D）<0；（4）（F－H）<0。符合第四种情况，收敛于 A（1, 0），即（支持，不支持）策略。

5. 均衡点演化仿真研究

点 C（1，0）仿真分析：系统收敛于 ESS（1，0）。设定（S，V）的初始值为 0～1；且 A = 4，B = 4，C = 3，D = 6，E = 9，F = 3，G = 1，H = 7 的情况下进行 Matlab 仿真，如图 2 所示。由图 2 可得，初始设定商人集团选择支持，官僚集团选择支持，随着迭代步数的增加，商人集团更加快速地选择支持，收敛于 S = 1，即 T 的增加显著地加快了博弈演化收敛过程，与此同时，随着演化迭代步数的增加，图 2 也显示了官僚集团选择不支持策略的复制动态相位，即收敛于 V = 0，均衡点为（1，0）。我们分析官僚集团与商人集团的赋值得出官僚集团与商人集团在公司制度演化策略选择上的不相同，行动上的不一致。从自身利益出发，官僚集团选择不支持策略，商人集团选择支持策略。赋值后的动态方程如下：

$$F(S) = dS/dt = S(1-S)[V*(A-C-E+G)+C-G] = S(1-S)[-7V+2]$$

$$F(V) = dV/dt = V(1-V)[S*(B-F-D+H)+F-H] = V(1-V)[2S-4]$$

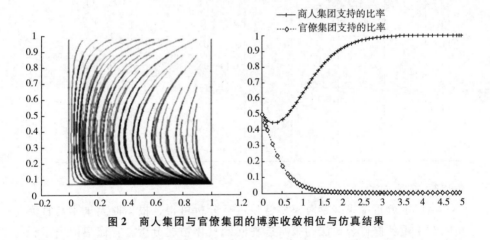

图 2　商人集团与官僚集团的博弈收敛相位与仿真结果

（二）《公司律》颁布后公司法修律僵局突破阶段的博弈分析

通过官僚集团与商人集团的演化博弈可以看出，双方博弈往往陷入对立，即博弈双方产生分歧且互不合作，难以获得令人满意的合作策略均衡解。根据博弈理论，将一次性博弈变为重复演化博弈，有助于实现博弈均衡解，化解彼此的对立。

1. 从一次博弈到重复演化博弈的转变

由于《公司律》是晚清政府出于自身利益而草创的一部法律，是官僚集团单方面立法的结果，并没有考虑商人利益以及商人传统商事习惯，并且法律条款中很多方面与传统商事相逆，所以《公司律》颁布后不久就开始出现修律的呼声。商人集团支持修律的呼声最强，而官僚集团支持修律的比例也在不断增加。公司制度从晚清官督模式到清末《公司律》的颁布，再到北洋政府时期的官僚集团与商人集团从完全对立的局面逐渐过渡到立场趋同，尤其是民国初期，南京临时政府对经济建设十分重视，鼓励兴办实业就成了当时政府工作的重中之重，成立实业部与颁布振兴实业的政策，对当时社会经济发展起到了极大的促进作用。北洋政府继而也为了经济复兴接受了奖励官商、营业自由、确立法人机制的自由资本主义经济政策。仅从国家财政税收方面来看，此举有助于北洋政府的长期发展。对于官僚集团和商人集团，支持公司法改革与公司制度演化，未来收益可以预期，若不支持，后果则无法确定。

考虑未来的预期，支持《公司律》修律的双方收益将远远大于不支持的收益。如果双方都不支持，假设中央政府强行推行公司法修律，在得不到现有利益集团支持的情况下，公司法修律将产生新的利益集团，新的利益集团将获得收益，并替代现有利益集团，那么官僚集团与商人集团都将受到损失。当一方支持而另一方不支持时，赞同政府的一方将获得更大的利益。最终反复演化博弈的均衡解为（支持，支持）策略。根据以上分析可得：（1）（A－E）>0；（2）（C－G）>0；（3）（B－D）>0；（4）（F－H）>0。符合第一种情况，收敛于 B（1，1），即（支持，支持）策略。

2. 均衡点演化仿真研究

点 D（1，1）仿真分析：系统收敛于 ESS（1，1）。设定（S，V）的初始值为 0~1；且 A = 8，B = 8，C = 5，D = 1，E = 2，F = 4，G = 0，H = 0 的情况下进行 Matlab 仿真，如图 3 所示。由图 3 可得，初始设定商人集团选择支持，官僚集团选择支持，随着迭代步数的增加，官僚集团更加快速地选择不支持，收敛于 S = 1，即 T 的增加显著地加快了博弈演化收敛过程。分析表明中央政府如果强行实施公司制度演化，可能会产生新的利益集团，官僚集团和商人集团利益都受到损失。因此，重复博弈所得到的均衡解为（支持，支持），且官僚集团与商人集团双方支持公司法演化的概率高于前期设定。赋值后的动态方程如下：

$$F(S) = dS/dt = S(1-S)[V*(A-C-E+G)+C-G] = S(1-S)[V+5]$$
$$F(V) = dV/dt = V(1-V)[S*(B-F-D+H)+F-H] = V(1-V)[3S+4]$$

3. 官僚利益集团不支持态度缓和的环境约束

以上从博弈论角度对官僚集团和商人集团在公司制度演化过程中，从开始的互相对立到导致僵局进行分析，检验了博弈参与方官僚集团从不支

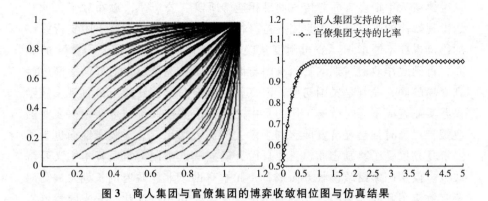

图3　商人集团与官僚集团的博弈收敛相位图与仿真结果

持公司法演化到倾向于支持修律的制度演化的演变情形。根据杨勇对于《公司律》环境下政府与经理人的博弈关系考察，法律虚化与内部人控制问题致使官督力量回光返照，官僚集团与商人集团的利益都受到损害,[①]由此可知，促使官僚集团转变观点的原因是多方面的，但最终的诉求都是官僚集团的利益最大化。在晚清 1904 年《公司律》颁布到民初 1914 年《公司条例》出台的这段时间内，国内外政局与商人营商环境发生了巨大的变化，尤其是清灭亡与民国初建导致官僚集团的更迭与政局不稳定，以及商人集团在甲午战争后的崛起，使官僚集团与商人集团的实力对比发生了改变，官僚集团也由原来的政策反对者转变为政策的支持者。利益集团的实力是两大集团反复博弈中修律反对者观念转变的重要约束因素。当没有准则公司制度约束的时候，官僚集团借机实施官督模式，利用商人的民间资本实现自己的利益最大化，控制商人集团为其服务，逐渐成为公司治理结构中的核心力量。但是，随着商人集团实力的增强，他们逐渐拥有自己的商会力量；另外，官督商办公司模式逐渐显露内部人控制的效应，尤其是开平煤矿经营失败，官督模式彻底破产。于是官僚集团也意识到商人崛起所带来的财政收入的增加，导致他们对于公司法修律态度逐渐变为支持。

（三）公司制度演化双边促成阶段的博弈分析

从博弈论的角度看，清末民初的公司制度演化，体现了参与博弈的各个利益主体在追求自身利益最大化的过程中，结合不同时期和不同环境约束，在衡量自身实力变化的前提下，选择支持策略或不支持策略的变化。

---

① 杨勇：《近代中国公司治理：思想演变与制度变迁》，第 65～68 页。

公司制度的演化，本质上也是参与博弈的利益集团自身影响力变化在一定程度上的反映。

1. 公司制度演化中各方态度变化

《公司律》颁布后不久，官僚集团与商人集团就都意识到该公司制度虽然改善处良多，但诸多规定与民间普通商事习惯拂逆者甚多，有待进一步改良，所以《公司律》的修订即提上日程。从《商事习惯调查》、《大清商律草案》、两次商法大会通过的《商法调查案》到《修改大清商律草案》的制定，都体现了官僚集团与商人集团在促进公司制度演化方面所做出的努力，并促成了《公司条例》的出台。两大利益集团对待公司制度演化的态度不断变化：官僚集团从明确反对到中期的转变再到后期的赞同；商人集团从前期的支持制度演化到进一步支持公司法演化。无论是地方政府官僚集团、商人集团成立的商会，还是晚清政府成立的农工商部，都参与到博弈中，对公司制度演化产生了重要影响，最后是多方因素促成公司制度的向前推进与出台。最重要的因素就是商人集团，其次是中央政府，官僚集团阻力的减弱也加速了公司制度的演化。

2. 公司制度演化中各方力量变化

1904～1914 年，世界经济大环境变化，国内政局更迭，商会力量增强，以及家族企业的崛起，都对公司制度的演化与修律产生了巨大的冲击，参与公司治理的各利益集团的谈判能力都受到了不同程度的影响。甲午战争之后，为了挽回利权，清政府实施振兴实业政策，所以官僚集团急于组建一个可以与商人进行沟通的组织。而与此同时，中国进入了初步的资本主义发展阶段，也意识到了组建类似于西方商人洋商会的组织的重要性。官僚集团与商人群体的意见不谋而合，但由于中国的商人群体力量相对弱小，难以像西方一样自发地形成商会组织，故而只能寄希望于官僚集团组建各省商会，商务局应运而生。但由于商务局衙门习气过重，随意盘剥商人利益的情况时常发生，故而 1902 年中央政府决定组建商会来代替商务局。在盛宣怀的支持下，上海商业会议公所成立，进而 1903 年成立商部，《商会简明章程》也于 1904 年实施。到 1912 年，全国已经建立商务总会 57 家、分会 871 家，[①] 成为支持修律的重要利益集团。总之，官僚集团与商人集团在公司法修律的观点以及双方博弈主体实力上的转变，都对公司制度演化起到了不同程度的促进作用。

第一，清政权的灭亡。清末新政的破产以及辛亥革命的暴风骤雨迅速

---

① 徐鼎新：《旧中国商会溯源》，《中国社会经济史研究》1983 年第 1 期。

将封建帝制终结，晚清政府在《公司律》颁布后所计划进行的商事习惯调查、编订《大清商律草案》、召开两次商法大会以及工商部制定《改订大清商律草案》都没能实施，但功在后世。

第二，北洋政府实力薄弱。辛亥革命的成果被袁世凯的北京政府所窃取，动荡的时局以及并存的南京临时政府，加之帝国主义在一战后的回归，使北洋政府无暇顾及，直接沿用晚清实践的公司制度。

第三，商人集团影响力增强。在官僚集团探索官督商办公司模式的同时，没有准则公司制度的约束，商人集团就已经开始了民间公司的创办。甲午战争之后，商人集团真正开始崛起，他们在总结官督模式的经验与教训后，逐渐转型为民营商办公司。1904 年《公司律》颁布后，中国近代公司制度就进入了家族公司阶段，1914 年之后得到真正发展。

3. 内外多因素对官僚集团的影响

第一，政权更迭导致财政困难。《马关条约》的签订使晚清财政极度拮据，西方列强由商品输出转变为资本输出，给晚清政府带来了巨大的冲击，又经过清末新政失败与辛亥革命的重创，清政府已经无暇顾及商人集团的发展。

第二，实业建国的政策影响。孙中山的三民主义与节制资本和大实业的思想成为民国初期的主流思想，南京临时政府倡导的实业救国与自由资本主义的经济政策为北洋政府初期的经济政策确定了基调。袁世凯政府成立之初就确立了奖励工商与营业自由的基本政策。

四　结论

通过对官僚集团与商人集团在公司制度演化中力量对比变化进行分析可知，商人集团力量的不断壮大，才导致两大利益集团实力对比发生了根本变化，使有利于清末民初公司制度发展的政策得以顺利实施。第一次鸦片战争后，随着经济社会的发展，晚清政府、北洋政府、南京政府历经了强政府、弱政府再到强政府的演化，而商人集团相对也经历了无商会、有商会、商会被压制的三个阶段，从中体现了官僚与商人的谈判能力强弱持续变化，官僚谈判能力呈 U 形变化，商人谈判能力呈倒 U 形变化，依据官僚与商人此起彼伏的状态将公司制度演化划分为探索阶段（官僚谈判能力强于商人）、雏形阶段（官僚谈判能力与商人相当）、成长阶段（官僚谈判能力弱于商人）、成熟阶段（官僚谈判能力与商人相当）、异化阶段（官僚谈判能力强于商人）五个阶段。

　　近代中国公司制度演化，不是中央政府强制推行就可以顺利实现的，需要官商两大利益集团通过反复博弈，使自身实力的对比变化，改变原本的观点与态度，最后达成一种各个博弈方都能接受的最优博弈均衡解。正是参与博弈的利益各方的不断妥协与协调，公司制度演化以《公司律》、《公司条例》、1929 年《公司法》、1946 年《公司法》的具体形式为标志被多方参与者共同接受。在晚清中期与晚清末期，官僚与商人无法得到均衡解，也就是以上双方很难在策略选择上达成一致。利用演化博弈论方法，发现官僚与商人在支持公司制度演化修律政策的策略选择上差距很大，其中官僚集团选择不支持策略，而商人集团选择支持策略，通过模型分析，公司制度演化的策略选择是官商双方当时最明智的选择。

　　近代公司制度最终可以演化成功，不仅是博弈双方努力的结果，其最终实现由多方促成，是偶然性和必然性的结合。《公司律》颁布后，在国内外大环境等多种因素的影响下，官商双方的博弈策略发生了微妙变化。从反复博弈的过程可以看出，官僚集团在博弈策略选择上开始向支持方倾斜。晚清末期与民国北洋政府初期，受多种因素的影响，商人集团不断发展壮大，最终官商双方实力发生了明显变化，共同促进了公司制度演化的最后实现，《公司条例》得以颁布。

清末民国成都的饮用水源、水质与改良*

张　亮**

提　要　清末民国，成都的饮用水源主要为井水与河水。在地理环境与取用便捷性的影响下，井水是成都普通居民最为重要的饮用水源，临河两岸的居民与城内中上富贵之家、官署、公馆、茶铺则多取用河水。汲水码头周边的河水与井水水质多为外部污物所染，水质有欠佳良，症结在于传统的城市生态系统与水井建筑构造。相较河水，井水碱度、硬度高，不适于烹茶，多用作煮饭烧菜。成都不同阶层人群、不同水源的用水方式，构成了城市居民的"用水模式"，体现了居民的水源选择、水质观念及实践。在西式的科学话语传入后，成都居民的饮水认知得以更新，市政当局与商绅从水源的管理与保护、饮水的澄清与消毒、变革供水方式等方面改良饮水，刺激了成都"用水模式"由"传统"向"现代"演进，主要表现为细部"技术路径"的现代化，成都的民生饮水仍基本延续传统的"用水模式"。

关键词　成都　饮用水源　用水模式

工业革命以后，不断滋生的饮水问题刺激了西方城市饮水供应系统、水质污染治理及饮水卫生观念等多方面的发展与转变。① 近代以降，伴随西方知识、观念与技术的传入，以及都市化与工业化进程的加速，中国城

---

* 本文为中国博士后科学基金第 65 批面上资助项目"近代四川城市饮用水环境变迁与民众生计研究"（2019M651400）、教育部人文社会科学重点研究基地重大项目"中华文明核心地区形成的时空过程及其驱动因素研究"（16JJD770009）阶段性成果。

** 张亮，复旦大学历史地理研究中心博士后。

① 邱仲麟：《水窝子：北京的供水业者与民生用水》，李孝悌编《中国的城市生活》，北京大学出版社，2013，第 236 页。西方学者相关研究成果，可参见前引邱仲麟一文与英国学者伊恩·道格拉斯的《城市环境史》（孙民乐译，江苏教育出版社，2016）一书。

市的民生饮水模式亦由"传统"向"现代"演进。20 世纪 60 年代以来，随着城市史、水利社会史、疾病医疗社会史、环境史等研究的展开，与民生饮水相关的成果可谓丰富，涉及用水环境、饮用水源及结构、水质环境、供水产业、饮水卫生观念与管理等方面。① 在这些议题中，一个重要的研究路径便是基于日常生活中的民生饮水，去透视现代性的生成。就目前的研究状况来看，此类研究的着眼点仍"基本在城市传统与现代用水系统（主要是自来水）方面，关注的重点是城市水源、用水方式、用水组织及其背后的社会、经济和文化因素"。② 换言之，此类研究多关注城市供水系统，探讨水质环境与饮水卫生现代化演变的成果仍占少数，且欠缺考虑单体城市中饮用水源、水质环境与用水方式的相互关联。③

　　成都民生饮水的相关研究，主要在饮用水源与饮水卫生两个方面。王笛在《茶馆：成都的公共生活和微观世界（1900～1950）》一书中，将茶馆的用水方式作为公共生活与社会秩序的生态背景做了交代；④ 许蓉生的《水与成都：成都城市水文化》一书，虽非严谨的学术著作，但亦注意到城市生活中不同类型水源的使用；⑤ 米晓燕、毛姝静二人探讨了 20 世纪 40 年代成都市卫生事务所对饮水卫生的管理，但重在梳理具体举措。⑥ 可见，现有研究仅能初步反映城市水源、用水方式与短时段的饮水改良，仍有诸多问题亟待解决。在"传统"向"现代"演变的时代背景下，不同的用水方式蕴含了怎样的水源选择？水质环境的认知变迁与具体状况如何？更为重要的是，在供水方式与饮水改良的现代化过程中，传统因素扮演了何种角色？是以，本文拟通过对清末民国成都饮用水源、水质环境及饮水改良

① 张亮：《回顾与展望：近三十年来国内以"饮水"为主题的史学研究》，《三峡论坛》2018 年第 5 期。
② 余新忠：《清代城市水环境问题探析：兼论相关史料的解读与运用》，《历史研究》2013 年第 6 期。
③ 近年来，梁志平在区域水质环境的研究上着力尤多。他的《水乡之渴：江南水质环境变迁与饮水改良（1840～1980）》（上海交通大学出版社，2014）一书，以"改水运动"为主旨，分析了太湖流域居民传统饮用水源结构、使用方式与水质环境的关系，梳理了近代太湖流域地表水之水质变迁的时空过程，是研究水质环境问题的一篇力作，亦为本文提供了诸多有益的借鉴。
④ 王笛：《茶馆：成都的公共生活和微观世界（1900～1950）》，社会科学文献出版社，2010，第 37 页。
⑤ 许蓉生：《水与成都：成都城市水文化》，巴蜀书社，2006，第 274、297～304 页。
⑥ 米晓燕：《公共卫生与都市生活——以成都市卫生事务所为中心的考察（1941～1949）》，硕士学位论文，四川师范大学，2008；毛姝静：《一九四〇年代成都市公共饮食卫生及其管理研究》，硕士学位论文，四川师范大学，2012。

等方面的考察，探讨成都"用水模式"演变的历史逻辑与现代化进程。

一 井水与河水：成都的主要饮用水源

清末民国，成都居民饮用水源主要为井水与河水，不同的用水方式蕴含了自然与人文的双重选择。川西平原与川中丘陵北部的多数城市，地下水位高，凿井取水甚为便利。[①] 地处川西平原腹地的成都，亦是如此。清末民初时，周询便言"成都古称'陆海'，土甚薄，凿二丈许即得水"。[②] 民国文人李劼人亦言，成都"地下水非常丰盛，一般掘井到八市尺便见水了，掘得深的，不过一丈到一丈四尺"。[③] 1940 年，据成都市卫生处调查，城内水井深度"平均不过三、四公尺"。[④]

在"凿井甚易"的地理背景下，成都居民普遍取用井水，井水成为城内最重要的水源。清末民初，成都水井数便已达"二千五百一十五眼"，"居民煮饭食者多用之"。[⑤] 周询亦称城内"触处皆有井"，"各街既有公井，人家亦多私井，私井听邻汲取者亦多，故井水最为普通"。[⑥] 民国时，由于人口聚集、城市规模扩大与抗战防空的需要，成都市水井数持续增加。1924 年，基于卫生行政的考虑，成都市市政公所调查了城内饮水状况与各区公私水井数，"除少数人家用河水外，十分之九俱用井水"，水井数增至 2795 口。[⑦] 1938 年 11 月 8 日至 1944 年 12 月 18 日，日军先后对成都进行了 30 余次轰炸。出于防空的需要，水井数继续增加，1939 年为 3578 口，[⑧] 1940 年为 3589 口，[⑨] 至 1942 年已达 4741 口。[⑩] 值得注意的是，如此数量的水井并非皆可饮用，有部分水井是专供浣洗与灭火等。以 1939 年的 3578 口水井为例，其中堪供饮用者 2896 口，应予改良者 576 口，非饮用

---

① 张亮：《近代四川城市水源结构的空间差异性研究》，《云南大学学报》（社会科学版）2018 年第 2 期。

② （清）周询：《芙蓉话旧录》，四川人民出版社，1987，第 24 页。

③ 曾智中、尤德彦编《李劼人说成都》，四川文艺出版社，2007，第 288 页。

④ 《成都市饮水改善计划》，四川省档案馆藏，档案号：民 113 - 01 - 0134。

⑤ （清）傅崇矩：《成都通览》，成都时代出版社，2006，第 4 页。

⑥ （清）周询：《芙蓉话旧录》，第 24 页。

⑦ 杨吉甫、晏碧如等编《成都市市政年鉴》第 1 期，成都市市政公所，1928，第 507、527 页。

⑧ 《成都市区公私水井调查表》，四川省档案馆藏，档案号：民 113 - 01 - 0271。

⑨ 《成都市饮水改善计划》，四川省档案馆藏，档案号：民 113 - 01 - 0134。

⑩ 成都市政府：《成都市市政统计》，1942，第 70 页；周芷颖编《新成都》，复兴书局，1943，第 209 页。

者 106 口，堪供饮用者占 80.9%。[①]

　　除井水外，河水亦是成都的重要饮用水源。成都地势平坦，河渠环绕，可资取用的河水主要是穿城而过的御河、金水河与环绕城周的锦江。"河水汲用量，虽较井水为少"，但临河两岸取用河水"较掘水井尤为便利"，是以"两岸居民多汲取河渠之水以为饮料"。[②] 城内的御河、金水河河道狭窄且淤浅，河水不清，居民取用不多，仅少数"沿河市民取为饮料"。[③] 相较御河、金水河，锦江水的取用更为普遍，除临河居民用作日常生活用水外，还多由挑水夫转运以供城内居民饮用。1906 年，入川游历的中野孤山对成都挑运锦江水的情形做了描述：

　　　　在蜀都偶尔也能见到水井，但当地人完全不把井水用作饮用水。蜀都八十万人口，每天饮用的都是浑浊的锦江水。城内也利用这条河里的水，但大多还是从城外挑水，因此，需要挑水夫从早到晚拼命地运水。……井水似乎只用来洗东西，而且用得不多，衣物等大都拿到河边去洗。……他们无论走到哪里，好像都是饮用河水，也不管河水的清浊。如果河水浑浊，他们就把杂质沉淀后再饮用。除河水外，他们绝不饮用其他的水。[④]

　　在中野孤山之后，东亚同文书院学生分批次对四川做了踏查，亦称成都"虽说有很多水渠和井，但都用作洗涤器皿和衣物。由于饮用水只限于江水，所以担水工们每天都不停地从城外挑水进城"。[⑤] 虽然日本人的考察游记与调查报告中对成都的饮用水源存在片面认识，认为只饮江水而不取井水，但亦从侧面反映了城内居民大量取用锦江水的状况。

　　由于城内居民饮用锦江水，需长距离从城外挑运，是以河水价高而井水低廉，继而造成了用水人群与用水方式的差异。城内普通居民饮水主要依赖井水，河水多供中上富贵之家、官署、公馆与各家茶铺。清末民初

① 《成都市区公私水井调查表》，四川省档案馆藏，档案号：民 113 - 01 - 0271。
② 《成都市饮水改善计划》，四川省档案馆藏，档案号：民 113 - 01 - 0134。
③ 社会部统计处编印《成都社会概况调查》，李文海主编《民国时期社会调查丛编　二编　城市（劳工）生活卷》，福建教育出版社，2014，第 483 页。
④ 〔日〕中野孤山：《横跨中国大陆——游蜀杂俎》，郭举昆译，中华书局，2007，第 128～130 页。
⑤ 〔日〕《支那省别全志》刊行会编纂《新修支那省别全志》第 1 卷《四川省》（上），东亚同文会发行，1941，第 633 页。

时，傅崇矩便言"河水每挑十六文、二十文不等"，而"井水则二文、三文"。① 周询更言在"光绪中年，河水一担，约值钱三、四十文，当时已觉其贵"，是以"除烹茶外，浣濯煮饭悉用井水"。② 当时，成都城内"猪肉每斤值钱百文，牛肉不过五、六十文"。③ 与之相较，河水价格确实不低。民国时，李劼人亦言"每天有几百上千数的挑水夫，用一条扁担，两只木桶，从城门洞出来，下到河边，全凭肩头把河水运进城，运到各官署、各公馆，尤其是各家茶铺去供全城人的饮用"。④ 新中国成立后，陈茂昭在忆述成都茶馆用水时，也称河水进城费力且水价贵，是以一般平民都吃井水，河水多用作烹茶，就连茶馆售卖的热水与洗脸水用的也是井水。⑤

可见，井水与河水作为成都的主要饮用水源，其用水人群与用水方式存在明显的差异。在"凿井甚易"的地理背景下，成都水井众多，普通居民汲用井水甚为便利，井水是成都最重要的饮用水源。御河、金水河与锦江两岸的居民，取用河水甚便。但就城内居民而言，因河水价高，汲用河水的主要是中上富贵之家、官署、公馆与茶铺。1944 年，社会部统计处联合金陵大学社会学系，对成都皇城坝的劳工家庭做了调查，结果为"水之供给，以井水为主，在 540 个劳工家庭中，饮井水者，计 536 家，占99.3%，饮河水者不过 4 家，占 0.7%"。⑥ 皇城坝地处成都市中区，距河甚远，该项调查亦可佐证地理环境与取用便捷性对成都居民选择饮用水源的影响。而成都城内中上富贵之家、官署、公馆与茶铺等，虽距河较远，仍愿出高价购运河水，则与井水与河水的水质差异相关。

二　井水劣于河水：成都的饮用水源水质

（一）河水水质

清末民国时，御河、金水河因河道狭窄、水流量小与流速慢，极易受到周边环境的影响，因而水质不佳。傅崇矩便言"城内之御河、金河水，

---

① （清）傅崇矩：《成都通览》，第 194 页。
② （清）周询：《芙蓉话旧录》，第 24 页。
③ （清）周询：《芙蓉话旧录》，第 34 页。
④ 曾智中、尤德彦编《李劼人说成都》，第 288 页。
⑤ 陈茂昭：《成都的茶馆》，中国人民政治协商会议四川省成都市委员会文史资料研究委员会编《成都文史资料选辑》第 4 辑，1983，第 187 页。
⑥ 社会部统计处编《社会调查与统计》第 6 号，1945 年 10 月，第 40 页。

断不可饮，因檐沟秽水多注其中，而沿岸居民又淘菜洗衣，倾渣滓于其中也"，并称因"御河水秽"，官方应出面"禁止挑水夫妄挑"。[①] 周询亦称："城内之金水河及护城河皆岁久淤浅，河身复狭。两岸居民，多倾尘弃秽，且就河边捣衣涤器，水污浊不能饮。"[②] 是以，如前文所述，御河、金水河仅沿岸少数居民取用。

就锦江成都河段的水色而言，虽在夏季涨水时，会因泥沙量激增而变得浑浊，但多数时候较为清澈。1910 年 9 月 29 日至 10 月 9 日，东亚同文书院八期生米内山庸夫游历成都时，便言锦江"水清、波静，在成都之南流入岷江"。[③] 1911 年 10 月 3 日，东亚同文书院九期生今井美代吉、小岛利一郎、藤原忍等 6 人到达成都，称锦江夏季浑浊，秋冬则相当清澈。

> 东、北、南三方被水包围，流经南门的是岷江的一条支流，即所谓古代蜀人在此洗锦的锦江。夏季浊水泛滥，虽然秋冬时节沧然清凛，水底可以拾针，大概可与我西京加茂的水匹敌无差。[④]

美国人威廉·迪柏（William L. Dibble）在 1945 年 10 月 5 日至 18 日游历成都时，拍摄了一张罕见的成都城外锦江的彩色照片。从该照片可以看出，秋季的锦江并不黄浊，而呈青绿色。[⑤]《支那省别全志》中对锦江成都河段的水色有一总结性的记载，较为中肯，称锦江"虽然多少混了些细沙软泥"，但总体上来说"水流清澈"，只是"青色里还残杂了些许浊黄色"。[⑥] 锦江成都河段水色的状况，在国人的相关记载中也不少见。1943 年，时人高文明便言"成都真是幸运，恰恰挨近大山之麓"，是以"整年的有着很干净的水流向成都平原"。[⑦]

清末民国时，成都城市居民挑运锦江水主要在城门外各汲水码头。锦

---

① （清）傅崇矩：《成都通览》，第 4、95 页。

② （清）周询：《芙蓉话旧录》，第 24 页。

③ 〔日〕米内山庸夫：《云南四川踏察记》，《幕末明治中国见闻录集成》第 10 卷，游摩尼书房，1997，第 218 页。

④ 《入蜀纪行》，〔日〕沪友会编《上海东亚同文书院大旅行记录》，杨华等译，商务印书馆，2000，第 90 页。

⑤ 〔美〕艾伦·拉森、威廉·迪柏：《飞虎队队员眼中的中国：1944～1945》，上海文化出版社，2012，第 107 页。

⑥ 〔日〕东亚同文会编纂发行《支那省别全志》第 5 卷《四川省》，1917，第 309～310 页。

⑦ 高文明：《成都市水的供给问题（续完）》，《田家半月报》第 10 卷第 8 期，1943 年，第 6 页。

江成都河段水色虽较为清澈，但汲水码头周边的水质亦多为外部污物所染。马丁·梅洛西认为在细菌科学兴起后，现代城市由有机城市向卫生城市转变，城市基础服务如供水、污水排放、垃圾处理，由运输、转移这一物理过程向消毒、杀菌这一化学过程转变。[①] 就当时的成都而言，饮用水、厕所、下水道等方面的消毒与杀菌虽然逐渐展开，但城市的新陈代谢仍主要依赖于运输与转移的物理过程。城市中产生的垃圾、粪秽由城内向城外集中，再转运至乡村。在成都，城内的粪便"大多由承租厕所之佃夫、雇夫运输出城"，储存在城门外之"粪池"，再"转售四乡农户，其运输方法多用粪桶肩挑，间有粪车拖运者"。城内的垃圾亦由"清道夫倾倒城外河边空地"，再"堆储售卖于农家"。[②] 这些粪便与垃圾在城门外长时间堆积、储存，不仅易散发臭气妨碍市容，且极易污染汲水码头周边水质。成都市各处垃圾，"每日运往外，堆积地点大多在四门大桥侧近"，在平日间便"污秽狼藉，影响居民健康，气候稍干燥，则臭气四溢，百病丛生"，而"沿河居民均在该处汲水以作饮料"，更是"妨害卫生"。[③] 成都汲水码头外多停靠有粪水船，在汲水之处装载粪水，多导致粪水浸漏在河。如"武城门外水码头处，水夫汲水之地"停放有"粪水船十余架"，"同在该处装载粪水，浸漏在河，清浊不分"；[④] 城内的污水亦多经由传统的沟渠系统，直接排放入江河。1940 年出台的《成都市饮水改善计划》，便称河渠"沿岸人烟稠密，污水垃圾产量甚多，均藉河渠为排泄之孔道，河水多被污染；尤以春冬枯水时期为最，常有带臭变色之处其污秽之程度，可以一目了然"。[⑤] 此外，城市居民缺乏保护饮用水源的意识与卫生观念，污染河水的行为也不少见。1933 年 9 月，成都市水业工会联合会王法等人便称成都"东北区外汲水点"，因居民"上倒渣滓，刷洗猪头、小肠、便桶，淘菜、洗衣，下运饮料"，尤为"污秽不堪"。[⑥]可见，成都汲水码头周边的水质在粪秽、垃圾、污水等因素的影响下，一定程度上被污染。但污染的范围与程

① 马丁·梅洛西：《卫生城市：殖民时代至今的美国城市基建》，约翰霍普金斯大学出版社，1999，转引自侯深《错综的轨迹：在自然中重写城市史》，《史学月刊》2018 年第 2 期。

② 《四川省会卫生实验区计划说明书》，四川省档案馆藏，档案号：民 113 - 02 - 3063。

③ 《成都市参议会首届第二次大会关于迅速将附城沿河垃圾移运乡间以重卫生而壮市容一案的提案》，成都市档案馆藏，档案号：民国 0039 - 01 - 0004。

④ 《成都市公安局防范时疫及清洁水源案的呈训令、指令》，成都市档案馆藏，档案号：民国 0093 - 05 - 311。

⑤ 《成都市饮水改善计划》，四川省档案馆藏，档案号：民 113 - 01 - 0134。

⑥ 《成都市公安局防范时疫及清洁水源案的呈训令、指令》，成都市档案馆藏，档案号：民国 0093 - 05 - 311。

度有限，在水体自净能力的作用下，锦江成都河段的水色仍较为清澈。

（二）井水水质

相较于河水水质，成都的井水水质更不乐观。清雍正九年（1731），成都府知府项城疏浚金水河时，便言"城中地泉咸苦，每至春夏，沉郁积浊之气不能畅达，易染疾病"。① 至清末民初，"地泉咸苦"的记载更为常见。傅崇矩便言"城中之井水，味咸而恶"，士子所饮的"皇城内之铜井水，卤毒甚重"，连试棚内的泥井水亦是"腥臭不堪"。② 周询问亦言成都"人家繁密，井水亦劣，味略咸"。③ 1905 年，旅居成都的山川早水更言"城中的井水，大多不能饮用"。④

除感观的描述性记载外，民国中后期，井水的水质化验与调查数据逐渐增多，从中亦不难见井水水质欠洁。1942 年 11 月，华西、齐鲁两大学联合医院检验科对成都城内五口水井做了抽样化验，结果见表 1。

表 1　1942 年 11 月成都城内水井抽样化验结果

水别	井水				
标本编号	1	2	3	4	5
取水地点	青羊宫街上	东桂街住宅中	北沙帽街口	三道街住宅中	白马庙附近菜园内
每 cc 细胞总数	9700	510	990	640	330
大肠杆菌试法	＋＋＋＋	＋	＋＋＋	＋＋	＋＋

说明："＋"即 1cc 水中至少有 0.1 个大肠杆菌；"＋＋"即 1cc 水中至少有 1 个大肠杆菌；"＋＋＋"即 1cc 水中至少有 10 个大肠杆菌；"＋＋＋＋"即 1cc 水中至少有 100 个大肠杆菌。
资料来源：谢霖《成都自来水与市政建设》，《成都市》第 1 期，1945 年，第 2 页。

表 1 所列 5 个水样中，细菌含量均较高，位于街侧的水井较住宅水井尤甚。况且化验时间为冬季，细菌数量便已至此等数量，"若在夏秋，细菌数量自必更甚"。⑤ 1943 年，四川省立传染院对成都重要水码头与水井做了细菌检验，化验水井 46 处。⑥ 据当时的《新新新闻》报道，检验结果

---

① 同治《重修成都县志》卷 1《山川》，清同治十二年（1873）刻本。
② （清）傅崇矩：《成都通览》，第 4 页。
③ （清）周询：《芙蓉话旧录》，第 24 页。
④ 〔日〕山川早水：《巴蜀旧影——一百年前一个日本人眼中的巴蜀风情》，四川人民出版社，2005，第 134 页。
⑤ 谢霖：《成都自来水与市政建设》，《成都市》第 1 期，1945 年，第 3 页。
⑥ 《成都市政府卫生事务所三十二年度四至十二月份工作概况表》，四川省档案馆藏，档案号：民 113－01－0689。

亦是"大多含有大肠杆菌"。① 前述两次化验均仅针对井水中所含之细菌，尤其是大肠杆菌，是为城市卫生防疫所需，虽能反映井水欠洁，但不能反映井水水质的物理与化学特性。

1946 年 8 月，成都市自来水公司化验室对金河街河水与三桂街公用井水做了化验（见表2）。虽然该次化验中水样较少，却在一定程度上综合地反映了成都井水水质的物理、化学、生物特性以及典型特征。

表 2　1946 年 8 月成都市饮料来源水质化验比较

检水种类		取水处所			上海市饮料清洁标准
		自来水公司水质	金河街河水	三桂街公用井水	
检水日期		8 月 10 日	8 月 9 日	8 月 12 日	民国 17 年公布
物理检验	浑浊度	5	150	60	10
	色度	0	40	20	20
	嗅味	0	0	0	0
化学检验（除 PH 值外均以百万分之分数计）	PH（氢离子浓度）	7.5	7.4	7.2	7.4
	碱度	130	157	540	
	游离氯	0.1	0	0	0.1～0.2
	氯化物	10	15	261	100
	水中所含总固体	137	242	163	500
	游离铔	0.016	0.268	0.434	0.015～0.03
	蛋白铔	0.058	0.154	0.16	0～0.07
	亚硝酸盐	0	0.05	0.04	0～微量
	硝酸盐	0.8	4	10	0.3～1.6
	总硬度	130	155	418	300
	非碳酸盐硬度	24	36	84	
	耗氧量	2	5.7	4.6	0～1
	铁	0.35	1.4	0.2	0.5
细菌检验	每立方厘米中细菌数（培养 24h）	16	358500	231000	0～1000
	大肠菌指数	0	10000	10000	10
	病原菌	0	?	?	0

资料来源：《成都市饮料来源水质化验比较表》，四川省档案馆藏，档案号：民 113－01－0241。

① 《新新新闻》1943 年 8 月 9 日，第 8 版。

　　从物理指标看，8 月三桂街公用井水的浑浊度、色度分别是 60、20，较河水为低，且色度达到了上海市饮料清洁标准。从生物指标看，河水与井水的细菌含量均很高，井水低于河水。井水中含有大量微菌与大肠杆菌的现象，与前述 1942 年、1943 年的两次井水细菌检验结果一致。从化学指标来看，除水中所含总固体、耗氧量、铁、PH 值、亚硝酸盐等五项外，其他各项指标井水均高于河水。《成都市饮料来源水质化验比较表》的说明中指出，从氯化物、游离钸、蛋白钸、亚硝酸盐、硝酸盐等项可以看出"河水及井水乃被四周环境污染如粪便等所污染"，且井水尤甚。①

　　尤为值得注意的是，井水的碱度、总硬度与非碳酸盐硬度三项指标，不仅远超上海市饮料清洁标准，且远高于河水。井水的碱度高达 540，河水为 157，表明井水的碱性物质含量约为河水的 3.4 倍。井水总硬度、非碳酸盐硬度（永久硬度）分别为 418、84，河水分别为 155、36，表明井水与河水煮沸后形成的碳酸盐沉淀（暂时硬度）分别为 334、119，② 井水的暂时硬度约为河水的 2.8 倍。《成都市饮水改善计划》中便载河水与井水相比"水质较软"。③ 成都"地泉咸苦"便源于其碱度与硬度。也正是因井水中碱性物质含量高与煮沸后碳酸盐沉淀多，不适于烹茶，所以成都在清末民国时盛行"河水香茶"。清末民初时，傅崇矩便言井水为"圆河水，不可烧茶"，若以"井水烧茶，水面必有油垢一层"。④ 周询亦言成都井水为劣，"味略咸，以之烹茶，冷后，面起薄膜，俗呼'干子'。映光视之，五色斑斓，令人作恶"，是以居民家庭稍富裕者，"仍皆购河水烹茶"，城内茶馆所售茶水亦"悉是河水，一用井水，即无人登门，故均于招牌上揭以'河水香茶'四字"。⑤ 民国文人李劼人说得更为清晰：

　　　　因为它（井水）含的卤质和其他有害健康的杂质很多，勉强用来煮饭烹菜，已经不大卫生，若用来泡茶或当白开水喝，更不行。所以当时每条街上兼卖热水和开水的茶铺，都要在纱灯上用红黑相间的宋体字标明是河水香茶。⑥

---

① 《成都市饮料来源水质化验比较表》，四川省档案馆藏，档案号：民 113 - 01 - 0241。
② 非碳酸盐硬度为永久硬度，碳酸盐沉淀为暂时硬度，二者之和为总硬度。
③ 《成都市饮水改善计划》，四川省档案馆藏，档案号：民 113 - 91 - 0134。
④ （清）傅崇矩：《成都通览》，第 4 页。
⑤ （清）周询：《芙蓉话旧录》，第 24 页。
⑥ 曾智中、尤德彦编《李劼人说成都》，第 288 页。

"河水香茶"的盛行，亦从侧面印证了并不仅是三桂街公用井水碱度、硬度高，而是成都井水水质的普遍现象。总的来说，《成都市饮料来源水质化验比较表》中虽水样较少，但从井水水质的物理、生物、化学指标来看，明晰地反映了成都井水水质的典型特征，即碱度、硬度普遍较高，亦可谓普遍咸苦。

成都井水水质虽普遍咸苦，但亦有少数水质佳良的水井。薛涛井便"水质极为纯美"，"四川总督每日特取此水用于泡茶"。[1] 徐心余更言薛涛井：

> 井内通泉眼，清冽异常，其味较江水高逾百倍。倘逢乡试年间，此井之水，即不准任人挑用，全备考官等闱内茶水之需，并临时派酌人员，驻井监视，或沿途观察挑水夫役，各有腰牌，输送不辍。[2]

在井水水质普遍咸苦的成都，薛涛井之水味"较江水高逾百倍"，全因其"位置在九眼桥下游，距锦江很近，周围尽是砂渍土，河水经过天然过滤渗入井内，很少杂质，格外清澈"。[3]除薛涛井外，成都武侯祠内的诸葛井，"为八角形，上窄下宽"，水味亦很"甜美，其深莫测"，是成都城内少有的深水井。[4]

与北方地区相比，四川地区多浅水井。浅井水为地下潜水，接受附近地面降水的补给。且浅井卫生防护差，易受积水、降雨、刮风等影响，又易被附近粪坑、厕所、阴沟等污染源污染。[5] 成都井水水质普遍较差，根本原因便在于多为浅水井。

清末民国时，成都因凿井甚易，水井多浅，且建筑构造简单，一般无井台、井栏、井盖。城中"水井多无井台，致污水侵入时流溢四周"，不仅"与市容有关"，且妨害饮水。[6] 水井多"漫不防蔽，听其裸露"，"一遇碍雨"，便"污泥浊淖，横流其中"。[7] 1943 年，时人高文明便称城内"井

---

① 〔日〕山川早水：《巴蜀旧影——一百年前一个日本人眼中的巴蜀风情》，第 134 页。

② （清）徐心余：《蜀游闻见录》，四川人民出版社，1985，第 15～16 页。

③ 陈茂昭：《成都的茶馆》，《成都文史资料选辑》第 4 辑，第 187 页。

④ 〔日〕山川早水：《巴蜀旧影——一百年前一个日本人眼中的巴蜀风情》，第 121 页。

⑤ 全国生活饮用水水质与水性疾病调查协作组、中国科学院、国家计委地理研究所编《中国生活饮用水地图集》，中国地图出版社，1990，第 161 页。

⑥ 《成都市自来水特种股份有限公司筹备报告》，四川省档案馆藏，档案号：民 113 - 01 - 0241。

⑦ 四川省会公安局：《四川省会公安局工作年报》，1934 年，第 6 页。

盖大半是破烂的"，"有些井比四周的地面还低些"，平日间"所有的污水，都随时流往井中"，下大雨的时候更会"将街道上各种的污物、病菌冲流到井中"，即便"有些井的盖是完善的"，但"各种污水仍能从井旁的漏缝中渗漏进去"。[①] 中野孤山对成都水井形制做了详细描述，亦可窥见水井建筑方式不良：

> 井的构造与我国大相径庭。从井底到井口越来越窄，口径只有一尺五寸至二尺左右，而内部的水面直径却有一丈多。并且，井口比四周的地面稍低，或一样高低，下大雨时，井周围的雨水都流进井中。从储水的角度讲，这样很经济，但在我们看来，则有些不可思议。不过，当地人认为，井就是储水的地方，让雨水流进井里是理所当然的事。[②]

此外，成都水井地理位置差，多临近厕所、阴沟等地。成都的公私水井"多开辟于公馆或住宅院坝内，在偏僻街巷者占少数"，"水井地点多有与厕所、阴沟接近"。[③] 而市内的"粪坑、便池多系砖石或三合土砌造，造工不良，渗漏甚多，极易污染水源"。[④] 1943 年，张恨水旅居成都时，亦言"成都许多人家都有私井，这井并与茅坑相隔很近（某外国名字的大旅馆，这井与茅坑就相距不过三丈），茅坑里的粪水渗透入地，似乎跟着潜水，有流入井中的可能"。[⑤]

居民缺乏卫生意识，生产、生活产生的垃圾与污水亦是影响成都井水水质的重要因素。清末民初时，成都"城中之井水，味咸而恶"，便多因"井边淘菜洗衣者大多也"。[⑥] 前引周询《芙蓉话旧录》中亦称"惟人家繁密，井水亦劣"。民国时，成都市政府多次示禁"在井旁倾倒污秽物水及洗衣、濯足，以重清洁"。[⑦] 然屡禁不止，成都各街公井运水之处依旧可见

---

① 高文明：《成都市水的供给问题》，《田家半月报》第 10 卷第 6 期，1943 年，第 6~7 页。
② 〔日〕中野孤山：《横跨中国大陆——游蜀杂俎》，第 129~130 页。
③ 《四川省卫生实验处防疫队水井调查表》，四川省档案馆藏，档案号：民 113-01-1009。
④ 《成都市公厕改善计划》，四川省档案馆藏，档案号：民 113-02-3063。
⑤ 张恨水：《蓉行杂感》，施康强编《四川的凸现》，中央编译出版社，2001，第 122 页。
⑥ （清）傅崇矩：《成都通览》，第 4 页。
⑦ 社会部统计处编印《成都社会概况调查》，李文海主编《民国时期社会调查丛编 二编 城市（劳工）生活卷》，第 483 页。

"淘菜、洗衣之妇女成群"。[1] 居民在"井周倾倒垃圾、污水及浣衣、濯菜"仍为常态。[2]

1940 年 6 月，四川省卫生实验处防疫队对成都外东区的 101 口水井做了调查，涉及井深、距厕所之远近、水井构造是否完整、水井周边环境、井水清洁与否等多项内容，可为佐证。据该项调查，成都外东区 101 口水井中，91 处井深不足 8 米，26 处距厕所不足 40 米，53 处无井裙，71 处无井台，97 处为砖砌井壁，73 处无挑水沟，83 处因地面污秽、污水易侵而欠洁。[3] 1944 年的《成都市自来水特种股份有限公司筹备报告》对成都井水水质做了全面总结，较为全面与中肯，亦认为症结在于"井浅水秽"，城内水井"多构造不良，污染极易，兼以城内厕所林立，阴沟纵横，井水污染之程度，与河水相差无几"。[4]

近代以降，水质认知由"传统"的感观体验与经验总结向"现代"的科学实验与分析演进。前者更多地展现水质的"表象"，而后者更重在揭示"表象"下的"原理"。随着科学话语的建立，前者所反映的水质观念与实践往往被掩盖或忽略。清末民国时，成都的水质认知亦逐步由水体的色、味细化到物理、化学、生物等各项指标。值得注意的是，基于感观描述与科学化验的资料，成都的水源水质在两种不同的认知方式中具有相当高程度的一致性。"地泉咸苦"与"河水香茶"，成都城内中上富贵之家、官署与茶铺等多出高价购河水，便是传统水质观念的反映与实践。在长期的日常体悟中，成都居民已知悉"成都之水，可供饮料者，以河水为佳"，而"井水次之"，[5] 并在生活实践中展现了不同人群、不同水源的用水方式。与之相应的是，井水因碱度、硬度高于河水而不适于烹茶，则是现代科学所揭示的原理。此外，从"自然"与"人为"两个维度去审视成都的水源水质，不难见河水与井水都在不同程度上被"外在所染"，且更多地体现为"人为因素"。实际上，不管是自然还是人为造成的影响，亦为"表象"，影响成都水源水质的主要症结在于传统的城市生态系统与水井建筑构造。

---

① 《成都市公安局防范时疫及清洁水源案的呈训令、指令》，成都市档案馆藏，档案号：民国 0093 - 05 - 311。

② 《成都市政府卫生事务所三十一年度工作报告》，四川省档案馆藏，档案号：民 113 - 01 - 0689。

③ 《四川省卫生实验处防疫队水井调查表》，四川省档案馆藏，档案号：民 113 - 01 - 1009。

④ 《成都市自来水特种股份有限公司筹备报告》，四川省档案馆藏，档案号：民 113 - 01 - 0241。

⑤ （清）傅崇矩：《成都通览》，第 4 页。

三　传统与现代：成都的饮水改良

在长时段的生活适应与经验总结下，古代中国早已形成一套传统的饮水处理方式，如浚河、淘井、明矾沉淀、食用沸水等，成都亦是如此。雍正九年，成都府知府项城因金水河"日久渐至淤塞"，是以开浚金水河，"是河一开，则地气既舒，水脉亦畅，民无夭札"。① 清末民初，成都居民食用沸水的记载亦不少见。傅崇矩曾言，要使成都咸苦的井水变为泉水，需于"烧开时（即煮沸也）使之晾冷，则泥垢沉于碗底，倾去泥垢，又烧开之，开后又使晾冷，烧过二次，则井水回甘如清泉矣，于卫生上不无大益也"。② 是时，成都城内开水店甚多，即便"生活贫寒的人家没办法雇人挑水"，亦可"一文"或"两文"从开水店中购买。③

近代以降，随着西方卫生观念和机制的引入和实践，清洁问题不仅日渐受到关注，还被视为关涉民族兴亡的"国之大政"。④ 在这样的背景下，鉴于成都"无论井水、河水，一经化验，细菌不少，时疫中如伤寒、霍乱、痢疾等症之来，半为饮料不良之原因"，⑤ 成都的饮水改良逐渐由"传统"向"现代"转变，主要集中在水源的管理与保护、饮水的澄清与消毒、供水方式的变革三个方面。

（一）水源的管理与保护

成都居民食用的河水主要源于锦江，鉴于河水汲取地点易为"外在所染"，重在通过设置汲水区域与清理污秽以规避污染源。如前所述，成都储存粪秽的粪池多在城门外的河边空地，汲水码头处往往停放有运粪船，城门外及河边常有垃圾堆积，妨害河水水质。为改良饮水卫生，成都市参议会第二次大会时便曾提议，清理堆积在"四门大桥附近"河岸的垃圾，并将附城垃圾移运至乡间，以免污秽沿河居民饮料。⑥ 1933 年，成都市公

---

① 同治《重修成都县志》卷 1《山川》，清同治十二年刻本。

② （清）傅崇矩：《成都通览》，第 4 页。

③ 〔日〕山川早水：《巴蜀旧影——一百年前一个日本人眼中的巴蜀风情》，第 129 页。

④ 余新忠：《清代城市水环境问题探析：兼论相关史料的解决与运用》，《历史研究》2013 年第 6 期。

⑤ 《成都市自来水特种股份有限公司筹备报告》，四川省档案馆藏，档案号：民 113 - 01 - 0241。

⑥ 《成都市参议会首届第二次大会关于迅速将附城沿河垃圾移运乡间以重卫生而壮市容一案的提案》，成都市档案馆藏，档案号：民国 0039 - 01 - 0004。

安局为防范时疫及清洁水源，明令严禁污染河水，勒饬"粪水船夫及倒渣滓，刷洗猪头、小肠、便桶，淘菜、洗衣人等规定在汲运饮料之地下游对门河岸"。[①] 1940 年前，成都东区"所有茶社旅馆及上层居民均在新东门外水码头（大桥以下天仙桥厚街）运水"，然该处"两岸均有大量垃圾且粪池林立"，是以"另择修建运水码头"。[②] 1946 年，成都市政府还在城区偏僻坟地及旷地设置了固定垃圾场 24 个，以免垃圾污秽河水。[③]

作为成都主要饮用水源的井水，管理与保护较河水更为详细，重在改良水井建筑构造。1933 年，四川省会公安局制定了《四川省会公安局管理饮水井规则》十六条，除规定井栏"须高出地面在二尺或一尺五寸以上"，"水井地点应距离厕所、沟渠在一百五十尺以外"，以及井之深度"须达三十尺以外"等建筑形制外，还结合成都市实际情况，规定了水井周边环境与明确井主、当地首人、商民以及住户的不同责任。[④] 1939 年，成都市政府制定了《成都市公私水井管理规则》十一条，以"严加管理，期于饮料、消防予有裨益"，[⑤] 并对饮水井管理的相关标准做了调整与细化，如规定井之深度"至少应达八公尺"，井栏"须高出地面半公尺"，凿井地点"至少应离开厕所或干沟四十公尺，离开普通街沟十公尺"，水井附近十米"禁止倾倒污物污水或洗濯衣物"等。[⑥] 1940 年，成都市政府又拟定了《成都市饮水改善计划》，重在改良水井，要求从以下各项入手：一是"于井口处加砌井台、井裙，以免地面污水由井口流入井内"；二是"井壁上部用一比三石灰浆粉刷一层，以防污水自上部渗入井内"；三是"井上架滑车或辘轳，用固定水桶取水，以免汲具污染井水"。并称经改良之水井较普通砖砌水井，每立方厘米水内所含细菌数由 530000 个降低到 2600 个，且"每改良水井一口约需一百元，费少效大，推行甚宜"。于是拟在 1941 年前，"改良旧有水井十口以供示范"，并"新建示范沙滤管井十口"。[⑦] 1942 年，成都市政府卫生事务所为改建城内水井，又下令凡可供饮用之水

---

① 《成都市公安局防范时疫及清洁水源案的呈训令、指令》，成都市档案馆藏，档案号：民国 0093 – 05 – 311。
② 《四川省会卫生实验区计划说明书》，四川省档案馆藏，档案号：民 113 – 02 – 3063。
③ 转引自米晓燕《公共卫生与都市生活——以成都市卫生事务所为中心的考察（1941 ~ 1949）》，第 43 页。
④ 《四川省会公安局工作年报》，第 31 页。
⑤ 《呈送公私水井管理规则请鉴核备查令遵一案由》，四川省档案馆藏，档案号：民 113 – 01 – 0517。
⑥ 《成都市公私水井管理规则》，四川省档案馆藏，档案号：民 113 – 01 – 0517。
⑦ 《成都市饮水改善计划》，四川省档案馆藏，档案号：民 113 – 01 – 0134。

井皆"当限期一律制盖并条告禁止在井周倾倒垃圾污水及洗衣、濯菜"，并"派员严加稽查"；凡应改善建筑构造的水井，除令私井"井主速行改建"外，公井由成都市政府卫生事务所负责改建；凡不堪供饮用之水井，则"条告严禁汲作饮料"。但囿于环境卫生费用较少，仅预标为50000元，加之正值抗战，所以水井改建进度并不快。该年，成都市政府卫生事务所仅以骆公镇为该所水井改建的发轫点，改修了该镇辖区内的6口公井。[①]改良方法为提高井沿、修补井壁、修理或重造井台以及设置公用汲水桶，并令保甲长负责保管汲水桶。[②]

（二）饮水的澄清与消毒

近代以降，除继承与延续明矾、沸水等传统方法外，新式的沙滤澄清与氯消毒开始逐步运用，实现了成都城市饮水处理的革新。1929年，《成都常识周刊》上便载有《夏令饮水的卫生法》，在"明矾澄清"与"沸水"的基础上，介绍与推广"沙滤"。[③]国府内迁后，应改良饮水的急迫需求，沙滤澄清的方式进一步衍化，出现了沙滤沟、沙滤池、沙滤桶、沙滤缸、沙滤井等多种类型。其中，沙滤沟与沙滤池多建筑于江河岸边的汲水码头，为城区居民公用。1940年，成都便拟于沿锦江与御河两岸原有汲水码头处，酌建21个沙滤池，并分甲、乙两种。甲种"用脚踏式水车，将河水汲入混水池，经沙滤而至清水池，存储备用"，乙种则是经由节制闸让河水"自动流入混水池，经沙层、炭层流入清水池存储备用"。因限于人力、财力，该项沙滤池工程拟分两期完成。第一期于1940年5月至1941年4月在"武城门、老东门、青莲街、复兴门、老南门、老西门及太安门等七处附近，各建甲种沙滤池一座。于盐市口、半边桥及通顺河街灯三处附近，各建乙种沙滤池一座"。第二期于1941年5月至1942年4月建甲、乙两种沙滤池11座。[④]相较于沙滤沟、沙滤池的兴建，以漂白粉为代表的氯消毒因成本低，运用最为普遍。在成都市政府卫生事务所尚未成立时，饮水消毒工作多由卫生当局或警局、保甲组成的清洁检查队完成。[⑤]

---

① 《成都市政府卫生事务所三十一年度工作报告》，四川省档案馆藏，档案号：民113-01-0689。
② 转引自米晓燕《公共卫生与都市生活——以成都市卫生事务所为中心的考察（1941～1949）》，第68页。
③ 徐笑吾：《夏令饮水的卫生法》，《成都常识周刊》第3卷第5期，1929年，第18页。
④ 《成都市饮水改善计划》，四川省档案馆藏，档案号：民113-01-0134。
⑤ 《成都市参议会首届第一次大会关于注重清洁卫生防止疾病传染确保市民健康一案的提案》，成都市档案馆藏，档案号：民0039-01-0001。

此后，多由成都市政府卫生事务所与卫生处防疫大队做饮水消毒工作。以水井消毒为例，仅在 1942 年 7 月至 9 月，成都市政府卫生事务所与卫生处防疫大队联合进行水井消毒共计 1690 口，消毒覆盖面约是当时供水井的一半。[①]

（三）供水方式的变革

"近世市政建设，常以电灯、电车、自来水为三大主要公用事业"，而"自来水一项，尤为重要，其直接之功效，为增进市民之卫生，间接之功效，则为火灾消防"。[②] 1906 年，以尹德钧为首的成都绅商以"城内水味咸质浊，有碍卫生，且井属地偏人稀，每遇火灾，取携不便，往往延烧多户，施救无从，河水尤为缓不济急"为由，创办了利民自来水公司。[③] 该公司的供水模式仿"自流井马车竹枧"，在成都城南门外万里桥下以土法的抽水筒车引水，经楠竹筒管和少量铁管储入城内为数不多的 6 处蓄水池，再由人力挑水或板车拉水出售。该种供水方式并非机械高压引水，亦无化学消毒，是以不是现代意义上的自来水，仅能算作"人挑自来水"。清末时，日本人中野孤山便曾如此描述：

> 蜀都的市内也出现了自来水，它是在我国明治四十年，即光绪三十二年出现的。其自来水与我国的完全不同，引水管是由粗大的竹子连接而成的。竹子的连接处用芒麻捆绑，再敷上水泥。各街的要地都挖有蓄水池，井的周围及井底，如同我国的自流井一样，用木板围起来，用以防止水的渗漏或外部水浸入。引水管从侧面插入井内，让水流流进井里储存起来。生活用水就从这样的井里汲取，水道弯曲的地方要用木桶接水。水源是锦江，自来水不是从锦江直接通到市内的。先用一个直径为三丈的大水车把锦江水打上来，然后，把江水存放在位于市内一角的一个水泥蓄水池里，再通过引水管把池里的水引到各条街的蓄水池中，这个蓄水池之小，简直就是一个模型，不太实用，如同儿戏。市内的人也不太用这种自来水，也许这是一个尝试，但好歹是蜀都自来水之开端。[④]

[①] 《成都市政府卫生事务所三十一年度工作报告书》，四川省档案馆藏，档案号：民 113 - 01 - 0689。

[②] 谢霖：《成都自来水与市政建设》，《成都市》第 1 期，1945 年，第 2 页。

[③] 《成都自来水调查开办预算表（续）》，《重庆商会公报》第 108 期，1908 年，第 6 页。

[④] 〔日〕中野孤山：《横跨中国大陆——游蜀杂俎》，第 107 页。

1926 年，时人鲁文辉亦言利民自来水公司是"利用四川原有农夫常用水车，以天然水利吸水，滤过再由铁管达于城内"，此项举措虽为市政改良之一，"然非每家装有龙头可以随意取水，乃于相当地点设池，仍需雇夫挑取也"。①

利民自来水公司成立后，供给水量不多，"自起水处计算，每日供给水量约可得水五万加仑，以十个加仑为一担，可起水五千余担，因竹木两质枧管时有破裂，只能实受水五六成"，按此算每日供给水量仅有两三千担。② 此外，利民自来水公司成立时，"当时所修之砖石水塔，定烧土质之釉之水管，起水之楼及滤水、澄水池，均不使用，然后知水性膨胀力量大，无论何项质料作干线水管，一经受水，即行涨裂"。在此情形下，利民自来水公司仅得"将来源涨力最大之处，换成铁管，足以保固盐道街、学道街、院门口三处原有之蓄水池"。③ 就连利民自来水公司也报称因"土法碍难推广"，唯"初开风气，居民已微乐利矣"。④ 是以，该公司成立后限于资金与技术，生存与发展十分困难，并未对成都原有的供水方式及居民的饮水生活造成变革式的影响，至 1926 年 7 月停业。

成都市政公所成立后，认为"成都市自来水事业"的"缺陷极多"，为谋求"清洁饮料及卫生消防起见"，于 1926 年 5 月设立筹办了成都市自来水委员会。⑤ 然因当时正值军阀混战时期，战乱频仍，市政不振，成都市自来水委员会尚未开展实际工作便已停止。⑥ 此后，成都市政府多次试图筹建自来水厂，皆因财力不济而告终。1930 年，成都市政府便函复四川省政府，称"本市自来水厂虽屡经提议，均以市款拮据，无从举办"。⑦

1942 年 12 月，四川省建设厅长胡子昂据四川机械公司筹备处萧万成建议，认为"成都地方，确有创办自来水之必要"，由是拟具提案交由四川省政府省务会议，省务会决议"交由成都市政府核办"。⑧ 此后历时三年，直至 1945 年 8 月，成都市自来水特种股份有限公司才得以成立。至

① 鲁文辉摄《成都自来水厂之水车》（照片），《图画时报》第 286 期，1926 年，第 6 页。
② 杨吉甫、晏碧如等编《成都市政年鉴》第 1 期，第 603 页。
③ 杨吉甫、晏碧如等编《成都市政年鉴》第 1 期，第 602 页。
④ 《成都自来水调查开办预算表（续）》，《重庆商会公报》第 108 期，1908 年，第 6 页。
⑤ 杨吉甫、晏碧如等编《成都市政年鉴》第 1 期，第 601 页。
⑥ 何一民：《变革与发展：中国内陆城市成都现代化研究》，四川大学出版社，2002，第 537 页。
⑦ 《呈复省政府尚未举办自来水厂一案文》，《成都市市政公报》第 18 期，1930 年，第 158 页。
⑧ 《成都市自来水特种股份有限公司筹备报告》，四川省档案馆藏，档案号：民 113 - 01 - 0241。

此，成都居民才有了"现代"意义上的自来水。1946 年 6 月，该公司输水投产后，成都居民甚是愉悦。1946 年 6 月 3 日，在春熙路售水处，"每日上午六时起至十二时止，午后一时半起至八时止，购者踊跃，水泄不通，十个开水龙头，应接不暇，流三百余挑，观众奇观，小孩群聚，人言水清洁白，饮水方便"。①

值得注意的是，王笛曾言："当西式自来水装置出现在成都市，许多挑水夫失去了他们的工作。尽管居民们对这些挑水夫深表同情，但他们没有理由拒绝使用如此方便的自来水。"② 实际上，成都市自来水特种股份有限公司虽然得以成功投产，为成都居民带来了"现代"意义上的自来水，但与利民自来水公司一样，未能对成都原有的供水方式及居民的饮水生活造成变革式的影响。1943 年，时人高文明便言："以成都市来说，每人每天至少要用两挑水，如果计划供给全市适当的水用，每天至少需水一百廿万挑，约计六百二十万加仑。"③ 然该公司投产后，据该公司总经理李铁夫忆述："全市仅有售水站 9 处，专用户才十余家，销水量每月才 300 吨，水价每吨伪币 5 角，这点微薄的收入，还不足偿付公司每月用电的费用。"④ 该公司因"每日售水所入尚不敷开支"而财政日益见绌，仅 1946 年 12 月便"净折一千二百万"。⑤ 为改变成都市自来水特种股份有限公司的困境，四川省建设厅长何北衡于 1948 年 1 月决定将四川机械公司与成都市自来水公司合并，以"机械公司死"而让"自来水公司活"。然两公司合并后，虽"输水管线延长到总共 8396 尺，售水站也增加了八处，销水量专用户增加到 75 户，板车运水供应到 1000 户"，但对改变成都居民饮水生活可谓杯水车薪，且"售水收入仍然不够维持两公司合并后员工共计 80 余人及送水工人 34 人的开支"。⑥ 是以，在这样的情况下，成都仅有小部分居民能够吃上自来水，大多数居民仍只能继续挑运井水或河水。且在饮用自来水的小部分居民中，安装水龙头的专用户也不多，多数居民亦须从售水站

---

① 《新新新闻》1946 年 6 月 4 日，第 10 版。
② 王笛：《街头文化——成都公共空间、下层民众与地方政治（1870～1930）》，中国人民大学出版社，2006，第 181 页。
③ 高文明：《成都市水的供给问题》，《田家半月报》第 10 卷第 6 期，1943 年，第 6 页。
④ 李铁夫、米庆云：《从成都市自来水公司看反动统治下的社会福利事业》，中国人民政治协商会议四川省委员会、四川省省志编辑委员会编《四川文史资料选辑》第 7 辑，1963，第 125 页。
⑤ 《蓉自来水公司月折一千二百万》，《征信新闻》（重庆）第 533 期，1946 年，第 6 页。
⑥ 李铁夫、米庆云：《从成都市自来水公司看反动统治下的社会福利事业》，《四川文史资料选辑》第 7 辑，第 126 页。

挑运回家。

就成都的饮水改良而言，"传统"的明矾、沸水等方法作为"民族性经验"延续并融于城市居民的日常生活中，而"现代"的技术革新亦开始出现，并与"传统"糅合，展现了清末民国成都饮水改良的现代化路径。不难发现，成都饮水改良所采取的举措皆为"对症下药"。成都水源水质主要为"外部所染"，症结在于传统的城市生态系统与水井建筑构造，划定饮水区、规避污染源与改良水井皆是有效的针对措施；成都居民以水质劣于河水的井水为最主要的饮用水源，而自来水的兴建则意在打破距离限制，改变成都的饮用水源结构。值得注意的是，在河水的管理与保护中，虽划定饮水区与管理粪秽、垃圾与污水，但重在"规避"而非"治污"。此种技术路径虽能在一定程度上保障汲水区域内的水源清洁，但河道污染仍不能缓解；井水是成都最主要的饮用水源，但改良水井的进展亦很缓慢。1943年，成都市政府卫生事务所更称"战时生活之奇昂，及水井数量之众多，实不足以言改建"；[①] 成都的自来水建设更是饮水改良艰难的表征，清末时便已发端，然至1946年，仍仅能供应市内小部分居民。相较而言，仅有饮水的澄清与消毒，在卫生与防疫的需求下，在相当程度上保障了成都居民的饮水卫生。

四　结语

城市居民的饮水生活向来是一个庞杂的议题，涉及民生用水的地理环境、水源类型、用水方式、水质、供水方式、饮水卫生等诸多方面。而作为与人密切相关的饮水，在现代化历程下，尤能展现现代性是如何在居民的日常生活中生成并逐步展开的。

清末民国，成都不同阶层人群、不同水源的用水方式，共同构成了城市居民的"用水模式"。在地理环境与取用便捷性的影响下，井水是成都最为重要的饮用水源，但因"地泉咸苦"，多不用作烹茶，而主要是煮饭烧菜，用水人群则主要是普通居民；除御河、金水河与锦江两岸的居民因临河之便食用河水外，城内中上富贵之家、官署、公馆与茶铺因河水水质优于井水，且适于烹茶，亦多高价购河水食用。此种"用水模式"生动地展现了以"饮水"为核心的人地互动，体现了成都居民的水源选择、水质

---

①　《成都市政府卫生事务所三十二年度四至十二月份工作概况表》，四川省档案馆藏，档案号：民113-01-0689。

观念及实践，适应了不同人群对不同水源的需求。在传统时期无用水困难与时疫的情况下，河水与井水虽易为"外在所染"，但浚河、淘井、明矾澄清、沸水消毒等措施，亦能在一定程度上保障饮水洁净。换句话说，此种"用水模式"在长时段的演变下已成为"地方性知识"，融于成都居民的日常生活之中，具有相当高的稳定性。

也正是清末民国之际，随着西式的科学话语与饮水知识的传入，成都传统的"用水模式"所存在的弊端在西式的科学话语中被揭露，以往基于感观体验与经验总结得来的饮水认知仅为"表象"而非"原理"。水源地存在的污染、水体中含有的微生物（细菌等）与微量元素以及古旧的水井建筑构造等问题逐渐成为成都居民新的饮水认知。在如此的背景下，饮水卫生问题成为"市之大政"，成都市局各主要负责部门与市内商绅从水源的管理与保护、饮水的澄清与消毒、变革供水方式等方面着手改良饮水。在成都饮水改良的现代化路径中，可以清晰地看见"对症下药"的意图与技术路径的现代化演变。划定饮水区、新型水井、沙滤、氯消毒、建设自来水厂等皆是西式科学话语的典型。值得注意的是，限于当时的人力、财力与物力，成都的饮水改良实际上进展缓慢、过程曲折。且现代化的改良举措虽在一定程度上刺激了成都"用水模式"由"传统"向"现代"演进，但主要表现在细部的技术革新，"用水模式"的现代化变革并未产生。水源的管理与保护、饮水的澄清与消毒仅消除了一些传统的"用水模式"的弊端，而具有变革性影响的自来水建设，并未能触动成都的饮用水源结构。是以，及至民国结束，成都的水源类型与结构、不同人群的水源选择、不同水源的用水方式等仍为传统的"用水模式"，现代性的生成主要体现在饮水管护与处理上的技术革新。

产业危机与政商博弈

——全面抗战前四川的缫丝工业统制

陈鹏飞[*]

提　要　全面抗战爆发前，四川的缫丝工业始终存在原料数量与质量难以控制、中间环节过多、利息负担过重、技术水平较低等问题。1929 年以后，在世界经济危机的影响下，四川缫丝工业遭遇了严重的危机。四川丝业界最初试图通过联合经营的形式自发挽救危机，但由于资金不足、各自为政等原因，最终未能拯救局面。"川政统一"以后，出于恢复经济发展与筹措建设经费的目的，四川省政府开始对缫丝工业实施统制政策。在与丝业界反复博弈后，以建设厅为代表的政府力量占据了上风，垄断全省丝业的四川丝业公司得以建立，并且控制了从制种、收茧、缫丝到运销的各个环节。这一系列措施初步改变了四川缫丝工业分散落后的面貌，也为日后国民政府全面统制四川蚕丝业奠定了基础。

关键词　缫丝工业　四川省建设厅　四川丝业股份有限公司　统制经济

统制经济曾经在民国时期的经济建设活动中扮演重要角色，因而长期以来是近代社会经济史研究的重要内容，相关成果也是层出不穷。研究者或聚焦于国民政府统制的经济实践，[①] 或重点关注统制经济相关的

---

*　陈鹏飞，中山大学历史学系博士研究生。

① 比较重要的研究成果有：郑会欣《国民政府战时统制经济与贸易研究（1937～1945）》，上海社会科学院出版社，2009；赵国壮《抗日战争时期大后方糖业统制研究：基于四川糖业经济的考察》，科学出版社，2015；吴太昌《国民党政府的易货偿债政策和资源委员会的矿产管制》，《近代史研究》1983 年第 3 期；杜恂诚《南京国民政府统制经济政策的实现途径》，《中国经济史研究》2016 年第 3 期；张燕萍《抗战时期资源委员会特种矿产统制述评》，《江苏社会科学》2004 年第 3 期；等等。

执行机构，[①] 或侧重于讨论统制政策中的人物及其思想。[②] 但这些研究的时间段主要集中在全面抗战时期，偶有学者将讨论延伸至战前，也主要是追溯统制经济思想的产生。[③] 实际上，早在全面抗战爆发前，无论是国民政府还是地方政府都曾经开展过一系列统制经济的实践，并涉及原料、生产、金融与贸易等各个层面。[④] 另外，其研究对象也以国民政府为主，有关地方统制经济政策与实践的研究则尚显薄弱。民国时期，不同地区的政治环境、经济水平与风土人情千差万别，国民政府在当地的统治程度也各不相同，各地统制经济的实际执行情况也呈现不同的面相。因此，要正确认识和把握中国近代统制经济的特点，还需要深入地方社会内部，将地方统制经济政策与实践置于当地社会经济发展的脉络之中，考察其影响、地位与作用，以及其同地方上其他政治经济力量之间的关系等问题。

　　20 世纪 30 年代初，受世界经济危机的影响，四川蚕丝业出口市场的需求大幅度减少，缫丝工业遭受巨大冲击。1933 年，为拯救危机中的四川缫丝工业，四川 11 家缫丝工厂在重庆联合组建大华生丝公司，但以失败告终。1936 年"川政统一"以后，由卢作孚出任四川省政府建设厅长。卢作孚在大华公司的基础上成立了四川生丝贸易公司，次年又改组为四川丝业股份有限公司，由政府统一管理制种、收茧、缫丝和外销等环节，实现了对四川缫丝工业的统制。本文拟通过对全面抗战爆发前四川缫丝工业统制形成的背景、路径与动力等问题进行初步的梳理，探讨四川省政府介入缫丝工业的原因与过程，以及这一过程中四川省政府与四川丝业界之间又发生了怎样的冲突与互动。通过对这些问题的解答，试图进一步加深对中国近代统制经济政策的了解和认识。

---

① 比较有代表性的成果有：郑友揆、程麟荪、张传洪《旧中国的资源委员会：史实与评价》，上海社会科学院出版社，1991；薛毅《国民政府资源委员会研究》，社会科学文献出版社，2005；郭红娟《资源委员会经济管理研究：以抗战时期为核心的考察》，中国社会科学出版社，2009；等等。

② 主要包括：周石峰、易继苍《马寅初"统制经济"学说及其历史语境》，《福建论坛》2004 年第 3 期；黄立人《论卢作孚的"计划经济"思想》，《民国档案》2005 年第 1 期；阎书钦《抗战时期经济思潮的演进：从计划经济、统制经济的兴盛至对自由经济的回归》，《南京大学学报》2009 年第 5 期；钟祥财《20 世纪三四十年代中国的统制经济思潮》，《史林》2008 年第 2 期；等等。

③ 例如，郑会欣《战前"统制经济"口号的提出及其实践》，《南京大学学报》2006 年第 1 期；叶春风《试析抗战前的国民经济建设运动》，《史学月刊》1987 年第 2 期；等等。

④ 相关研究，参见肖自力《国民政府钨砂统制的尝试与确立》，《历史研究》2008 年第 1 期；卢征良、柯伟明《20 世纪 30 年代广东省营企业统制经营问题研究：以广东土敏土厂为中心》，《民国档案》2017 年第 1 期；等等。

一　繁荣下的危机：20世纪30年代以前的四川缫丝工业

蚕丝业是四川的特色产业之一，但是直到19世纪末，其生产仍以传统大车所缫制的土丝为主。20世纪初，四川缫丝业开始使用机器生产，并迅速成为著名的黄茧机器丝供给地。[①] 四川生丝输出极盛时期，正值国际市场丝价走高，川丝在上海售价每担曾达白银1700余两，丝商获利甚厚。[②] 但是，表面的繁荣之下却潜藏着危机，四川缫丝工业在原料供给、出口贸易、融资模式以及技术手段等方面均存在严重的缺陷，也为日后的衰落埋下了伏笔。

民国初年，四川的蚕茧市场逐渐形成了产地市场（原料）、集散地市场（中级）和（消费）出口市场三级体系。产地市场一般位于产丝地区的农村集镇市场，遍布于蚕桑生产的广大地区。"四川农民所产之茧，仅系逢市时将自家所收之茧，运到市上，由经手人商定价格，卖给茧贩子，付给手续费（约1%）后再由茧贩子将多数茧子聚焦，转卖于丝厂的茧庄，由厂庄将所收之茧，送到干燥场干燥。"[③] 因此，原料茧从农民到工厂手中，需要经过农民、场（经纪）、贩子、茧庄以及干燥场等诸多环节。过多的中间环节不仅加重了原材料的收购成本，也使原材料供应缺乏灵活性，对四川缫丝工业的发展构成了潜在的威胁。

这些来自四川农村的原料茧以土茧为主，其中以三眠土种为多，其特性为蚕儿食桑缓慢，所以饲养时间长，需35～40日（江浙地区约30日，广东蚕只要16日），每年只能一造。收茧量少，蚕种蚁量1两仅能收茧1920两（江浙地区为2080两，广东为1200两），只达日本的一半。[④] 另外，该种病毒甚多，且茧质恶劣，售价极低。[⑤]究其原因，系上蔟法等饲育方法粗放而粗劣，微粒子病、白僵病等蚕病蔓延极为严重，不但毙蚕甚多，而且成茧者的1%～2%为蛆出茧。[⑥] 四川原料茧的质量缺陷严重影响了四川蚕丝业的竞争力。

① 陈慈玉：《近代中国的机械缫丝工业（1860～1945）》，台北，中研院近代史研究所，1989，第196页。
② 游时敏：《四川近代贸易史料》，四川大学出版社，1990，第206页。
③ 夏道湘：《四川蚕丝业调查报告》，《劳工月刊》第3卷第5期，1934年5月1日，第6页。
④ 上原重美『支那四川省蚕糸業』岡田日栄堂、1927、26～33頁。
⑤ 缪毓辉：《中国蚕丝问题》（上），商务印书馆，1937，第45页。
⑥ 孙泽澍：《全国经委会蚕丝改良委员会四川蚕桑指导所二十四年春蚕工作报告》，《中国蚕丝》第1卷第10期，1936年5月，第54～86页。

四川各地的外销生丝，主要从陆路和水路运到重庆、万县二地集中，然后用轮船（或民船）转运到上海输出，还有一部分则集中到宜宾，经云南转销缅甸等地。[①] 这些经营出口市场的丝商通常还兼营棉纱业务，他们将从国外进口的棉纱运到农村售卖后再购买生丝运往国外，棉纱与生丝两者的对流，将生丝市场与纽约、伦敦和里昂等国际市场密切联系起来。[②] 民国时期，四川生丝一般经由上海丝栈转卖给洋行，而无法直接贩运出口。由于四川的生丝出口都操纵在外国资本和中间商的手中，因此白白损失了很多利润，无形中增加了四川丝业的成本，也直接导致四川丝业界无法掌握生丝出口的主动权，难以有效维护自身的利益。

每年 4 月底到 6 月底，四川的缫丝厂都需要大量现金向农民购买蚕茧。由于四川丝厂一年所需的原料，必须在这个时间段集中购买储存，大部分丝厂难以调配购茧资金，往往不得不通过贷款来弥补资金的不足，再加上四川缺少金融机关，政情又不稳定，因此四川的缫丝厂每年需要支付巨额的利息，利息支出约占其总支出的 8%（1918 年高达 17%），远比广东、上海高。[③] 这也意味着一旦市场萧条，沉重的利息负担将会严重挤压四川缫丝企业的生存空间，并且使它们难以从银行取得新的贷款去维持生产。

当江、浙、沪等地普遍创设机械缫丝厂之际，四川还停留在大规模缫制土丝的阶段。即便在采用机械缫丝的企业中，也普遍存在机械陈旧、技术不科学、管理训练不合理，以致成品不合时代要求的问题。[④] 例如，当时重庆的缫丝工厂多采用由上海传入的铁机直缫式生产方式，缫制时容易造成煮茧索绪纷乱的现象。[⑤] 在生产效率方面，上海丝厂的每部丝车平均日产 10 两，四川丝厂则为 6.5 两（其中日本式工厂为 7.2 两，上海式仅得 6 两），仅为上海丝厂的 65%。[⑥] 生产效率低下和技术落后成为困扰四川缫丝工业的又一个问题。

20 世纪 30 年代以前，由于生丝出口需求旺盛，国际丝价高涨，因此四川各界人士获利颇丰，纷纷开始建立机器缫丝厂。然而大量的生丝是以低技术化和牺牲品质的手段生产出来的，高额的利润并没有能够引导四川

①　李守尧：《四川之丝业概述》，《四川经济季刊》第 2 卷第 3 期，1945 年 7 月 1 日，第 229 页。
②　游时敏：《四川近代贸易史料》，第 217 页。
③　陈慈玉：《近代中国的机械缫丝工业（1860~1945）》，第 215 页。
④　夏道湘：《四川蚕丝业调查报告》，《劳工月刊》第 3 卷第 5 期，1934 年 5 月 1 日，第 12~13 页。
⑤　陈慈玉：《近代中国的机械缫丝工业（1860~1945）》，第 214 页。
⑥　陈慈玉：《近代中国的机械缫丝工业（1860~1945）》，第 235 页。

蚕丝业的经营者发展较高级的技术。尽管一时可能因海外需求的增加而有产量和出口量的扩大，一旦市场萎缩，需求减少，毫无疑问蚕丝业将面临灭顶之灾。

二　大萧条与四川缫丝工业的应对：联合经营

1929 年以后，在世界经济危机的影响下，四川蚕丝业陷入困境。再加上日本在国际市场排挤中国生丝，倾销人造丝，四川蚕丝业陷入了鸦片战争之后的第一次大萧条之中。以厂丝为例，川丝每担在上海售价，1929 年为 1050 两，1930 年为 1040 两，1931 年为 940 两，1932 年为 650 两（均为规元两），1933 年为法币 900 元，1934 年为法币 400 元。[①] 丝价下跌，丝商惜售，1932 年堆积在上海的川丝达 6000 多担，四川丝业亏损达 2000 多万元，多数丝厂停产，部分丝厂倒闭。1935 年，川丝输出仅 4799 担，价值 55 万两关平银，和最高峰的 1918 年 38646 担，价值 573 万两关平银相比，量减少 87.6%，价值减少 90.4%。[②] 面对前所未有的困局，部分四川丝业界人士开始意识到，只有联合共营，增强实力，减少对原料的竞购，提高在上海的竞销能力，才能渡过难关，求得生存。[③] 四川丝业界由此走上了联合经营应对危机的道路。

1933 年 1 月 12 日，由四川丝业界、四川省政府和金融界联合发起的川丝调整委员会成立。委员会拟定了四川丝业联合共管计划，联合了华新、裨农、德合、同德、六合、几江、同孚、善顺、大江、丽华、大有等 11 家丝厂，于 1933 年 3 月底正式成立了大华生丝公司，由宁芷邨任总经理。[④]

大华公司在经营中针对之前四川缫丝业存在的种种问题做了调整。在资金方面，其主要来源包括加盟各丝厂的投资，由川丝整理委员会呈准并由它担保而由大华公司发行的公司债，以及金融界组成的银行团对大华公司的贷款。[⑤] 大华公司各厂之所以能开工生产，完全是由于银行团的贷款支持，各厂的现金股本基本是靠出售上海存丝取得，但存丝并未卖掉，而

---

① 宁芷邨：《大华生丝公司的创立和结局》，中国民主建国会重庆委员会、重庆市工商业联合会编《重庆工商史料选辑》第 2 辑，1962，第 52 页。

② 游时敏：《四川近代贸易史料》，第 217 页。

③ 尹良莹：《四川蚕业改进史》，商务印书馆，1947，第 46 页。

④ 宁芷邨：《大华生丝公司的创立和结局》，《重庆工商史料选辑》第 2 辑，第 61 页。

⑤ 《川丝整理委员会关于请在大华丝业公司发行公司债券上加盖印章并检送该公司章程、发行公司债规程的呈送及四川善后督办公署的指令》（1937 年），重庆市档案馆藏，档案号：0297000202024000035000。

是以公司债向银行抵借的。[①] 另外，大华公司各厂 1933 年所用原料，也是由川丝整理委员会以公债库券 20 万元担保面向重庆银行团借洋 200 万元，其中聚兴诚银行占全数 40%，其余 40% 系由美丰、中国以及交通等银行承担。[②] 有了政府债券的担保，其融资问题大为缓解。在生产方面，合并以后的大华公司拥有丝车 4036 台，其中直缫丝车 1320 台，再缫丝车 2716 台，占当时全省丝车总数的 50% 强，丝厂每月能产丝 300 担左右。大华公司成立之初，引进并推广了改良茧，改良了川丝品质，降低了成本。大华公司所属各厂，从总公司领取原料，按规定方针，督促制造，制成之丝，送交重庆总公司检验。[③] 所有生丝也不再通过上海丝栈，而是通过公司设立于上海的办事处直接与洋行交易，免除了中间剥削。[④]

　　尽管采取了以上种种措施，大华公司的生丝价格仍远比上海高。1933 年 8 月上海丝价每担为 770 元，至 1934 年底跌为 400 余元，而川丝每担仅成本就已达 810 元。[⑤] 1934 年 6 月，大华总产量在 3000 担内，而销售仅及产量的 1/10。到 1934 年底，大华公司已经基本瓦解，存丝由聚兴诚银行代售 1600 余担，每担价约 400 元。由于丝价跌惨，大华经营一年有余即亏折达 120 万元之巨。[⑥] 当时大华的资金主要依赖银行团，按之前的计划，是要各厂以公司债清偿旧债，而以出售存货所获得的现金股款投入公司，然后再向银行团短期借贷以资周转。但各厂因上海存货迟迟不能脱手，不得不先用公司债向银行抵借现金作为股本。这实际上就增加了银行团原来的负担。大华公司在收购原料时，又向银行团订立契约透支 130 万元。[⑦] 公司成立之初，本想订立计划，先择设备、技术较好和成本较低的厂进行生产，其余等到逐步改进之后，再行全面生产。可是这个建议在董事会上就未能通过，因为各厂都有旧债，要进行生产才能逐步清偿，各厂职工要有生产才能维系，各厂开缴也要有生产才能维持。因此，各厂不但不愿停

①　《关于将大华生丝公司之存丝运往欧美推销致聚兴诚银行的函》（1934 年），重庆市档案馆藏，档案号：0295000101001000000043000。

②　夏道湘：《四川蚕丝业调查报告（续）》，《劳工月刊》第 3 卷第 6 期，1934 年 6 月 1 日，第 4 页。

③　宁芷邨：《大华生丝公司的创立和结局》，《重庆工商史料选辑》第 2 辑，第 58 页。

④　宁芷邨：《大华生丝公司的创立和结局》，《重庆工商史料选辑》第 2 辑，第 62 页。

⑤　游时敏：《四川近代贸易史料》，第 212 页。

⑥　《关于重庆银钱业投资集团接收大华生丝公司之各物及处分报告书》（1935 年），重庆市档案馆藏，档案号：0295000101001000000210000。

⑦　《重庆银钱业行庄组合四川大华生丝贸易股份有限公司投资集团公约、集团代表会议记录》（1933 年），重庆市档案馆藏，档案号：0295000100010000000177000。

歇自己的厂，还力争多生产，意见始终不能统一。① 在销路阻滞、资金断绝的情况下，大华公司最终宣告倒闭。

事实证明，在严重的经济危机面前，即便四川省政府、金融界、丝业界三方面联合经营，仍旧无法改变四川缫丝工业衰败的局面。四川缫丝工业的经营者因为自身的局限性及内在的种种缺陷，始终无法真正联合起来按照计划逐步恢复生产，很快就陷入了各自为政的境地，使联合经营的努力最终付之东流。因此，仅凭借市场自身的调节，以及四川丝业界自身的力量，难以挽回危局，四川丝业界的联合自救计划破产了。

三　矛盾与博弈：四川缫丝工业经营主导权的争夺

就在四川乃至整个中国的缫丝工业都面临严重危机的时候，中国缫丝业最大的对手日本开始将本国的生丝产业置于政府的控制之下，以加强竞争力。1931 年，日本政府统一了从张种制造到生丝出口的整个养蚕过程，1932 年又制定了《缫丝许可法》，由此日本政府实现了对生丝价格和质量的全面控制。这些政策也使日本生丝在国际市场上的地位得以改善。② 因此，由政府加强对丝业的控制，帮助丝业界尽快从大萧条中恢复，成为一个新的选择。

另外，作为四川省最重要的出口商品之一，在 1930 年以前，生丝出口值每年平均占四川全省出口总值的 28% 以上，最多时曾达 40.66%（1926年），居出口品首位，故蚕丝业的盛衰关系着四川对外贸易的兴衰。③ 如果四川省政府能够实现丝业复兴，那么将大大增加四川省的外汇收入，有效弥补四川省建设资金的不足。

早在大华公司倒闭以后，四川省政府就曾致信川丝整理委员会，提出大华公司所属 11 厂呈准四川善后督办公署所发行的公司债 100 余万元，系由川丝整理委员会担保。此项债务，除将该会与行庄往来款价抵销外，还有 45 万元未结清。④ 并指出此项债款已由政府代为偿还，因此该公司 11厂所有厂基、瓦屋、机器及用物，即应由委员会收回管理，作为前项债务

---

① 宁芷邨：《大华生丝公司的创立和结局》，《重庆工商史料选辑》第 2 辑，第 64 页。
② 〔日〕城山智子：《大萧条时期的中国：市场、国家与世界经济》，孟凡礼、尚国敏译，江苏人民出版社，2010，第 119 页。
③ 陈慈玉：《近代中国的机械缫丝工业（1860～1945）》，第 238 页。
④ 《大华实业股份有限公司加入四川丝业公司经过》（1937 年），重庆市档案馆藏，档案号：0289000100873000000001000。

抵押。① 这样，四川省政府作为大华公司的债主，准备接管大华公司 11 厂的全部资产，也为接下来四川省政府全面统制四川蚕丝业埋下了伏笔。

1935 年底，卢作孚开始担任四川省建设厅长，并以建设厅长的名义提出统制四川生丝的主张。1936 年 2 月 16 日，卢作孚召集全体丝商在重庆陕西街丝业公会谈话，提出准备以大华 11 厂的全部财产为基础，组织四川生丝贸易公司，② 并对于该公司提出进行计划 11 条，由航务处长何北衡根据这一计划组织公司。在公司的组建方面，该计划提出"原有各丝厂有无可用之房屋机器等，待丝业公司组织完成后，派技术人员同建厅所派专家赴各该厂考察完毕后，凡可用者由双发及建厅所派人员，共同估计，有作为股本加入公司"。为了取缔私人丝厂，又规定"对自由生产之丝厂，为维持出口货地位计，必予以严格之取缔"。③ 不久，卢作孚又向丝业界各代表提出组建统一公司的五项原则，包括"组织整个川丝公司；尽先由原有丝商认股，丝商认股以外，有加入者亦当欢迎；原有丝厂，得由建厅及丝业公司派人考察其合用之厂或合用之部份估价接收之；今年丝缕量须视上海市场及蚕茧产量决定，恢复之丝厂亦然；其无法处理之丝厂，由建厅就地商筹利用厂房或其他可用之设备"。④

五项原则公布后，来自重庆、顺庆、川北、川西各地的丝商代表李奎安、温少鹤、孙述禹、奚致和、黄勉旃等人，在重庆陕西街丝业公会共同讨论卢作孚提出的统制川丝及组合大公司的五项原则。讨论完毕后，又联袂前往民生公司晋谒卢作孚，陈述统制川丝及组织大公司对一般丝商的利弊，以及各丝商请求意见。四川丝商代表提出："至本月（3 月）18 日以前组织一大公司，均仅遵尊命，积极组织成立，但各商厂址机械，请政府备价接收；前年未加入大华公司之四家丝厂，因负债甚多，似无力加入此新组织之大公司，其厂址机械，亦请政府备价收买，否则准予该等自由营业，使得稍有盈余，以偿债账。"⑤

可见，四川丝业界更希望政府收购而不是自愿合并，并且未加入大华公司的 4 家丝厂仍希望自主经营。丝商的意见提出后不久，卢作孚发表谈

---

① 《关于拟定大华生丝公司偿还所欠投资债款办法致卢南康的函》（1935 年），重庆市档案馆藏，档案号：0295000101001000000054000。
② 《统制全川丝业计划短期将有大规模新公司出现　建设厅长卢作孚昨召集丝商谈话》，《嘉陵江日报》1936 年 2 月 17 日，第 3 版。
③ 《四川丝业公司开创立会》，《四川月报》第 8 卷第 3 期，1936 年 3 月，第 99 页。
④ 《川建厅提出统制川丝五原则》，《四川月报》第 8 卷第 3 期，1936 年 3 月，第 97 页。
⑤ 《川丝商对统制丝业原则提出要求》，《四川月报》第 8 卷第 3 期，1936 年 3 月，第 98 页。

话，认为"各商请求与其计划大不相符，不过是因为看到现在丝价上涨的行情，而不顾将来的结果"。① 他指出，年前政府也曾以 50 元 1 担丝的收购价帮助丝商减轻损失，没想到丝商仍然失败，实在有负政府振兴实业的苦心，所以必须统制川丝不可。至于大公司认股办法，"听各商之便，决不强求，总之遵照所拟原则办理，否则，川丝复兴无望"。②

1936 年 3 月 18 日，何北衡召集各县丝厂代表在重庆陕西街丝业公会开发起人会议，由孙述禹主席，结果推何北衡、温少鹤、奚致和等 17 人为发起人，并推奚致和、黄勉旃、温少鹤、李奎安、童斗皋、何北衡等 6 人为起草委员。当进行讨论认股案，奚致和、黄勉旃、杨赞清、陈麃生、童斗皋、李敬之等 6 人各认股 4 万元，共计 24 万元。4 月 19 日，各起草委员在新华丝业公司起草简章，卢作孚 21 日即出席丝业公司创立会议，各委员起草的简章，交创立会通过。③ 4 月，四川生丝贸易公司正式成立，何北衡任董事长，范崇实任总经理。④

就在卢作孚组织四川生丝贸易公司的时候，肇兴、天福、谦吉祥、同泰 4 家丝厂却准备另行组公司，继续单独营业，结果遭到卢作孚的拒绝。⑤接着，省主席刘湘也以四川省政府名义发布命令，要求"先对一般铁机丝厂严格管理，用资取缔。除以全力助成丝业公司（即生丝公司）以图减轻成本、划一品质、增进输出信用外，其余铁机丝厂迅速遵照中央颁布之工厂登记规则呈请登记。并应先将卢函提出六款呈由成渝两市府或所在县政府转呈省政府，派员查考合格，始准正式成立……除前此加入大华工厂，因有债务关系业经抵押尚待另案处理外，仰即转饬准备复业或从新发起之各铁机丝厂，须在成立以前，依照右开各款先行具报，以凭查考；若有隐匿不报，擅自成立者，本府将从严查究。其他或素有志趣于丝业者，或有财力乐子用于丝业者，亦应属其加入整个经营……"⑥

刘湘的命令鲜明地表达了两点：首先，大华公司各厂有债务抵押关

① 《大华实业股份有限公司加入四川丝业公司经过》（1937 年），重庆市档案馆藏，档案号：02890001008730000001000。

② 《何北衡关于报送嘉定华新丝厂加入四川丝业股份有限公司经过情形的令（附：原呈）》（1937 年），重庆市档案馆藏，档案号：00600002002310000009。

③ 《四川丝业公司开创立会》，《四川月报》第 8 卷第 3 期，1936 年 3 月，第 99 页。

④ 《四川丝业股份有限公司第一次监察人会议记录（推选温少鹤为常驻监察人）》（1937 年），重庆市档案馆藏，档案号：02890001014480000514000。

⑤ 《重庆四丝厂谋另组公司被阻》，《四川月报》第 8 卷第 3 期，1936 年 3 月，第 99 页。

⑥ 李祎：《记四川丝业公司》，中国人民政治协商会议四川省委员会编《四川文史资料选辑》第 12 辑，1964，第 58 页。

系，因此政府有理由强行接收管理；其次，对 4 家丝厂提出较高的自主经营条件，让其必须加入四川省的整体经营。然而肇兴、天福等 4 家丝厂对此极表反感，宁愿歇业，拒不参加。大华公司 11 厂既承认对银行团（亦称投资团）有债务关系，又坚持本身另有负债，拒绝政府无偿接收。社会舆论亦纷纷指责政府与民争利。二十三军军长潘文华亦上书刘湘，为丝商呼吁。由于官商互不相让，形成僵局，卢作孚组织企业，但丝商也不能动用厂房设备，丝业顿时陷于瘫痪。① 1936 年 7 月 22 日，重庆市长李剑鸣写信给四川省主席刘湘，希望能"商诸建厅，嘱其取销前项限制，仍准全省各厂购茧取程，则川丝对外贸易，可以加多，失业工人可以救济，厂商机器可保无损，以为一举数得之计"。② 不久，刘湘亲笔回复李剑鸣，表达了他对卢作孚做法的支持，重申了实行蚕丝业统制的必要性。③

　　虽然四川丝业界希望政府能够为他们提供财政支持，帮助他们渡过难关，但他们坚决反对政府利用债务问题对缫丝业进行控制，认为这是与民争利。然而，由于之前联合经营的失败，债务累累的各大丝厂已经难以抗拒四川省政府建设厅的统制计划。在省主席刘湘的支持下，建设厅长卢作孚在这场四川省政府与四川丝业界的博弈中取得了主动权。

四　四川缫丝工业统制格局的形成

　　蚕桑业的生产过程涉及植桑、育种、养蚕、缫丝及纺织五个阶段，因而覆盖的经济部门较多，包含植桑养蚕、原料收购、机器缫丝以及出口贸易等方面。为了全面统制四川蚕丝业，四川省建设厅又将四川生丝贸易公司改组为四川丝业公司，并掌握了从原料到生产再到运销的全部环节，开创了四川缫丝工业的新局面。

　　1937 年初，何北衡为谋扩大丝业的统制范畴，准备将生丝有关制种、冷藏、织绸、纺绢等业务兼营并管，并筹设四川丝业公司。1937 年 5 月 2 日，何北衡约见丝商代表李奎安、温少鹤、黄勉旃等人，并商订了设立四川丝业公司的几项原则，"仍以四川生丝公司各丝厂及投资人为公司的主体人，以四川生丝公司原有资本各丝厂估价之财产及投资人之现金为公司

---

①　《四川省财政厅关于省丝公司换发股票拨发股息股资事业业务概况营业报告股东会录及华新等丝厂加入丝公司情形》（1937 年），四川省档案馆藏，档案号：民 059 - 02 - 2407。

②　《蚕丝业近讯》，《四川经济月刊》第 6 卷第 3 期，1936 年 9 月，第 35 页。

③　《刘湘函复李剑鸣为建厅统制政策纯系善意对丝商希加解释免再误会》，《嘉陵江日报》1936 年 8 月 15 日，第 3 版。

资本之总额"。①

1937 年 5 月 8 日，在刘航琛的主持下，四川丝业公司的创立会在重庆川康银行召开，并推选何北衡为董事长。在董监联席会议上，又推定刘航琛、吴晋航、李奎安、黄勉旃为常务董事，并以范崇实为总经理，胡为苠为协理，陈光玉、熊子昌为襄理。公司分设三部：生丝部，以陈光玉兼主任；染织部，以黄斗皋为主任；制种部，以黄勉旃为主任。② 其中，李奎安、黄勉旃及温少鹤等人均为四川民营机器缫丝业的代表人物。公司股金140 万元，其中四川省政府占 70%，商业银行、公司及私人占 30%，改生丝为丝业，意在不以生丝为限，还兼营与丝业有关的制种以及织绢等。③

四川丝业公司成立后，大华公司原有机器丝厂大部分加入，共为 10厂。丝业公司先后建立蚕种制造厂 10 所，炕茧灶 800 余眼，开始制造改良蚕种，散发蚕农饲育，再由丝厂缫制成丝分销国内外。改良蚕价由四川省政府公布，蚕种初期不取费，后酌收工本费。四川省政府所定改良茧价，比一般土茧高，蚕种价格则在成本之下。由于对丝价不加限制，对丝业公司商股亦负保息的责任，1937 年四川产丝量就恢复到了 1600 关担。④

在资金方面，由于四川省建设公债的发行，四川丝业公司得以以建设公债为担保向银行借款维持生产。四川丝业公司成立后不久，即向金城银行接洽借款 80 万元，担保品为两重，第一重为建设公债 80 万元，第二重为公司购置的货品，用款期间，除购种、建筑两项可以透支外，其余在蚕茧上市前支用，货品制成后，由金城银行代为保管运销。⑤

在缫丝及运销改进方面，四川丝业公司使每担丝的缫制费从过去的250 元、180 元减至 120 元，川丝每担成本迅速降至 500 元以下。⑥ 四川丝业公司成立后，川丝的生产与外销有所转变，仅在全面抗战前夕就有 3000担以上生丝经上海出口法国、美国和缅甸。⑦ 四川蚕丝业初步呈现复兴迹象。

1936 年，四川省开始对改良茧实行统购。5 月 12 日，四川省政府电令

① 游时敏：《四川近代贸易史料》，第 212 页。
② 《四川省财政厅关于省丝公司换发股票拨发股息股资事业业务概况营业报告股东会录及华新等丝厂加入丝公司情形》（1937 年），四川省档案馆藏，档案号：民 059 - 02 - 2407。
③ 王方中编著《1842～1949 年中国经济史编年记事》，中国人民大学出版社，2014，第 76 页。
④ 范崇实：《记四川丝业公司》，《中国工业》第 29 期，1945 年，第 14 页。
⑤ 《蚕丝业近讯》，《四川经济月刊》第 7 卷第 1～2 期，1937 年 1 月，第 31 页。
⑥ 何遒仁：《一年来之四川建设行政》，《四川经济月刊》第 7 卷第 1～2 期，1937 年 1 月，第 59 页。
⑦ 彭通湖：《四川近代经济史》，西南财经大学出版社，2000，第 501 页。

温江等 102 个县，凡农民所养之改良蚕茧，统归四川生丝贸易公司收购，专供铁机缫丝出口。[①] 1937 年 4 月四川生丝贸易公司改组成四川丝业公司后，四川省政府随即又颁布了《四川省政府管理蚕丝办法大纲》，规定"凡已改良品种之蚕丝业，其选种、收茧、缫丝、运销事项特组设四川丝业股份有限公司由官商投资独家经营"。[②] 并且规定改良蚕茧统由生丝公司收购缫制，未加入该公司者，不得用铁机。[③] 从此，四川丝业公司获得了制种、收茧、缫丝、运销的垄断权，四川缫丝工业的统制格局正式形成。

五　结语

缫丝业是四川省重要的特色产业，也是四川工业体系中的支柱产业。但同长江三角洲和华南地区相比，四川缫丝工业起步较晚，处于后发地位，过分依赖来自农村市场的原料，中间环节过多，难以控制原料种类与质量。出口市场方面为外国洋行和中间商所控制，增加了川丝出口的成本。由于四川省金融机构的缺失以及原材料购买具有极强的季节性，缫丝企业背负了沉重的银行利息负担。低技术化和产业低端化更使四川缫丝工业的产品和其他地区相比几乎毫无竞争力。1929 年以后，受资本主义世界经济危机所带来的市场萎缩与需求下降的影响，四川缫丝工业迅速衰退。

面对前所未有的危机，四川丝业界试图通过自发联合经营的方式挽回局面。然而，仅依靠个体经营者松散的联盟难以构建一个强有力的组织拯救四川缫丝工业。"川政统一"以后，四川省政府建设厅这一全新的省级经济行政机构开始担负起统筹全川经济建设的任务。此时，刚刚结束军阀混战的四川百废待兴，急需各项建设资金。为了迅速恢复生产，保障对外贸易的顺利开展，确保外汇收入，建设厅采取了统制缫丝工业的办法。四川丝业界虽然亟待政府的支持，但是对政府的统制政策与垄断经营不是很欢迎。然而由于负债累累难以维持经营，再加上省政府主席刘湘对建设厅长卢作孚的支持，丝业界失去了主动权。

四川丝业公司的建立标志着四川缫丝工业开始由市场主导转变为政府主导。正如李明珠所言："中国蚕丝业的现代化不需要非常复杂的技术，它们所需要的是集中的领导、权力和组织。这些关键性因素在中国的缺

[①] 浙江大学编著《中国蚕业史》（上），上海人民出版社，2010，第 933 页。
[②] 游时敏：《四川近代贸易史料》，第 212 页。
[③] 彭通湖：《四川近代经济史》，第 500 页。

乏，意味着近代中国蚕丝业问题是经济性，组织性的，而不是技术性的。"① 在统制格局确立以后，四川省建设厅通过控制原料供应、恢复生产、整合对外贸易以及引入政府资金等措施，使原本处于衰落状态的四川缫丝工业开始恢复元气，既确保了四川省外汇收入的来源，又提升了四川蚕丝在国内外市场上的声誉，也为日后国民政府全面统制四川蚕丝业奠定了基础。

---

① 〔美〕李明珠：《近代中国蚕丝业及外销（1842～1937 年）》，徐秀丽译，上海社会科学院出版社，1996，第 34 页。

战时重庆城市住房问题与政府房屋救济*

汪浩** 周勇***

提 要 全面抗战爆发后，重庆成为中国战时首都，因人口激增、日军轰炸损毁房屋等因素，重庆城市住房日益陷入困境。一方面，战时移民一房难求；另一方面，房屋出租人租房建房意愿不强，战时重庆住房问题呈现复杂性。国民政府采取了立法管制、充实房源及奖助建房等举措实施房屋救济。国民政府颁布的住房救济法律具有一定积极作用，对战时重庆民众住房保障有一定成效，有利于战时重庆民心稳定，但也存在一些执行问题。战时重庆房屋救济得与失，值得今天借鉴和思考。

关键词 战时 重庆 城市住房 房屋救济

"房屋救济"是国民政府针对城市房源短缺实施的一项住房政策。① 但住房问题不仅是住房短缺一个面相，住房短缺引发的社会问题同样属于住房问题范畴。社会问题更具复杂性、综合性和不确定性，如家庭生活之亲密、社会道德之维持、秩序思想之发达等，均以人类居住状况而转移。②

---

* 本文系重庆市哲学社会科学规划一般项目"战时重庆的贡献与地位"（项目编号：2017YBKZ04）阶段性成果；重庆市哲学社会科学规划重大项目"海外抗战大后方档案、文献、影像史料整理研究"（2016 – ZDZX01）阶段性成果。

** 汪浩，西南大学历史文化学院博士研究生，讲师。

*** 周勇，西南大学历史文化学院教授。

① 1930 年，国民政府公布《土地法》，特别制定了"房屋救济"一章，其中第 161 条及第 162 条规定："市内房屋以所有房屋总额百分之二为准备房屋，随时可供租赁之用；如准备房屋连续六个月不及房屋总数百分之一时，实施房屋救济，于准备房屋额恢复至已占市内房屋总数百分之二以上且继续六个月时，房屋救济停止施行。"

② 麦启霖：《改革我国都市住宅问题之根本方法》，《政治评论》第 161 期，1935 年，第 234 页。

关于近代住房问题，时人早有关注。国外如马克思《资本论》就论及住宅问题；恩格斯单行本《论住宅问题》批判了造成住宅问题的资本主义生产关系；学者阿布朗阐释了住宅与社会的关系，认为住宅是衡量社会政治稳定程度、就业失业以及社会发展程度的重要因素。[①] 国内代表性研究有张清勇《中国住房保障百年：回顾与展望》一文，指出由于战争破坏、人口迁徙，后方屋少人多，房屋出现短缺危机。[②] 从研究地域上看，近代上海、南京、北平（北京）等城市住房问题学界研究相对较多。[③] 其他城市如天津、广州、兰州等也有成果呈现。[④]

对于战时重庆而言，居住困难一直为战时民众所诟病，时人留存档案、日记、报纸、回忆录等文献中均有关于战时重庆居住困难的记载。有学者研究认为，战时重庆住房短缺深刻影响了民众的日常生活。[⑤] 但遗憾的是，对战时重庆住房问题研究多是一面倒地怪罪于租房户的"利欲熏心"，忽略形成战时重庆城市问题的其他因素，造成历史的失实。本文拟将分析战时重庆住房困境、各方博弈以及政府应对之道，揭示造成战时重庆住房困境的诸多面相，反思政府应对住房困境政策得失，以起到观古照今之作用。

一 抗战语境下重庆城市住房困境

近代四川"闭关自守"，和中央政府龃龉不断，直到 1934 年仍然如此，"川省当局与中央，似乎隔阂未除，中央一切法令，未能见诸奉行。

---

① 〔美〕阿布朗：《人人都要房子住——论现代城市住宅问题》，丁寒译，香港，今日世界出版社，1975。

② 张清勇：《中国住房保障百年：回顾与展望》，《财贸经济》2014 年第 4 期。

③ 涉及上海的代表性著作有：韩剑尘、张群《民国时期上海市政府的房荒救济》，《历史教学》（高校版）2009 年第 11 期；李雷、陈瑞华《战后上海市政府应对房荒论析》，《湖南工业大学学报》2008 年第 1 期；等等。平民住宅研究是南京住房问题研究重点之一，代表性著作有梁欣婷《1928 ~ 1937 年南京市平民住宅研究》，硕士学位论文，东南大学，2017；邢向前《1927 ~ 1937 年南京住宅建设问题研究》，硕士学位论文，南京师范大学，2012。涉及北平（北京）的有：唐博《清末民国北京城市住宅房地产研究（1900 ~ 1949）》，博士学位论文，中国人民大学，2009；唐博《民国时期的平民住宅及其制度创建——以北平为中心的研究》，《近代史研究》2010 年第 4 期；王振《民国时期北平的"房荒"及住房保障》，《北京档案》2014 年第 6 期；等等。

④ 赵津等：《近代天津保障性住房建设（1940 ~ 1942）》，《中国房地产》2014 年第 2 期；张洪娟：《民国时期广州住宅规划问题初探——以二十世纪二三十年代为中心》，硕士学位论文，暨南大学，2008；孙翔：《民国时期广州居住规划建设研究》，博士学位论文，华南理工大学，2011；张改妍：《1941 ~ 1949 年兰州房荒研究》，硕士学位论文，西北师范大学，2013。

⑤ 谭刚：《抗战时期重庆市民的日常生活》，《重庆社会科学》2010 年第 5 期。

同时防区制依然存在，名义虽有一个省政府在省会成都，实际上形同虚设，一切政权均操之于军部之手"。① 重庆地处内陆，社会的封闭和风气的落后让重庆城市建设少了西方现代化的气息。即使到 1935 年，蒋介石入川统一了川政，四川被称为"民族复兴根据地"，重庆城市发展仍没有得到多大的改善，"它是一个农村性的都市，她的声音和气息，像一个巨大的封建时代的乡村"。② 战前重庆，住房仅是人们日常生活的物质存在，并没有成为城市发展中的"问题"。

1931 年九一八事变后，日本对中国的侵略活动不断升级，民族矛盾逐渐上升为中国社会的主要矛盾，国内抗日民主运动不断高涨，中国共产党提出了建立抗日民族统一战线的主张，以蒋介石为首的南京国民政府也意识到日本意图灭亡中国的事实，采取了系列的因应措施，其中一项重要措施就是国民政府移驻重庆办公。1937 年 11 月 20 日，林森公开发表《国府移驻重庆》宣言："国民政府兹为适应战况，统筹全局，长期抗战起见，本日移驻重庆。此后将以最广大之规模，从事更持久之战斗。"③ 重庆，和正在觉醒的旧中国一样，从沉睡、封闭、落后中逐渐焕发生机，逐步地进入它的"战时首都时代"。重庆成为中国的战时首都后，城市人口激增，但房源不足，租售市场失衡，战时移民居住陷入困境。

（一）居民租房极其不易

作为人类存在必需的生活物质资料，住房不仅无法随身携带，也绝非一蹴而就建造完成。房屋与人生存关系密切，"家庭与住宅之关系，犹身体之与灵魂"。④ 特别是在中国传统文化中，住房是"家"之情结的物质载体，有家才有隐私和安全感，个体生命才能获得保护和滋养，失去房屋的人就是失去家园的流浪汉。所以，无论官方主导政府机关移驻重庆，还是入川避战难民，迁入重庆后首要之事就是"租房"。

战时重庆租房并非易事。重庆社会曾流行一句俗语："找太太易，找房屋难。"民众为谋求一房苦诉不堪，"在重庆做主妇，最是伤脑筋。第一是住的问题。房荒到了极点"。⑤ 租房市场，人满为患，"许多稍僻静的街房在铺堂内加上一层阁楼招租，佃客也是供不应求，随便到那里，都是人山人海的

---

① 心符：《重庆三年》（一），《共信》第 1 卷第 5 期，1937 年，第 94 页。
② 〔美〕白修德、贾安娜：《中国的惊雷》，端纳译，新华出版社，1988，第 4 页。
③ 林森：《国府移驻重庆，宣告中外继续抗战》，《中央日报》1937 年 11 月 21 日，第 2 版。
④ 孟光宇：《都市人口与住宅问题》，《财政评论》第 13 卷第 3 期，1945 年，第 24 页。
⑤ 朱绮：《在重庆做主妇》，《家》创刊号，1946 年，第 9 页。

挤在一团"。① 即使到 1947 年，很多贫民仍居住在以长江、嘉陵江的河槽为中心所建的"棚户"中。据统计，重庆市一区至七区棚户官方登记人数为27016 人，棚户的存在"有碍观瞻"，成为重庆市公产管理处的整理对象。②

旅馆多为临时性旅客居住，但战时重庆旅馆也是一室难求。资料显示，1934 年重庆旅馆数量为 27 家，1941 年达 56 家，到 1943 年则有 83 家之多。③ 由于来渝人口越来越多，"初到重庆想找房子固比登天还难，要住旅馆亦必事先登记候上三五天才能得到一间只能放一张铺和两个小凳子的房间"。④ 战时重庆旅馆也成为避难家庭的长期居住地。1943 年 12 月重庆市政府统计数据显示，80 多家旅馆接纳了 1024 户，共计 6145 人，其中男性占多数，达 4264 人，女性为 1881 人。⑤

无房可租，这对于远离家园入川避难的民众来说，无异于雪上加霜。上至国民政府官员，下至普通百姓，都对租房深感绝望。陈克文在日记中写道："租房子这事已经快一个月了，始终没有成功。租房子仿佛比造房子还要难。"⑥ 无房可租时，厕所也成了临时住处。1943 年 5 月 12 日，军令部长徐永昌记载了这一惨状："又见云庄厕所亦租出作院房。"⑦

有幸寻到房源者，则因房租腾贵、租金暴涨而困苦不堪。1938 年，房租比战前上涨了三四倍。⑧ 疯涨的房租，仿佛淹没城市的大雨一般，浇灭了来到所谓"自由中国"的民众的生活和梦想，就连还算体面的公务员阶层也因不断上涨的房租困扰不已。一些奉公守法的军公教人员，生活艰难，有的甚至被迫自杀。据《海潮周报》记载，一位教师因为物价上涨，家庭生活开支艰难，妻子跳河死后，自己亦跳河而去。⑨

除了房租价高之外，租户还要承受房东、捐客、二房东花样繁多的经济敲诈。战时重庆租佃房子存有恶习，租金起码先付一季（4 个月），有的须预付半年或一年，押金则是租金的 5 倍至 10 倍，甚至外加一笔极巨大的顶

① 燕疆：《疏散人口与住宅问题》，《国是公论》第 28 期，1939 年，第 16 页。
② 黄宝勋：《重庆市之棚户问题》，《新重庆》第 1 卷第 3 期，1947 年，第 34 页。
③ 参见重庆中国银行编印《宜昌到重庆》，1934，第 110～112 页；社会部重庆社会服务处编印《重庆旅居向导》，1941，第 37～39 页；黄克明编《新重庆》，新重庆编辑社，1943，第 38～40 页。
④ 黄澄：《客满》，《重庆型》，建国书店，1944，第 11 页。
⑤ 《重庆市政府公报改进办法》（附表），《重庆市政》第 1 卷第 1 期，1944 年，第 38 页。
⑥ 陈克文著，陈方正编《陈克文日记：1937～1952》上册，社会科学文献出版社，2014，第 269 页。
⑦ 《徐永昌日记》（手稿本）第 7 册，台北，中研院近代史研究所，1991，第 81 页。
⑧ 《行营制定公布租赁房屋办法》，《西南日报》1938 年 12 月 27 日，第 3 版。
⑨ 冰：《重庆带来的故事》，《海潮周报》第 4 期，1946 年，第 5 页。

费。1938 年，《新华日报》搬迁到重庆，因办公地点不够，转租了《星渝日报》的房屋，月租金 350 元，押金则高达 1500 元。如房屋里有电表、水表及电话，更成为租佃转让获取高额利润的商品交易。然而即便如此，在战时的重庆，租金之高低也不太重要，就看有无房屋。①

（二）私人建房更为困难

陈克文虽然认为"租房"比"造房"困难，但战时重庆建房更为不易。战争的不确定性，让战时移民毫无在渝建房造屋的打算。不仅普通民众如此，国民政府移驻重庆也无建房打算，多借住或租赁重庆本地人房屋。国民政府主席林森先行到达重庆后，就借住在刘湘位于重庆李子坝的一处私宅。象征国民政府权力的政府大楼也是仓促改建而成。1937 年国民政府迁入重庆前夕，位于市区大溪沟的四川省立高级工业校，奉令在三天之内搬迁离校与省属高级陶瓷职业学校合并教学。② 重庆地方政府一周之内将此处房屋改建修缮，交付国民政府使用。

战时重庆地价也是随市上涨，购买地皮绝非一般市民能够消费得起。在 1938 年以前，重庆地价上涨尚不甚显著，但自 1939 年至 1941 年增长甚速，通常达到 10 倍以上，其中变动最大者，如瓦厂沟、狮子口、民权路、神仙洞街、中一支路、上清寺，购地费用增长了 20 倍以上；下后街、周家湾等地段甚至增长了 30 倍以上。就市郊地言，如南坪场、铜元局镇、弹子石镇各地水田，在 1936 年每亩地价约 300 元，至 1941 年上涨至 3000 元以上（见表1）。③

表 1　1936～1941 年重庆市地价演变状况

地价（元）年份＼地段	瓦厂沟	周家湾	南坪场	小梁子	备注
1936	二	五	三五〇	二四〇	
1937	二	七	三八〇	二七八	
1938	三	一〇	四〇〇	三二〇	每方丈地价
1939	一八	五〇	六〇〇	二四〇〇	
1940	四〇	一五〇	八八〇	五〇〇〇	
1941	五〇	一六〇	三五二〇	五六〇〇	

资料来源：梅光复《重庆市地价之展望》，《服务》第 6 卷第 4～5 期，1942 年。

---

① 燕疆：《疏散人口与住宅问题》，《国是公论》第 28 期，1939 年，第 16 页。
② 重庆市档案馆、重庆师范大学合编《重庆战时首都档案文献·迁都定都还都》，重庆出版社，2014，第 11 页。
③ 梅光复：《重庆市地价之展望》，《服务》第 6 卷第 4～5 期，1942 年，第 236～242 页。

战时重庆租佃地皮建筑房屋的条件相当苛刻。普通租佃者除每年交纳地主相当租金外，还要以八年、五年甚至三年为期，到期后无条件将房屋归还地主所有；有的地主规定了建筑房屋的式样材料要求；有的规定建造房屋必须达到一定规模的预算费方同意出租，以为将来收归己有做打算；有的限制建筑人所有权转让及地主有优先承购房屋的权益，可谓极尽地主剥削之能事。这些苛刻的租地条件使普通民众购地建房无异于"画饼充饥"。

（三）居住环境恶劣

人类的居住环境是优于大自然原生环境的一种次生环境。恶劣的居住环境影响生活，甚至影响繁衍后代。1884 年，英国平民住宅委员会研究指出："罪恶、传染病、不康健、高度的死亡率，都是从这恶劣的住宅中产生出来的。"[1] 战争中的重庆民众住房环境恶劣。一方面是因为特殊地理条件，重庆依山而建的房屋简陋、潮湿，光线也不充足，"重庆的天气亦极为古怪，譬如平时每晨都是在乌烟瘴气的浓雾之中，气压极低，简直使人有窒息的苦闷"[2]。另一方面，在战争的阴霾之下，重庆城市人满为患，住房匮乏，可利用空间有限，房屋建筑十分拥挤，"一般公务员宿舍亦挤得不堪言状。大房间要住十余人，小房间要住三四人。携带家眷者更觉痛苦……总之，吃饭、睡眠、盥洗均在一间房内，此乃通例"[3]。男女杂居、阶层混居是为平常。一家民房常挤数十户人家。[4] 茅盾夫妇以及沙千里、张申府等都长期寄居在沈钧儒等人合租的居所中；冰心在《我的择偶条件》一文中写到自己曾与五个人合租一屋。战时梁实秋自诩为"雅舍"的住房，不过是"顶上铺了瓦，四面编了竹箆墙，墙上敷了泥灰"的"抗战房"而已，且杂居多人。据梁实秋描述，他常听到"邻人轰饮作乐，咿唔诗章，喁喁细语，以及鼾声，喷嚏声，吮汤声，撕纸声，脱皮鞋声"[5]。这种不同民族、不同阶层杂居构成了战时重庆居民生活特殊镜像，"偶然闲步郊外，只要留心一看，许多茅棚草屋门前，时常有雪白的西装衬衫、摩登旗袍之

---

① 陈瀛：《现代住宅政策》，《公余》第 1 卷第 2 期，1937 年，第 261 页。
② 李孤帆：《西行杂记》，开明书店，1942，第 4 页。
③ 浦薛风：《太虚空里一尘生：浦薛风回忆录》，黄山书社，2009，第 15～16 页。
④ 黄元照：《中国近代房地产的兴起，和建筑业、建筑师之间的关系》，《世界建筑导报》第 174 期，2017 年，第 54 页。
⑤ 子佳（梁实秋）：《雅舍小品：雅舍》，《星期评论》第 1 期，1940 年，第 14 页。

类晾晒出来，这种不调和的色彩，反映着重庆住的写真"。[①]

多数难民所住房屋为捆绑房或沿江棚户，一般的军公教人员也概莫能外。这种房屋被称为"国难房"或者"抗战房"，丰子恺就曾住过此种房屋，"胜利前一年，民国三十三年的中秋，我住在重庆沙坪坝的'抗战式'小屋内"。[②] 这类房屋往往就地取材，以竹木材料为主，罕用钢筋水泥，连四面墙壁者，也不多见，墙是竹片编成，外涂泥土石灰，屋顶下面是芦席，用细木条钉住。因竹木相连，牵一发而动全身，往往"一客登楼，全屋俱动"。[③] 捆绑屋安全性极低。1944 年 8 月，发生了多处人员伤亡事故，"有次暴风雨，大风吹起一高处的竹屋，房中的家具，住人跌落在街中，屋顶上面的片瓦，随风飞走，打破了行人的头，惨剧发生数十处"。[④]

战时重庆移民住房困境主要是因为房源不足。而日军的轰炸，又导致房屋损毁严重，房源更为紧张。因房屋建筑的时限性，短期内充实房源最有效的手段就是鼓励重庆本地出租户腾房出租。

二　战时重庆城市出租户的另类艰难

正如人类有同情弱者之心理态势，人们对战时无房者的处境往往给予更多关注，而对住房出租者，则在制定激励出租房屋或者激发人们造房出租的政策上选择性地遗忘了他们的利益。战时，住房出租户受到了高额征税以及拖欠住房补偿等不公正待遇，成为战时住房困境中挣扎的另一类人。

（一）畸高的住房税

房捐是战时政府税收的主要来源。按照 1939 年重庆市政府《整理房捐案》规定，房捐分一年三季缴纳，一季共四个月，自主房屋者由屋主交付，租佃者可代屋主缴纳，但需从租金中扣除，实质上还是增加了屋主的经济负担。战时房捐收取数额较战前大幅度提高，战前房捐为 4%，战时则达到了 20%。虽然民众多次呼吁，但政府并未削减，反而"就高不就低"，人为拉高较低区域的房捐税率，"查一八两区房租既较高，而

---

① 思红：《重庆生活片段》，陈雪春编《山城晓雾》，百花文艺出版社，2003，第 119 页。
② 丰子恺：《谢谢重庆》，钱理群编《乡风市声》，复旦大学出版社，2005，第 101 页。
③ 张恨水：《重庆旅感录》，《旅行杂志》第 13 卷第 1 期，1939 年，第 49 页。
④ 芹君：《重庆的衣食住行》，《民众杂志》第 1 卷第 2 期，1946 年，第 55 页。

房捐亦较高……现将二、三、四、五、六、七等区房捐税率酌予增加以资平匀而裕市库"。[1] 物价的高涨，生活的艰难，让战时出租房屋市民"时有崩溃之虞"。[2] 至于民众租赁房屋或出卖房屋所得，政府又以财产出卖所得税征收高昂税额，更加重了住房出租户的经济困难，"而生活奇涨，房荒最重，缴税力量，已感困难，若于此时，再课财产出卖所得税，其于较应征收实物及征收土地税土地增值税，房捐等，亦将受极大影响"。[3]

征税是充实国库、调节房源市场的有效手段。但战时变本加厉，远高于平时的住房税率，反而减少了重庆城市房源的有效供给，使房源更为紧张。

（二）租金不对称增长

人口迁移流动是引发社会变革、影响社会发展的重要因素。在一定的时期内，大量人口涌入特定区域，必然会触发区域自身发展的动力系统，促进或阻碍区域发展。战时重庆人口移动频繁。何一民教授认为，战时重庆城市规模不断扩大，人口不断增加，1937 年全市人口为 473904 人，到 1946 年则达 1245645 人，十年间增加了 1.6 倍。[4] 光是在 1941 年，就有 76337 人涌入重庆。[5] 迁入重庆人口的最大特点是战争时期的暂时性栖居，居住方式多为临时租住或借住。由此，租金高低成为影响承租人或出租人的重要因素。

出于保障外来战时移民居住权益，政府密集出台了诸多租金限制政策。如 1939 年重庆市政府发布了《重庆市房租评定委员会处理重庆市房屋租赁暂行办法》，1940 年国民政府行政院又修正发布了《非常时期重庆市房屋租赁暂行办法》，1943 年 12 月正式公布了《战时房屋租赁条例》，这些法律使战时重庆租金控制在一定水平内（见表 2）。

---

① 《房捐税率增加比较表》，《国民政府公报》第 654 期，1944 年，第 10 页。
② 《请政府减轻重庆市战时所颁各种捐税税率以纾民困案》，《重庆市临时参议会第二届第五次大会记录》，重庆市档案馆藏，全宗号：0054，目录号：1，卷号：222。
③ 《请市府转请财部对于财产租赁出卖，所得税准予缓征，以纾民困案》，《重庆市临时参议会第二届第二次大会记录》，重庆市档案馆藏，全宗号：0054，目录号：1，卷号：198。
④ 何一民：《中国城市史》，武汉大学出版社，2012，第 586 页。
⑤ 黄竖立：《治理中国：重庆市抗战时期的地方政府人员（1937～1945）》，中国社会科学院近代史研究所编《近代中国与世界：第二届近代中国与世界学术讨论会论文集》第 1 卷，社会科学文献出版社，2005，第 322 页。

表 2　1937～1944 年重庆居民生活费用指数比较

年份	总指数	食品类	衣着类	燃料类	房租类	杂项类
1937	1.06	1.06	1.11	1.03	1.06	1.08
1938	1.20	1.07	1.66	1.43	1.29	1.37
1939	1.20	1.50	3.45	2.94	2.09	2.46
1940	6.07	5.78	9.48	7.11	4.74	4.97
1941	19.7	22.0	24.2	17.8	10.8	13.5
1942	45.6	42.7	70.6	75.9	25.6	38.6
1943	118	110	237	166	48.2	103
1944	289	322	462	293	69.5	211

资料来源：根据《重庆市政府公报》（1937～1944）有关内容整理。

战时物价高涨带来生活成本上升，而租金又因法规限制不能上涨，对于出租户来说，有失公允的政策带来了不良后果，"于此，发生一反常之现象：即房屋收入，不敷完纳房捐即地价税之情形……房主收回房屋既不可能，增加房租又为法所不许。土地税征收加重，房主哭笑不得……行政院第五一四次会议通过'房租收入不敷完纳房捐土地税补救原则四项'，准许房主因毫无收入，感受痛苦，即政府本身法令亦发生抵触"。[1] 参议员李奎安等提交《请废止非常时期重庆市房屋租赁暂行办法并交由市政府依据地方实际情形另拟合理管制条例及全权处置主佃纠纷以昭公平而纾民困案》发出呼吁，认为政府规定出租人房租增加率不得超过 1937 年之 20%，但全面抗战爆发后物价上升了数十倍，单独限制房租增长是不公允的。提案结果收效甚微。

（三）拖欠房屋补偿

战争是人类最残酷、最血腥的暴力活动，重庆是战时遭到日军轰炸次数最多、历时最长、损失最为惨重的城市。"空袭是战争的手段，但一般文明国家不会轰炸平民百姓。而重庆平民连续轰炸五年，日本军阀用的是最泯灭人性的'无差别轰炸'，使重庆成为二次大战期间，侵略者对平民轰炸次数最多的城市。"[2]日军对重庆的无差别轰炸，除造成重大人员伤亡之外，财产损失最大的就是房屋损毁。根据 1945 年重庆市政府统计处统

---

① 龚宗儒：《住宅问题发生及其解决》，《新建筑》第 3 期，1945 年，第 23 页。
② 赫柏村口述《赫柏村重返抗日战场》，傅应川等笔记，台北，远见天下文化，2015，第 107 页。

计，重庆城区 1938～1941 年因日机轰炸，损毁房屋 11814 栋 21295 间，价值 68075888 元。① 尽管具体损毁房屋仍在精确统计中，但可以确定的是，日军对战时重庆的轰炸造成的房屋损毁占城区房屋数目的 2/3 以上，"敌机于廿八至卅年的轰炸，全市百分之八十以上的房屋都被炸光"。② 所以，对于在战火中依靠房屋出租求取生存的居民来说，出租房屋能否长期成为生活来源往往具有很大的不确定性。政府对于被炸毁或被征用房屋的补偿又难以兑现，致使很多出租户反而成为无家可归的流民。

政府拖欠房屋拆迁补偿款最典型的案例是战时重庆城区开辟太平巷项目。1939 年，政府实施了开辟太平巷的消极防空措施，涉及太平巷的土地被征用，房屋被拆毁。据 1944 年 10 月测量，被征地达 18551 方丈，涉及住户 7225 户，对利益受损的业主进行适当补偿是理所当然的，但民众多次呼吁均未得到解决，直到 1945 年 9 月才同意予以发放，历时六年。而六年后补偿标准也并未提高，"若持当日之标准，以待今后之补偿，于情于理，均觉难安"。③

政府虽然出台了诸多关于房屋建造奖补助政策，但多未能兑现。如蒋介石曾手谕对疏散区建筑予以奖励，免征地税及减低地价等，执行起来，则效果甚微，并不能按照规定完全落实。国民政府曾有拨款 600 万元资助建筑计划，但也只是"画饼充饥"，具体执行则困难重重，"如是而期望人民自动投资于建筑事业，是不啻缘木求鱼也"。④ 补偿费发放的手续也是繁杂冗长，发放过程中有较大伸缩空间，存在灰色地带，这为敛财受贿者提供了腐败空间，"所行所为最易影响人民权利，一有弊端，即可败坏政府威信"。⑤

在抗战大业的背景下，民众有理由为国家和民族兴亡尽"匹夫"之责，但政府也有义务维护好人民的利益，"在面临国家飘摇、朝不保夕的危难关头时，政府有权向它的人民进行更多的索取。反过来，人民也可以

---

① 潘洵等：《抗日战争时期重庆大轰炸研究》，商务印书馆，2013，第 224 页。
② 《重庆人话"重庆人"》，《生活知识》第 5 期，1945 年，第 13 页。
③ 《开辟太平巷补偿案，迁延四年时移事异，检讨历次提案意见厘定办法请政府迅予实施，以纾民困而昭平允案》，《重庆市临时参议会第二届第二次大会记录》，重庆市档案馆藏，全宗号：0054，目录号：1，卷号：198。
④ 卢祖清：《住宅救济政策概述》，《社会建设》第 1 卷第 9 期，1949 年，第 20 页。
⑤ 《市政视察报告·工务》，《重庆市临时参议会第二届第三次大会记录》，重庆市档案馆藏，全宗号：0054，目录号：1，卷号：193。

向头上的政府提出更大的期望回报"。① 国民政府针对住房出租户过高的税收、不恰当的租金管制政策，无限期拖欠住房补偿款以及由此产生的腐败行为，是政府治理失策与社会缺乏公平正义之体现。实际上，对租金不合理限制增长以及任意拖延克扣拆迁款，不仅剥夺了民众的财产收益权，不利于民心稳定，也降低了战时民众出租房屋的意愿和建房的热情，房源进一步削减，从另一方面加剧了战时重庆城市住房问题。

三　战时重庆城市住房困境的政府救济

国民政府在战时重庆住房陷入困境时采取了立法管制、充实房源等救济房屋的办法，客观地说，虽然战时国民政府社会治理可谓千疮百孔，但住房救济具有一定效果。由于国民党政权本身固有的阶级属性，加上治理能力有限，其在战时重庆住房问题治理上也是矛盾百出。

（一）立法保障

1. 房屋救济立法

针对"非常时期房屋不敷供应之地方"的情况，1938 年 10 月，国民政府颁布《内地房屋救济办法》，规定"在房屋不敷供应之地方，由政府建筑公营住宅，奖助人民建筑私营住宅，救济房荒"。② 此法不仅提供公共建房保障供给，而且对私人建房予以奖助，但奖助政策并未完全落实。到 1943 年 4 月重庆市临时参议会就民众造房意愿不强提出《奖励地主建筑住宅解决房荒以利居住案》，国民政府行政院也并未采纳提案要求。③

重庆市政府颁布了《重庆市政府疏建租地计划大纲》《重庆市政府疏散区建筑房屋奖助贷款办法》，重庆卫戍司令部颁布了《疏散区内各乡镇村落房屋调整办法》等涉及救济房屋法律。其主要做法是：要求疏散区内的民众将自有住宅腾出一部分出租给疏散而来的居民，由各政府督促，区保甲长负责执行；鼓励被疏散居民自建住宅，政府可贷款 70%，而且重庆市政府所属的 15 个场镇（清水溪、黄垭、老厂、大兴场、新丰场、马家店、唐家沱、寸滩、黑石子、溉澜溪、观音桥、石桥场、九龙铺、山洞、

① 拉纳·米特（Rana Mitter）：《中国，被遗忘的盟友：西方人眼中的抗日战争全史》，蒋永强等译，新世界出版社，2015，第 168 页。
② 《内地房屋救济办法》，《行政院公报》第 1 卷第 1 期，1938 年，第 10 页。
③ 《奖励地主建筑住宅解决房荒以利居住案》，《重庆市临时参议会第二届第一次大会记录》，重庆市档案馆藏，全宗号：0054，目录号：1，卷号：202。

磁器口）公租土地可以优惠出租建房。这些法律在一定程度上保证了战时重庆房屋的供给。

2. 房租管制立法

租赁立法是战时救济房屋的重要举措。1939 年重庆市政府发布了《重庆市房租评定委员会处理重庆市房屋租赁暂行办法》，对重庆市房租标准进行了规定："一，房屋建造于民国二十六年年终以前者，租金数目不得超过民国二十六年原租金数百分之二十。二，房屋建造于民国二十七年以后者，租金数目不得高于建筑物与土地之总价年利二分以上。"① 该法律为"非常时期"重庆的房屋租赁提供了依据，最大限度地减少了房东与租客之间的纠纷。1940 年国民政府行政院又修正发布了《非常时期重庆市房屋租赁暂行办法》，对房主收回房屋自用及轰炸毁损等事项，予以较详密之规定，对土地法之不足之处予以补正。1943 年 12 月正式公布了《战时房屋租赁条例》。条例对租金标准进行了详细的规定，如规定每年租金之最高不得超过其建筑物价额的 20%。对于房东收取押金及预付租金剥削住户行为，《条例》也明确予以规范，租金按月计算，出租人不得一次性索取超过一个月的租金。另外，首次规定了转租的租金标准，转租租金不得超过原租金比例的 20%，这对二房东任意加租予以了限制。房租管制立法对于稳定战时重庆住房现状确实起到了立竿见影之功效，但正如硬币的两面性，对房租上涨不成比例的限制，打消了人们建造房屋出租的热情和信心。

3. 专门立法

公教阶层是战时的中坚力量，也是战时最苦的阶层，"在重庆有两种人最苦，一是教员，一是公务员。他们整天地辛苦，还不能得到一顿温饱，吃的是粗糙的饭食，衣服是褴褛的。……公务人员，大学教员都是一两年不知道肉味，每个人裤子上打补，袖子上开花，衣服都是油光光的"。② 面对公务人员越发窘迫的生活，政府亦注意百般筹帷。1940 年 7 月国民政府颁布了《非常时期改善公务员生活办法》，1941 年 7 月行政院专门成立"改善公务员生活委员会"。其中《非常时期改善公务员生活办法》规定了发放代金制度，一定程度上纾解了重庆市内公务员阶层的食住之苦。此外，国民政府为改善高校教师生活，在学术研究费用之外，还特别

---

① 《重庆市房租评定委员会处理重庆市房屋租赁暂行办法》，《重庆市政府公报》第 1 期，1939 年，第 40 页。

② 平清:《重庆热》，《月刊》第 1 卷第 1 期，1945 年，第 118 页。

增设"补助"等。① 这些津贴在一定程度上缓解了高校教师的住房消费压力。

为保证抗属及荣誉军人住房问题，军政部于 1941 年 12 月特别公布施行《荣誉军人眷属租赁房屋暂行办法》，国民政府又于 1943 年 2 月颁布了《优待出征抗敌军人家属条例》，确保了抗战时期军人家属住房有法可依（见表 3）。

表 3　战时国民政府解决住房问题立法

公布时间	名称	制定者	资料来源
1937 年 11 月	战时迁移妇孺办法	行政院	《中央战时法规汇编》1939 年
1938 年 10 月	内地房屋救济办法	行政院	《国民政府公报》1938 年
1939 年 6 月	都市计划法	行政院	《国民政府公报》1939 年
1939 年	重庆郊外市场营建计划大纲	行政院	《重庆市政府公报》1940 年
1939 年	重庆市开辟火巷办法	行政院	《重庆市政府公报》1940 年
1939 年	重庆市郊外市场营建委员会征收土地规则	行政院	《重庆市政府公报》1939 年
1940 年 10 月	重庆陪都建设计划委员会组织规程	行政院	《国民政府公报》1941 年
1940 年	非常时期重庆市房屋租赁暂行办法	行政院	《行政院公报》1940 年
1941 年 12 月	荣誉军人眷属租赁房屋暂行办法	军政部	《浙江省政府公报》1942 年
1943 年	公路两旁建筑物取缔规则	行政院	《市政工程年刊》1946 年
1944 年	战时房屋租赁条例	行政院	《国民政府公报》1943 年
1944 年 9 月	建筑法	行政院	《行政院公报》1944 年

资料来源：根据《国民政府公报》《中央战时法规汇编》《重庆市政府公报》等文献整理。

（二）充实房源

1. 奖励私人建筑

1940 年 3 月 6 日重庆市政府修正通过了《重庆市政府疏散区建筑房屋奖助贷款办法》，鼓励被疏散居民自建住宅，凡重庆市民欲在政府制定的疏散区域建造住宅但资金不足者，可向政府贷款建设；建设者自己需要筹备房屋建造至少 30% 的费用，政府的贷款最高可达 70%。② 新华日报社、韩国临时政府等机构都在战时自行建造房屋。1938 年 10 月《新华日报》

① 《国立专科以上学校教员支给学术研究补助暂行办法》（1943 年 10 月 30 日国民政府教育部命令），教育部编《教育部法令》，中华书局，1947，第 160 页。
② 《重庆市政府疏散区建筑房屋奖助贷款办法》，《重庆市政府公报》第 6~7 期，1940 年，第 49 页。

迁来重庆，选址在市中区苍坪街 69 号和西三街 2 号，由于 1939 年 5 月 3 日和 4 日日军轰炸重庆，《新华日报》社址被炸毁。为尽快恢复报纸发行，编辑部在化龙桥和大坪虎头岩之间的黄桷湾租到一块地皮。经过全社人员日夜奋战，终于在山沟里建起了两排简陋的办公室、厂房和八间宿舍，还修建了简易的医务室、救亡室、托儿所和家属服务部。1940 年 9 月，韩国临时政府移驻巴县土桥乡屏都镇，在此，其部分办公用房为租用，工作人员的宿舍都是自己修建的。当然，更多的房屋是临时搭建的"国难房"。据宋美龄讲："临时性质的简易房屋，其兴建之速，有如雨后春笋。"① 然而，建成住房又笼罩在政府所谓"房捐"、租金管制等政策之下，形成了政府鼓励建房而民众却不敢造房的怪圈。

2. 修建公营住房

抗战初期，国民政府以及避难民众并没有做长期居住重庆的打算，但战争长期性不以人的意志为转移。面对战时匮乏的房源，国民政府不得不放弃战争很快结束的幻想，着手修建公营住房。针对平民和难民群体，公建房屋多为战时各类新村建筑。战时重庆建设的新村大致分为两类。一类是由政府主导，为解决仓促疏散市民而带来的居住问题所计划和建设的居住区。1939 年 5 月 3 日日军对重庆轰炸以后，新生活运动促进会与"妇女评议会"联合，为了照顾那些被炸后无家可归的人，在重庆东南 80 公里的南川建筑了新村，此为其他机关树立了一个榜样。另一类是由私人或团体组织建设，其中比较有代表性的如美国红十字会捐款建设的望龙门新村、华侨胡文虎捐款建设的文虎新村、美丰银行信托北碚支行在北碚建设的新村，以及陶桂林在嘉陵江边李子坝建设的新村等。② 新村建筑保护了来川难民的利益，但"难民住宅"仅供省外来川之难民，对于其他之市民，是否公平同享便利，尚存疑问。

而与此同时，一些国民政府高官住宅也开工建成。如孙科的"圆庐"，建于抗战初期，由著名建筑师杨廷宝设计，馥记营造场施工。蒋介石本人在重庆有四处官邸，其中著名小泉校长官邸位于重庆近郊南温泉的花溪河畔，乃教育长陈果夫特意在花溪河畔建造的西式平房，供蒋介石临时休息或住宿。其他如怡园宋子文公馆、陈诚公馆、汤子敬公馆等均在战时修建完成。这些公馆地处幽静园林，内饰豪华，"尝数叩巨室之门，其建筑之精，设备之周，即上海寓公之家，或未及是"，与战时广大民众一房难

---

① 张宪文、武菁主编《宋美龄文集》第 2 卷，台北，苍璧出版有限公司，2015，第 918 页。

② 赖德霖等主编《中国近代建筑史》第 5 卷，中国建筑出版社，2016，第 237 页。

求、居住环境恶劣的情况有着天壤之别，平民住宅"见竹墙木屋，平民鸡栖鸽聚于间"。①

四　余论

20 世纪 30 年代日本侵略中国，是造成中国人民困难和不幸的根本原因。战时重庆住房困境是战争带来的诸多苦难之一。国民政府中的有识之士和广大民众都在应对战时住房困境中表现出了大义凛然之民族气节，如被胡适誉为"近三百年大思想家之一"的国民党元老吴稚辉，所住房屋也是"抗战房"，薄薄的瓦片，竹扎的屋架子，墙是用竹和泥砌的，陈设很简单，屋内仅可容数人。② 许多普通民众也在废墟中翻修、重建临时居住房屋，"我们右邻中弹，我家的墙也震倒了，但是下午六点钟电灯大放光明，十一日附近又炸，又修好，十二日附近又炸，又修好"。③ 每次轰炸后，居民都从瓦砾之中拾掘起完整的砖瓦与木料，重建起自己的家园，"炸毁一次，建筑一次"。英国大使寇尔见证了战时中国民众不屈的精神，"就是说不问如何轰炸，硬是不皱眉头，迨警报一解除便熙熙攘攘，还是各干各的事情；或把满眼的瓦砾迅速的打扫去，随即造起小屋，又在那里营业"。④

当然，住房问题的解决是一个需要综合性治理的过程。政府除实施立法管制、充实房源等政策之外，如何从制度上防控住房成为炫富、炫权、显贵之社会负能量的载体也应得到重视，只有褪去住房炫富耀权、显示身份等不正常的现象，"房子是用来住"的属性才能得以彰显。马克思深刻地认识到住房问题的负面效应："一座房子不管怎样小，在周围的房屋都是这样小的时候，它是能满足社会对住房的一切要求的。但是，一旦在这座小房子近旁耸立起一座宫殿，这座小房子就缩成茅舍模样了。……并且，不管小房子的规模怎样随着文明的进步而扩大起来，只要近旁的宫殿以同样的或更大的程度扩大起来，那座较小的房子的居住者就会在那四壁之内越发觉得不舒适，越发不满意，越发感到受压抑。"⑤ 战时，一些国民政府高官不顾普通民众住房困境，占据着豪华别墅，寻欢作乐，影响恶

---

① 张恨水：《重庆旅感录》，《旅行杂志》第 13 卷第 1 期，1939 年，第 50 页。
② 《风趣的吴稚老》，《申报》1946 年 10 月 24 日，第 12 版。
③ 《轰炸下的重庆》，《时事半月刊》第 3 卷第 19 期，1940 年，第 53 页。
④ 曙山：《重庆一周记》，《宇宙风（乙刊）》第 54 期，1941 年，第 24 页。
⑤ 《马克思恩格斯选集》第 1 卷，人民出版社，2012，第 345 页。

劣。"重庆当真是没有空房子吗？报上早已报导过:'私人舞会','公馆沙蟹',什么村,什么别墅,有些什么舍,什么庐,以及最近新建筑的一些里之类。不过这些'金屋'都是出入有'娇人',哪是一般寻常人所敢问津的?"[1] 冯玉祥对此提出严正批评:"因为我是个丘八出身,忍不住,没涵养,听说巴中周围的洋楼都被炸了,我真是忍不住要说几句话,这些少爷小姐们,在上海、南京、武汉都是住的小洋楼,到这里重庆还是花了几十万元盖洋楼,把百姓的血汗都消耗在上面,为什么这样办,因为他不知道什么是抗战,什么是打仗。"[2] 一方面,战时普通民众无家可归;另一方面,"既得利益"者坐拥多处住房,戴笠在重庆就拥有 10 处公馆和别墅。[3] 住房造成了空间分异、居住隔离,剥夺了战时民众的幸福,当公平正义缺场,革命和斗争就会上场,诅咒声、反抗声甚至枪炮声就会响彻全场。我们以历史研究的视角去考察战时重庆城市住房困境的时候,跨越时代的反思理应有之:一个心里装着国家和人民的政党,会允许它的党员占据着豪华公馆别墅,过着纸醉金迷的生活而忽视广大民众的生存困境吗？

① 李鲁子:《重庆内幕》,《战时重庆风光》,重庆出版社,1986,第 222 页。
② 冯玉祥:《冯玉祥日记》第 5 册,江苏古籍出版社,1940,第 868 页。
③ 杨嵩林:《中国近代建筑总览·重庆篇》,中国建筑工业出版社,1993,第 13 页。

民国时期南京城市自来水工程建设

朱月琴*　　张舒雨**

提　要　自来水作为城市公用事业的重要组成部分，它的出现是人类用水史上的一次重大变革。民国时期南京自来水工程建设由南京市政府牵头发起，耗时三年八个月，它结束了南京没有自来水的历史。该建设项目的实施与完成，既体现了当时南京首都形象设计的要求，也满足了市政府对于惠民工程建设的需要。南京城市面貌在得到较大改善的同时，市民生活质量显著提升，城市现代化进程向前迈进了一大步。

关键词　民国时期　南京　自来水工程建设　饮水卫生

近些年来，随着社会经济的发展以及城市市政建设的腾飞，越来越多的学者开始关注城市基础设施建设的研究，其中，城市自来水工程建设就是重要的研究课题。民国时期南京自来水工程建设是国人借鉴当时欧美各国先进的给水技术和管理办法自行设计、自行施工的，其制水工艺与当时国外先进水平相当，所建北河口水厂是江苏省第一座现代水厂，开创了中国独立自主建设现代化水厂的先河。然而目前有关这一方面的研究成果较少。本文利用相关档案及方志、期刊资料，考察了民国南京自来水工程建设的起因、过程以及相关的成效，并对该工程建设给南京市民生活带来的变化展开分析，得出结论认为，作为一项城市公用事业，民国南京自来水工程建设由南京市政府发起、实施并推广，其工程建设的完成，不仅体现了当时南京首都形象设计的要求，也满足了市政府对于惠民工程建设的需要。南京城市面貌在得到较大改善的同时，市民生活质量显著提升，城市

---

*　朱月琴，北京大学历史系博士研究生。
**　张舒雨，复地集团南京公司助理。

现代化进程向前迈进了一大步。

一　民国南京自来水工程建设的缘起

1927 年，中华民国定都南京，然而作为六朝古都的中国东南重要城市南京，因西方传入的先进市政理念尚未影响到城市居民聚集区，而仍沿用着古老的城市供水方式，用水水源主要来自江水、塘（河）水和井水。

江水是当时南京市民经常饮用的水源，主要取自下关的长江之水，当时市民"共认为佳品者，厥为江水"。① 根据当时有关部门对江水化学成分的分析，江水中氯的成分占 12/百万，钙、镁、碳酸根以及硫酸根含量约为 178/百万，可以作为饮用水的水源。② 然而，由于江水交通运输成本高，水价相应增高，难以普及，因此，不少南京市民选择塘水作为饮用水替代水源。当时南京城内池塘数量非常多，据统计，"全市各处大小水塘共计 1919 面"。③ 池塘水原本由雨水汇聚而成，矿物质含量不高，但是由于雨水汇聚之后停滞不流动而成为死水，污秽之物容易集中到塘水之中，故而塘水的无机物含量和有机物含量都非常高，容易成为细菌的繁殖场所，"极不适宜为饮料"。④ 根据分析，南京塘水中除了浮游物之外，其余指标，包括能溶固体、钙、镁、碳酸根和硫酸根都远远超过江水的成分含量。如塘水的钙、镁、碳酸根和硫酸根含量合计约为 752/百万，是江水的 4 倍还多；塘水的氯含量为 127/百万，是江水氯含量的 10 倍还多，属于劣质水之列。

除江水和池塘水外，南京市民饮用水水源还包括井水。使用井水的多为贫民，或者是北门桥等船运无法达到的地方的居民。南京井水数量多，而且每年都有增加的趋势。据统计，1931 年，南京井水有 2757 口之多。⑤ 这些水井多分布于城厢一带，而且多为浅井，最浅的只有一二十尺，较深的也不过只有三四十尺。其水质跟池塘水没有太大的区别。例如，中央大学附近有 10 多口井，除北极阁下的九眼井因井水水质清冽、洁净而较为有名之外，其余井水水质均苦涩，难以作为饮用水来使用。⑥

---

① 中国科学社编《科学的南京》，东南大学出版社，2014，第 89 页。
② 中国科学社编《科学的南京》，第 89 页。
③ 《本市水塘统计》，《首都市政公报》第 61 期，1930 年。
④ 中国科学社编《科学的南京》，第 90 页。
⑤ 《化验井水水质含有大肠菌》，《首都市政公报》第 87 期，1931 年。
⑥ 中国科学社编《科学的南京》，第 91 页。

当然，井水也包括南京市政府帮助民众开掘的自流井水，这种井水为360 英尺（约 110 米）以下的地下水，"无色无嗅"，不浑浊，达到了"清洁无毒，极堪作饮料之用"的水平。[①] 当时南京市政府预备两个月内在城内至少开凿 6 口自流井，但因经费紧张，只建成中正街一处。

显然，清洁水源匮乏成为南京城市居民日常生活中最大的问题。水源的污秽和病菌给南京市民的生活带来了一定程度的危害。在南京自来水建设工程筹备和建设完成之前，南京市民不得不忍受不洁净水源带来的困扰。根据 1931 年南京卫生所稽查队对南京 2757 口公私井水的详细调查，由于井水构造不合理，污秽之物容易涌入井水中，严重污染井水。[②] 尤其在入夏发生洪水的时候，污物由水面溢出，水井、便所和一些低洼之处容易没入水中，"当此江与河通，河与井通，井复与便所通，普通家庭汲水饮用，与饮便汁，无复分别"。[③] 截至该年 6 月底，市政府派遣化学技师和细菌技师总共检验了 507 口井，"结果全数发现大肠菌"。[④] 如果将这些井水用作饮用水，将会对人的生命健康造成严重危害。

1932 年 5 月，南京暴发霍乱传染病疫情。从 5 月 6 日霍乱疫情爆发到9 月 15 日，这期间总共发现病人 1558 人，其中死亡 386 人，死亡率为24.8%。[⑤] 如将霍乱病人按照饮水水源进行划分，霍乱病人饮用土井水的比例高达 42.4%，而饮用河水的比例高达 35.8%，饮用江水的只有1.9%，饮用自流井井水的霍乱病人的比例最少，只有 1.1%。[⑥] 显见井水和河水等不洁饮用水对居民卫生的影响之大，尤其是在类似于霍乱这样的传染病暴发的情况下，饮水水源的卫生状况将直接影响到疫情的扩散范围和程度。如按照经济能力划分，贫穷的霍乱病人占了 61.2%，中等收入霍乱病人占了 17.5%，而富人只有 0.7%。[⑦] 不难推测，对于富人而言，他们有能力支付高昂的洁净饮水费用，能够享用由车夫运送而来的江河之水，从而避免不洁饮用水所带来的健康卫生问题；而对于低收入者，他们就只能选择较为劣质的饮用水，其结果就是较高的霍乱病发率。

---

① 南京市环境保护志编纂委员会编《南京环境保护志》，中国环境科学出版社，1996，第106 页。
② 公井 565 口、私井 2192 口，大部分作为洗衣服用水或者消防用水，当然也有贫民选择井水作为生活饮用水。
③ 陈璞、吴慎、蔡炳钧、薛慧芬：《饮水消毒试验报告》，《社会医报》第 153 期，1931 年。
④ 《化验井水水质含有大肠菌》，《首都市政公报》第 87 期，1931 年。
⑤ 《首都预防霍乱之经过》，《中华医学杂志》第 18 期，1932 年。
⑥ 《首都预防霍乱之经过》，《中华医学杂志》第 18 期，1932 年。
⑦ 《首都预防霍乱之经过》，《中华医学杂志》第 18 期，1932 年。

为了解决居民饮水健康问题，南京市政府出台了一系列相关措施。如"先行开掘自流井六座"，通过自流井暂时缓解市民饮水的燃眉之急；[1] 令工务局负责牵头改造东关头水闸，使城外九龙桥之水流入城内；除此之外，市政府还要求居民采用漂白粉消毒的办法对生活用水进行消毒处理，发布训令，禁止"在池塘及其他储有污水处所淘米洗菜"等，以此来改变居民生活陋习。[2] 这些引导与宣传方式，在一定程度上解决了居民的用水卫生问题。但是，如果说要从根本上改善南京市民的健康用水问题，自来水工程建设势在必行。

二　南京自来水工程建设的筹备、计划、实施、扩充与推广

1929 年，南京国民政府发布了被称为中国现代大都市建设规划范本的"首都计划"，其中第十六章"自来水计划"就包含了南京自来水工程的全部内容，文中对当时南京"水源之选择，蓄水塘、滤水塘之位置，机器之选购，水管之分布，以及其他各项"，都有非常详细的论证。[3] 此时，受上海、大连、天津等通商口岸外国人开办自来水公司，为外侨、军队甚至城市居民提供饮用水的影响，国内各商埠争相创办自来水厂，数目达二三十家。南京作为民国首都，考虑到城市形象以及城市居民饮用水卫生健康等因素，自来水工程建设不得不提到议事日程中来。

（一）筹备

根据《首都计划》，同时为了应对市区逐渐扩大、人口日益增多的局势，1929 年 8 月，在南京市长刘纪文的督促下，南京自来水工程筹备处成立，金肇祖任专员，王华棠为助理，科员 3 人，共计 5 人，负责筹备自来水建设工程的一切计划事务，包括水源的选择、自来水水厂地址的确定、水质的化验、蓄水池地点的选定、设备的选购以及相关工程建筑的实施与监督等。然而，自工程开工以来，仅有 5 人的筹备处难以应付庞大工程的人员需求。1930 年 3 月，市政府成立自来水工程处，致力于促进自来水建设工程的实施，金肇祖任处长，尤巽照为工程师，科员有 20 人。

---

[1]　南京特别市市政府秘书处编印《一年来之首都市政》，1928，第 85 页。

[2]　《禁止市民在池塘及其他储有污水处所淘米洗菜案》，《南京市政府公报》第 143 期，1934 年。

[3]　国都设计技术专员办事处编《首都计划》，南京出版社，2006，第 155 页。

为了保障工程建设的顺利进行，南京市政府专门发行了"特种建设公债"300 万元，并拨出 200 万元用于建设，同时组织公债监督用途委员会，负责保管募集到的款项以及监督款项的使用。1931 年 7 月，南京市政府还仿照上海、杭州两市，通过借征房租办法来摊销本市自来水公债，进一步解决南京自来水工程建设费用募集问题。根据规定，凡在南京居住的民众都有赞助缴纳义务；除了每月租金不足 5 元和房产产值不足 500 元之外，租赁房屋的按照两个月租额摊销市公债，自住房者则按照房屋产值的 2% 摊销市公债。①

（二）计划

1930 年 1 月，南京自来水工程筹备处拟定工程计划草案并呈交市政府，暂时按照 300 万元作为预算。考虑到南京居民的传统用水习惯、经济能力以及南京现有财政能力等因素，南京市政府召集中国工程人员专门进行学习研究，结合南京市的具体情形，参考欧美最新设计方法，自行设计自来水建设工程计划，开始实施自来水建设工程。

在这一设计中，考虑到南京市民用水习惯的差异性，自来水水厂计划出水量为每天 4 万立方米，也就是 1060 万加仑，平均每人每日用水量 17 加仑，合约 64 公升，与当时《首都计划》美国市政专家给出的 15 加仑的数据相近。水价方面，筹备处参考欧美国家以及国内其他地区的水价，考虑到南京作为首善之区，自来水作为公营事业，同时为鼓励市民使用自来水，计划每千加仑收取水费 5 角到 7 角，并根据材料如燃油、化学药品之类的成本对水价加以调整。

筹备处还对自来水经营的盈亏状况进行预测，设定水厂每月出售水量为 118800000 加仑。预测第一年四个季度自来水厂营业收入分别为亏 23780 元、盈 15040 元、盈 33490 元、盈 64890 元；支出则分别为 60530 元、68960 元、79010 元、88110 元。②另外，根据相关设计，自来水工程所需要的各种建筑设备、动力设备、修理设备、卫生保障设备等一系列设施也需要尽快完备。

（三）实施

水源选择方面。由于尝试开掘深井作为水厂水源的试验未能成功，南

① 《财政：订定借征房租摊销本市自来水公债办法案》，《首都市政公报》第 86 期，1931 年。
② 南京市政府自来水工程处编印《南京市自来水工程之计划及其进行》，1931，第 88 页。

京市政府决定将长江水作为南京自来水水厂水源。由于夹江处水流较为缓慢，江底较浅，冬日或旱季也不会出现枯竭或冰冻阻塞的危险，被选为自来水厂的水源。工程处还对此进行了水源水位的调查，确保入水口必须常年在南京长江最低水位以下，以避免水厂出现水源断流的情况。[1] 为了确定水源地水质状况，南京市政府指派南京市卫生局、卫生试验所和上海工部局卫生试验所对夹江水质进行多次检验，认定该处水源无色无味，所含微生物、矿物质、气体较少，水质澄清优良，浑浊度小，远远优于美国多数大河河流的情况。[2]

水厂厂址选择方面。汉西门外江边的蒲包洲地质稳定，贴靠夹江上游，水质清洁且没有被污染的隐患，江岸平直，江流和缓，夏天无湍急旋涡以及江岸坍塌的危险，寒冬江水不会冻结而阻塞水厂进水口，终年没有江水结冰阻塞的忧虑，加之靠近江边，取水、排水都十分便利，而且距离清凉山供水池非常近，水路交通便利，管理灵活。因此，南京自来水建设工程处收购了蒲包洲 100 亩土地作为第一期水厂的厂址。

水厂的布局与设置方面。工程处将收购的 100 亩土地划出 60 亩用于建造第一期自来水建设工程，分别建设了进水间、进水井、码头、驳岸、动力室、混水机室等厂内建筑设施；在清凉山山顶设清水池、看守室、开关室，河道处设置高架管桥。在水厂中专设快滤池、清水池等自来水炼制设备，确保清洁的自来水最后通过高压管道输送到清凉山山顶水池和南京城内居民住户中。

经过自来水工程处三年的建设工作，1933 年 3 月，南京第一座水厂——北河口水厂初步建成。[3] 水厂除了主要机泵电器、管材水表购自德法等国，其他各项工程均由国人参考当时欧美各国最新方法自行设计建造，营造企业也都来自南京、上海等地实力较强的十几家营造厂。

1933 年 4 月，水厂建成沉淀池，开始向市区供应沉淀消毒一次净化的自来水，揭开了南京饮用自来水的历史。1936 年至 1937 年 8 月，水厂扩充建设，增建了快滤池和其他几项工程。全面抗战爆发后，工程停滞。日伪统治期间，水厂部分设备受损，市内管网破坏严重，后经两次较大规模的修复，于 1941 年 4 月完成战前计划的施工项目，并开始供应经过沉淀、过滤两级净化的自来水。

---

① 《南京市自来水工程之计划及其进行》，第 6 页。
② 《南京市自来水工程之计划及其进行》，第 8～9 页。
③ 1932 年自来水工程处奉命裁撤，由市工务局接管推进自来水工程建设。

（四）扩充

北河口水厂投产后定名为自来水管理处供水课，对外称首都水厂。随着南京城市发展，南京人口数量快速增长，自来水用户也不断增加，原有的自来水建设工程设备无法满足日益增长的用水需求。为了适应南京人民生活以及工业生产发展用水的需求，南京市工务局对自来水工程又进行了扩建。

首先是扩充管线和给户设备。由于南京自来水工程初期铺设水管总长度为 60 公里，相对于空间范围宽阔的南京而言，达到南京自来水普及程度仍有很大距离。为此，市工务局加购了 35 万元的 200 毫米水管 1 万米、150 毫米水管 2 万米，4.5 万元的管阀零件以及约 14.5 万元的水表等。

其次，因初期铺设的自来水单一管道易损坏、难修复，为城市用水安全起见，市工务局特地增设水厂进城的第二总管，并于 1936 年 6 月铺设完工。与此同时，为便利市民用水，还不断增加水厂出水量，如 1935 年水厂年出水量为 3596849 立方米，至 1936 年则达到 4984719 立方米，比 1935 年增加了 38.6%，其中每月最高出水量约增加 34%，而每月最低出水量约增加 47%。[①]

供水量增多，对快滤池的需求自然增加。为此，1936 年 12 月，南京市工务局又开始建设快滤池，其间因抗日战争爆发，建筑材料运输受阻，施工工人相继避走，工程不得不暂时搁置，快滤池仅完成土建部分。1937 年底，北河口水厂被日军占领。日伪统治期间，之前未完成的工程得以续建，至 1941 年 9 月，建厂时设计的工程项目全部完成。

（五）推广

为了增加更多的用水用户，南京市政府还采取了不少推广措施。

一是督促各个公共场所及食品商店限期装用自来水。南京自来水建设工程建成通水后，起初南京各个酒楼、茶社等一些公共场所对于安装自来水"甚不踊跃"，南京市政府即采取强制安装自来水的方式，对公共自来水的使用进行推广。1933 年 5 月 2 日，市工务局呈请市长石瑛，通知南京市内各个公共饮料供给场所"一体改用适合卫生之自来水"。[②] 1934 年 12

---

①　秦孝仪主编《革命文献》第 93 辑《抗战前国家建设史料：首都建设 3》，台北，中国国民党党史会，1982，第 51 页。

②　《卫生：通知各公共供给饮料场所一律改用自来水案》，《南京市政府公报》第 129 期，1933 年，第 84～85 页。

月，南京市政府通过接水运动案，强行规定凡地处已埋设水管干管附近的酒楼、茶社、旅馆、浴堂、戏院以及食品商店等，一律要求在三个月限期内安装自来水，如果不按照规定办理，则立即取消营业资格。

二是通过租金分期抵扣自来水装接费用的方式推广使用自来水。起初，在南京自来水用户中，机关、商店比较多，而安装自来水的南京居民住户则比较少。为了增加居民用户数量，工务局强行规定凡在已埋设水管两边的住户，如果房租每月在 30 元以上，一律要求在一个月限内装用自来水。如果业主迟迟不肯报装自来水，则由租户按照南京租户申请装接自来水暂行办法规定代为报装，一切安装费用暂由租户先行垫付，并于每个月房屋租金内分期扣除。

三是修订分期付款装接办法进行推广。由于南京自来水装接过程所产生的押表费用和接水费用必须在报装时一次性缴纳，数额较大，一些有心安装自来水的用户，"每感无力筹此巨额款项而终止"。[①] 为此，工务局修订了分期付款装表办法，规定住户填写装接自来水申请之后，只要有人出面担保，即可签订分期付款契约，"其装接各费，得分为四期缴纳，每期一个月，第一期费用缴清后，即予接水"。[②]

四是扩充 9 毫米、13 毫米水表优待用户。1933 年 11 月，工务局颁布《南京市自来水用户装接十三公厘水表暂行优待办法》，特别设立了 500 个 13 毫米水表优待户名额（后又追加 500 个名额），以进一步提高城市自来水的普及率。1935 年 5 月又增设了 9 毫米优待户，安装总费用只需要 25 元。1936 年 2 月，南京工务局再次将安装费用下调，13 毫米用户安装费减为 35 元，比原来的费用又节省了 5 元。[③]

五是降低水表底度水费。考虑到大多数用户使用自来水额度不足，却仍需要按照最低限度缴纳费用，为了减轻用户负担，并进一步推广自来水使用，1936 年 2 月，市工务局将 13 毫米、20 毫米以及 25 毫米各种水表底度水费分别降低。

六是举行新开马路接水运动。为促进市民安装自来水，南京市政府规定凡是遇有新开马路，即举行接水运动一次。该运动规定：凡在该新开马路埋管工程未完工以前申请安装自来水，并在准安装通知七日内缴纳费用的，除了押表费以及保证金照章收取外，其余接水费及贴管费均按照定章

---

①　秦孝仪主编《革命文献》第 93 辑《抗战前国家建设史料：首都建设 3》，第 47 页。

②　《南京市工务局自来水装接费分期付款暂行办法》，《南京市政府公报》第 153 期，1935 年。

③　董涛：《南京自来水事业与市民生活》，《大江周刊》2013 年第 3 期。

七折收取。

七是暑期自来水水价下调。每逢入夏，南京市民用水量增多，为了进一步普及自来水、保障市民用水卫生，1935 年市工务局决定将各水站的零售水价降低三分之一，由原来的每担水售价 3 枚铜元，降为每担水售价 2 枚铜元；同时由工务局印制"贫民暑期用水免费券"，发放给登记的棚户家庭。当时，享受水价免费减价优惠的用户数量大约有 2.5 万户。①

三　南京自来水工程建设的成效

南京自来水建设工程第一期工程于 1933 年 2 月完成，经过几番试机之后，1933 年 4 月 1 日开始正式出水。截至 1933 年 7 月，用水量共计约 2420 立方米，这样的出水量仅是当初南京自来水建设工程计划出水量的 6%。② 显然，让干净卫生的自来水在南京普及任重而道远。然而，其建设的直接成效还是显而易见的。

首先，自来水入户后，自来水用户的用水卫生与安全得到了切实的保障。南京市政府专门组织人员对南京自来水水厂制备的自来水水质状况进行检测，根据检测，南京自来水不存在臭味问题，色度也都在 15 度以内，浑浊度在 15 左右，细菌数平均 35 左右，不存在大肠杆菌，适合饮用，基本符合中央卫生署对水质的要求。③

其次，自来水工程建设逐渐推动了城市自来水饮用水的普及，并带来了相应的经济效益。南京自来水建设工程除了将水管铺设到南京市民住宅中，工务局为了让尚无经济能力安装自来水水表以及还没来得及安装自来水水表的市民用水方便，招商承办，设立了多处自来水售水站。自来水通水后逐渐受到市民的欢迎，营业收入迅速增长。人们慢慢地接受了自来水，用水习惯也开始由传统用水转向健康卫生的自来水。截至 1935 年，南京自来水用户达 3096 户，④ 包括机关、学校、会所、公司、商号、外侨、住宅、代售处、水站以及消防等。整体用户数量并不多，只有 3000 多户，其中住宅用水比重最高，约 67%，这也意味着自来水正在逐步进入每一个

---

① 《暑期内京市自来水减价》，《外部周刊》第 74 期，1935 年。
② 殷梦霞、李强编《民国经济志八种》第 1 册，国家图书馆出版社，2009，第 65 页。
③ 实业部中国经济年鉴编纂委员会编印《中国经济年鉴》第 2 册，1934，第 792 ~ 793 页；殷梦霞、李强编《民国经济志八种》第 1 册，第 67 ~ 68 页。
④ 南京特别市政府秘书处统计室编印《民国二十四年度南京市政府行政统计报告》，1935，第 234 页。

南京家庭中，但自来水真正普及，则需要一个缓慢的过程，这个过程离不开市政府的积极宣传和推广。

当然，南京自来水工程建设给这座城市带来的更大成效还是给南京城市民众生活带来了巨大变化。

一是民众疾病预防与控制得到了极大的改善。饮用水的卫生程度和疾病的传播密切相关。在南京自来水工程建成之前，南京市民每年因饮用水不洁问题而饱受疾病之苦，由于伤寒、霍乱等通过水传播的疾病而死的人更是不计其数。即使管理部门采用了饮用水消毒法也无法从根本上遏制这一问题，因此，南京常年消耗大量的人力、财力、物力，致力于传染病的防控。自1933年南京自来水工程建成之后，饮水卫生得到很好的解决，伤寒、霍乱等传染病得到了有效控制。根据《民国二十四年度南京市政府行政统计报告》相关数据，南京因霍乱、伤寒而死亡的人渐趋减少，呈现一个下降的趋势，这在某种程度上要归功于南京自来水建设工程的建成，很好地为南京市民提供了健康卫生的饮用水，从根源上阻断了病源的传播。

二是城市消防能力得到了迅速的提升，城市居民的安全得到进一步的保障。城市消防离不开水源，快速灭火，不使火势蔓延，充分而方便的消防供水是保障这一时效性的必要条件之一。随着南京自来水工程的建成并逐步普及供水，自来水已然替代了传统的消防用水方式，成为南京城市最重要的消防供水来源。在南京自来水工程建设过程中，对已经埋设水管的各个街道装设了救火龙头，以备不虞。对于一些新埋设的道路上的水管也逐步开展救火龙头的装设工作，截至1936年12月底，分布于南京市的救火龙头已经达到621个。[①] 在后续新埋设水管过程中，南京市政府仍不断积极扩充救火龙头的装设，以进一步保障南京的城市消防。

三是南京城市排污能力得到改善，城市居民卫生环境得到有效治理。自来水为城市生产用水和居民生活用水提供了便利，然而，污水的排放量与日俱增。相应的，与自来水工程相配套的排污问题提上议程。1933年，南京自来水建设工程初期建成后，南京市政当局聘请外籍专家做顾问，针对新旧城区制定了排水规划，其中旧城区采用了截流制，新城区采用了分流制的排水规划。南京城内先后建成下水道20余公里，除在一些主次干道下埋设部分下水道外，工务局还在山西路一带的新住宅区建成雨污分流排水系统，同时建成试验性的江苏路污水处理厂，日处理能力最大为1500立

---

① 秦孝仪主编《革命文献》第93辑《抗战前国家建设史料：首都建设3》，第51页。

方米，很大程度上改善了城市的环境卫生问题。[1]

四是南京自来水的建成促进了新式卫生设施的发展，改变了城市居民的生活方式。民国时期，南京的公厕多为深坑形式，设备非常简陋，"本市内自来水尚未铺设，欲求一清洁卫生之公厕实不易得"。[2] "然因缺乏自来水，新式厕所之有卫生设备者，难于实行。"[3] 正因为自来水工程尚未建成，南京无力推行新式卫生设备的建设和发展。南京自来水工程建成之后，一些交通要道的公厕开始设置冲式座式便器（抽水马桶），至 1947年，新街口、夫子庙的公厕甚至改建成自动冲洗坑厕，加设了排水管。[4]

四　南京自来水工程建设的评价

民国时期南京自来水工程建设自筹备建造到局部正式供水，前后历时三年八个月（1929 年 8 月至 1933 年 4 月），其间因种种主客观原因迟迟未能完成原初设计目标，其完工和通水结束了南京市无自来水之历史。南京自来水建设工程是国人发挥自己的聪明才智，借鉴当时欧美各国先进的给水技术和管理办法，自行设计、自行施工的，其制水工艺与当时国外水平相当。南京自来水工程建成的水厂是江苏省第一座现代化水厂，开创了我国独立自主建设现代水厂的先河。

南京自来水工程建设是一个浩大的城市工程建设，从规划到建设落实，每一步都需要投入相当大的资源。万事开头难，工程前期的规划决定了整体的成败，而后期的建设有序进行既需要前期的合理规划，也需要市政当局的长久政策支持。南京自来水工程建设的成功实践，离不开当时南京市政府的积极推进，稳定的政策方略保证了自来水公共事业能够顺利完成，而积极的推广措施使自来水公共事业得以持久稳定发展，最终推动城市的发展建设，造福了南京民众。

当然，南京自来水工程建设过程中也存在一些不足，如资金不足，导致工程无法如期开展；施工过程中存在的管理问题导致的人员工程事故等，使工程延期。但对于首个国家自主规划建设的自来水建设工程而言，在缺乏人力、财力、物力的情况下，南京市政府顺利地完成了南京自来水工程的建设。就这个层面而言，我们应该抱着肯定的态度来看待南京自来

①　《南京环境保护志》，第 60 页。
②　南京特别市工务局编印《南京特别市工务局年刊》，1927，第 71 页。
③　《南京特别市工务局年刊》，第 71 页。
④　南京市政府编《首都市政》，1948，第 73 页。

水工程建设的实践。

　　总之，民国时期南京自来水工程建设富有成效。负责这项城市公用事业建设与管理的南京市政府起到了积极的宣传与推广作用，不但城市面貌得到了改观，民众生活也发生了巨大的变化，尽管城市自来水并未完全普及，市民仍旧存在不少用水卫生上的积习，但不可否认的是，南京城市现代化的进程真正向前迈进了一大步。

民国时期徐州地名的拉丁化拼写形态*

翟石磊**　　徐　剑***

提　要　徐州地理名称拉丁化拼写历史经历了从外国人主导的"他译"逐步过渡到中国人主导的"自译",形成了英语、法语和汉语拼音构成的三种拼写体系和多种拼写形态。其中,在清末民国时期,来自法国的传教士率先将徐州地名翻译为 Siu - tcheou〔Fou〕,随后又有 Süchow 与其混用,这一拼写方式被后来的加拿大魁北克传教士所沿用。民国初期,来自英国、美国的传教士将徐州翻译为 Hsuchow,Tsuchow,Suchow,甚至直接借用法语的拼写 Süchow。如此多样的拼写方式对研究该时期海外涉及徐州的史料带来一定干扰。因此,系统梳理英、法关于徐州的拉丁化拼写演变,对甄别使用外文资料、减少因对译文的误判而造成的错误解读具有重要意义。

关键词　徐州　地名翻译　民国　拉丁化拼写

一　中国地名拉丁化拼写历史回顾

16～18 世纪,西方世界掀起了"中国热"思潮。大量的中国经典作品

---

　*　本文为教育部人文社科基金课题"国家话语英译的传播竞争研究"（项目编号:18YJC740137）和国家社科基金后期资助项目"当代中国世界观话语建构研究"（项目编号:18FGJ004）阶段性成果。

　**　翟石磊,中国矿业大学澳大利亚研究中心副教授。
　***　徐剑,中国矿业大学翻译与跨文化研究中心教授。

被译介到西方，对近现代西方世界的发展产生了重要的历史影响。在翻译中国经典过程中，为了方便西方人接受和拼读中国人的姓名，西方的译者便将中文名字转换成拉丁字母，即中文姓名拉丁化，有时候也称为罗马化（Romanization）。比如，孔子被翻译为 Confucius，孟子被翻译为 Mencius。利玛窦（Matteo Ricci）是第一个创建用拉丁字母拼写汉字读音方案的西方人。1605 年，他在北京出版了《西字奇迹》一书，书中使用了一套包括 26 个声母和 44 个韵母的拼音方案。后来法国耶稣会传教士金尼阁（Nicolas Trigault）在此基础上创建了一套用音素字母给汉字注音的方案，人称"利金方案"。①

1902 年，法国远东学院汉学家、传教士顾赛芬（Séraphin Couvreur）制定的"法国远东学院拼音"，是 20 世纪中期以前最常见的中文罗马字母拼写方法。② 时至 1906 年，在上海举行的"帝国邮电联席会议"对中国地名的拉丁字母拼写法进行统一和规范。会议决定，基本上以英国驻华外交人员翟理斯（1845～1935）所编《华英字典》（1892 年，上海初版）中的拉丁字母拼写法为依据。从学术和文化交流角度来看，以上由外国人制定的各种中国地名拼写"规范"具有较强的合理性和实用性。但地名拼写是一种特殊的文化和政治资源，也是国家主权符号，如果把中文地名拼写规范让与西方人来制定，则在一定程度上有损国家主权完整，并且可能会造成更加深远的影响。因此，1928 年，中华民国政府推出了"国语罗马字"。这是一套使用复杂的拼写规则来标识声调的拼写体系，也是较为科学严谨的拼音文字体系，但烦琐的拼写规则不利于广泛推广，故未沿用下来。此外，钱玄同、黎锦熙、赵元任、林语堂等一批学者也尝试制定国语罗马字，即"国语罗马字拼音法式"；瞿秋白、吴玉章、林伯渠和一些苏联语言学者一起研究制定了中国北方话拉丁化方案（拉丁化新文字）。美国耶鲁大学远东语言研究所也推出了耶鲁方案。③ 但历史的发展证明，这些方案均存在这样或那样的不足，最终没有被推广使用。

1958 年 2 月 11 日，中华人民共和国第一届全国人民代表大会第五次会议批准《汉语拼音方案》。该方案采用拉丁字母，并用附加符号表示声调，是帮助学习汉字和推广普通话的工具。从 1958 年秋季开始在全国小学教学中使用。方案公布后，中国的地名全部改用汉语拼音拼写，"邮政式

①　辛献云：《谈汉语人名翻译的规范问题》，《解放军外国语学院学报》2005 年第 1 期。

②　刘国敏：《顾赛芬〈诗经〉译本研究》，《国际汉学》2015 年第 3 期。

③　辛献云：《谈汉语人名翻译的规范问题》，《解放军外国语学院学报》2005 年第 1 期。

拼音"被废除。1977 年，联合国地名标准化会议采用拼音字母作为拼写中国地名的国际标准。1978 年，国务院批转《关于改用汉语拼音方案作为我国人名地名罗马字母拼写法的统一规范的报告》，采用汉语拼音作为国际上用罗马字母拼写中国地理名称的唯一规范。"报告"规定：在各外语中地名的专有部分原则上音译，用汉语拼音字母拼写。历史地名，原有惯用拼法的，可以不改，必要时也可以改用新拼法，后面加注惯用拼法。已经使用的商标、牌号，其拼写法可以不改，但新使用的商标，牌号应采用新拼写法。① 此后，联合国秘书处也开始使用汉语拼音拼写中国人名、地名。后续出台的《中国地名汉语拼音字母拼写规则》《地名管理条例》让《汉语拼音方案》成了中国地名拼写的规范。1982 年，国际标准化组织采用拼音字母作为拼写汉语的国际标准。中国对外书报文件和出国护照中的汉语人名、地名一律用汉语拼音字母书写。②

　　在中国地理名称拼写标准历史变迁中，徐州的外文拼写也先后经历了传教士自主式拼写、邮政拼音体系规范式拼写和汉语拼音新规范三个主要阶段。研究徐州地名外文拼写历史，同样具有独特的历史和现实价值。首先，作为中国历史上非沿海开放城市，徐州的战略地位突出，见证了 19 世纪末以来中国历史上的重大事件和社会转型。其次，徐州地名的拉丁化拼写与国内多个城市存在相似之处，厘清事实对于科学使用海外涉华史料具有重要意义。再次，通过考察徐州地名拉丁化拼写，还可以投射到地方城市对外文化交流研究领域，对于充分挖掘历史文化资源、促进当地城市转型发展具有促进作用。最后，也是从更深层次来讲，研究以徐州为个案的地方城市名称拉丁化拼写，可以洞察自清朝以来中国地方城市在应对外来话语方面的话语权势问题：从被动服从到主动建构，从他者主导话语表达到以我为主的话语自述。这也是一种话语权的嬗变。

二　徐州地名拉丁化拼写历史

　　徐州自古以来就有"五省通衢"、兵家必争之地的战略定位。清朝末年至民国时期，鉴于该地区的区位优势和战略意义，国际社会开始将目光投向这片徐淮大地。徐州地区与西方基督教的历史联系最早可以追溯到明

---

① 《国务院批转中国文字改革委员会等部门关于改用汉语拼音方案作为我国人名地名罗马字母拼写法的统一规范的报告的通知》（国发〔1978〕192 号）。

② 翟石磊、陈猛：《从中文姓名英译"失范"看中西话语冲突》，《世界民族》2013 年第 6 期。

末来华的著名传教士利玛窦，而明文记载的徐州与西方社会的接触则肇始于法国耶稣会士汪儒望（Jean Valat）。①但那个时期来徐的西方人多为传教士，且要么是路过，要么是短暂停留，缺乏实质性的深度交流。20世纪上半叶，美国学者约翰·杜威以及北美和英法的宗教人士、参与修建东陇海铁路的欧洲工程师、美国军政要员、英语国家媒体记者先后来徐。这些西方人通过传记、新闻通讯、书信等方式向海外介绍徐州。

从目前已经发现的资料文献中可以看出，他们在见证中国社会大变革、大转型的同时，更加聚焦于徐州的社会历史变迁。这些人从社会经济、百姓生活、文化发展、政治变革、宗教传播、科技工程、人文教育等角度为今天的读者留下了丰富的历史档案。这些珍贵的文献也成为我们了解那段历史变革的重要外文资料。但是，由于他们来自不同国家和地区，并且在不同时期留下关于徐州的记载，因此，对于徐州的拉丁化拼写也常常出现差异。

从整体上看，徐州拉丁文拼写存在不同时期、不同个体的差异性，且英语和法语存在交叉使用又相互区别的使用特点。在阅读历史文献的时候，如果对这些差异不能有效辨别，常常会出现误解，如将徐州与苏州、宿州、肃州等地区的外文拼写混淆。比如，有学者在《遗失在西方的中国史》系列图书中，在涉及徐州部分，将 Suchow 全部翻译为宿州，这无疑是对史实的违背，也给读者的理解造成了严重误导。②此类问题同样存在于其他类型的文献和地图翻译中。据此，笔者希望从史实出发，以多类型史料为基础，对历史上出现的徐州拉丁文拼写方式进行梳理，厘清徐州外文拼写变化的来龙去脉，以对今日和未来的徐州国际化历史研究和外宣工作提供参考。

虽然徐州与西方世界直接发生跨文化交流的历史相对较短，交流的范围也相对有限，但是，鉴于徐州独特的地理区位和中国近现代历史变迁，徐州与西方之间跨文化互动的深度和广度具有很高的历史价值。自20世纪初以来，以图书和报刊形式系统出版且以徐州为主题的资料较为丰富，区域横跨法国、美国、加拿大、澳大利亚等；内容包括社会、历史、政治、宗教、文化、经济、基础设施建设等。但遗憾的是，这些资料使用英法两种文字书写，且主要分布在海外图书馆，因此国内学术界对这些史料

---

① 李晟文：《1918～1955年加拿大法裔耶稣会士在徐州的传教过程初探》，《国际汉学》第14期，2006年。

② 沈弘：《遗失在西方的中国史：〈伦敦新闻画报〉记录的民国1926～1949》（Ⅳ），北京时代华文书局，2016，第1262～1271页。

的关注和使用极为有限。这些资料在徐州称谓方面使用的拼写也是存在多种形式。依据已发现的徐州英法文献资料的媒介形态、内容、语言、作者身份等进行划分，徐州地名的拉丁化拼写大致呈现以下几种形态。

（一）Suchow 和 Hsuchow 交替见诸海外发行的地图、明信片等之中

20 世纪 20 年代初，美国加利福尼亚州发行了一张主题为中国传统城墙建筑的明信片，图片分为上、下两幅。上图是多名身着欧美服饰的男女游客站立在徐州古城墙的西城门前，并配上英文 Our first trip to the plains. West gate Hsuchow, China（我们第一次到中国平原旅行，徐州西城门）。下图是一位农民在打谷场劳作，配上文字"打谷场以及 Yuchow 与 Kahsien 之间的村落城门"。据笔者考证，这里的 Yuchow 与 Kahsien 应该为河南省禹州和郏县。他们将江苏省徐州、河南省禹州与郏县交界地带放在同一张明信片上，最直接的信息就是：图片中的这群美国人在相近的时间内先后到访过这两个地方。这是目前发现的唯一一张在西方发行的徐州古城墙明信片，也是在英文世界中将徐州拼写为 Hsuchow 较早的直接证据。

1938 年，美国发行世界经典战役纪念系列明信片，"徐州会战"位列其中。该明信片的主题是日军轰炸徐州（Suchow）地区的铁路设施。第二次世界大战时期，美国对中国战场给予极大的关注。该明信片在关于日军轰炸徐州铁路设施的图片下加注，翻译为中文为：

> 124/ 日本人轰炸徐州（Suchow）铁路。1938 年 1 月 24 日，日军一个重型轰炸机中队对由中国军队防守的徐州城进行轰炸。该城是蒋介石沿陇海线主线路的战略中心。由于徐州位于津浦线与陇海线的交会点，因此，日军在侵占南京之后，就把侵占徐州作为主要目标。在大轰炸过程中，蒸汽机棚、货车和附近的驻军营房都被摧毁。图片展示的就是刚刚被日军炸毁的货车车厢，随处可见的食物和伤亡人员。背景中的佛塔本来是保佑人们免遭灾难的，但也无法保佑这座城市免遭日军侵占。

与徐州古城门的风景明信片相比，这张战争题材明信片对徐州的拼写则使用 Suchow，而不是 Hsuchow。从英汉语言发音特点来讲，英文发音体系中很难对 X 与 U 这一组合进行正确拼读。因此，以英语为母语的美国人往往采取变通手法，使用 S 或 Ts 代替。这样的例子也有很多，比如对姓名

"许"的拼写，很多时候是 Tsu。从美国人拼写徐州地名的案例中可以看出，在不同时代，由于时代背景和个人认知的差异，对徐州的拉丁化拼写也不同。美国人使用 Suchow 这个拼写模式，应该是受法语拼写的影响。在19世纪末20世纪初，一批批来自法国和加拿大法语区的传教士来到徐州，并将徐州作为在华传教的重要基地。在法语中，最常见的法语拼写即为 Süchow。这一点，笔者将在后文详细介绍。

（二）Tsuchow、Suchow 和 Hsuchow 多见诸西方记者的新闻报道、日记等资料

抗日战争期间，美国著名新闻摄影记者哈里逊·福尔曼（Harrison Forman，1904～1978）和新西兰作家罗宾·海德（Robin Hyde）几乎同时来到徐州前线，对中国人民的抗日战争进行了深度访谈，并向全世界传播中国战区声音，成就了特殊时期徐州与西方文化交流的经典案例。他们向世界发表了许多关于徐州的新闻稿件，也以多种形式记录下徐州人民抗日的点滴历史。

作为一名摄影记者和探险家，哈里逊·福尔曼的足迹遍布世界各个角落，亚洲、非洲、欧洲……他来到中国后，曾获准参加蒋介石主持的高级别内部会议；他前往延安，与毛泽东等中共领导人进行畅谈。后来他根据自己在中国的经历，撰写《北行漫记》。[①] 1938年7月5日，他从上海虹口启程，乘飞机经停南京，去往徐州，最后到达河南开封。在徐州期间，哈里逊通过在天主教、基督教教堂进行实地采访，深入了解在教堂内避难的徐州人的生活情况；他在徐州街道调研，了解"沦陷"的徐州市场物资供应情况；他在徐州周边采访，了解战争期间徐州治安和日军活动情况。在日记中，他不仅描述遭战火洗劫后的徐州城市面貌，还对"徐州会战"进行分析，并就国民党军队"西撤"、弃城问题发表观点。在日记中，他使用 Hsuchow 来作为徐州的英文拼写。

罗宾·海德，原名艾瑞斯·惠金森（Iris Wilkinson），新西兰著名的诗人、作家和记者，新西兰历史上最重要的作家之一。在罗宾·海德的诸多作品中，以《腾》（*Dragon Rampant*）为代表的作品源自她在日本侵华时期的见闻和体悟。今天我们可以读到的相关文献主要来自她当时发表的新闻稿、手稿、后人整理的著作以及她的儿子德里克（Derek）撰写的《艾

---

① Harrison Forman, *Report From Red China*, Michigan: H. Holt and Company, 1945.

瑞斯的人生》[①] 一书。

在徐州沦陷期间，罗宾·海德致力于收集各类战场信息，撰写新闻通告和日记。1938 年 7 月，罗宾·海德在《今日妇女》（*Women Today*）在徐州期间，为包括《妇女报》、《曼彻斯特卫报》等在内多家西方媒体服务，担任徐州会战战地记者的职务。她结合自己的徐州见闻，尤其关注日军袭城、城市居民的生活、伤残军人救助以及在徐外国人等主题，撰写了大量新闻报道和战地日志。在罗宾·海德留下的资料中，Hsuchow 是最为常用的表达。这一点她与哈里逊·福尔曼是一样的。

从哈里逊和罗宾·海德的影响力角度来看，他们对徐州的记录往往会成为各大媒体记者、各界学者，甚至政要了解徐州的重要参考资料。因此，他们对徐州地名的拼写方式具有更加深远的影响。在他们的笔下，Hsuchow 成为徐州的英文对应词。因此任何阅读他们资料的读者都会形成在国际视野下审视这座中国中等城市的印象，并留下历史记忆。当然，从媒体和出版视角介绍徐州的并不仅仅局限于哈里逊和罗宾·海德。鉴于徐州地区所发生的重大军事行动和政治事件，西方媒体机构通过派驻记者、新闻转载等方式密切关注徐州的社会变化。

徐州会战期间，美国、澳大利亚、英国、新西兰、荷兰等国媒体记者对此战进行了专题式的跟踪报道，并称徐州会战为世界战争史上的经典战役之一。然而，国内外对于徐州会战的国际视角的研究依然相对薄弱，大量的史料有待进一步挖掘。比如，笔者通过对澳大利亚 Trove 新闻数据库检索，[②] 结果发现，Suchow，Tsuchow 是该时期最为常见的拼写方式。这些地名通常与重大事件同时出现，比如 Battle for Suchow，Battle of Suchow，Battle for Tsuchow，Battle of Tsuchow 等。

同时，笔者通过 SEARCHPROQUEST. COM 数据库，以 Battle for Suchow，Battle of Suchow，Battle for Tsuchow，Battle of Tsuchow，Battle of Xuzhou 为关键词，选择 "*New York Times*" 作为检索媒体，时间限定在 1938 年 1~6 月，然后进行检索，后对检索结果进行人工甄别，最后选出 14 篇有效样本。由此可见，Tsuchow，Suchow 和 Hsuchow 是英语世界媒体最常用的拼写方式。

（三）来徐美国传教士记录文献中的徐州拉丁化拼写

美国南方长老会传教士弗兰克·奥古斯塔斯·布朗（Frank A. Brown,

---

① Derek Challis, *The Book of Iris*：*A Life of Robin Hyde*, Auckland University Press, 2002.

② https：//trove. nla. gov. au/newspaper/.

中文名为"彭永恩")是民国时驻徐州时间最久、参与徐州社会生活程度最深的英语国家传教士。他于 1876 年 12 月 4 日出生在美国弗吉尼亚州，后来经美国南方长老会派遣来到中国。最初在泰州，1911 年被调至苏北差会徐州传教站工作，直到 1949 年离开中国。在徐州期间，彭永恩通过为美国教会机构撰写工作报告、抗日战争期间为美国媒体撰写徐州战况文章等公开渠道将徐州介绍给美国，同时通过个人日记[①]等渠道留下了很多关于徐州的文献记载。而在由其子彭光亮所整理、编写的《遗产——传教士弗兰克·奥古斯塔斯·布朗在中国》一书中，Suchow 是他们常使用的拼写方式。[②] 这一拼写方式与美国南方长老会编写的《中国传教指南》是一致的。[③]

（四）徐州地名拉丁化拼写的法语视角

在诸多关于徐州国际交往史的资料中，来自加拿大魁北克省的天主教神职人员所撰写的各类图书较为系统、全面，因而具有很高的研究价值。近代天主教在江苏的传播路线是从江南开始再到江淮最后到黄淮地区，呈现南北传递之势。在近代铁路交通兴起之前，江南传教士主要沿运河北上徐州布教，从而最先到达徐州东部位于运河沿岸的城镇。这些耶稣会士来自法国、德国、意大利、匈牙利和加拿大等国，其中以法籍耶稣会士人数最多。19 世纪末 20 世纪初，法国传教士在徐州市区以及沛县、丰县、邳县（现邳州市）、睢宁、萧县（当时属徐州管辖）等多地建设教堂，派遣传教士进行传教。一战以后，由于国内支持力量的下降，法国在华传教事务逐渐由加拿大魁北克省天主教会接替。

在徐州地区，法籍耶稣会士艾赍沃（Leopold Gain，又译为利奥波德·盖恩）起到了承前启后的作用。他于 1882 年 6 月 7 日第一次到徐州，1908 年主持设计建造徐州耶稣会堂，后于 1911 年离开徐州。截至 1910 年，在徐法籍天主教传教士有 17 人。1911 年，法籍耶稣会士汤义方由上海来到徐州主持教会工作，后于 1915 年离开，其工作由加拿大籍耶稣会士盛都恒接手。自 1918 年起，由加拿大蒙特利尔市派到徐州的耶稣会士总人数达

---

① 比如彭永恩日记《在华最后 100 天》。该日记于 1949 年 2 月在上海印刷出版。日记中详细记录了彭永恩对中国共产党和中国国民党之间的"内战"的观察和思考。

② 〔美〕乔治·汤姆森·布朗（彭光亮）：《遗产——传教士弗兰克·奥古斯塔斯·布朗在中国》，非公开出版，2004。

③ *China: Questions and Answers for Mission Circle and Bands*, Philadelphia: Woman's Foreign Missionary Society of the Presbyterian Church, p. 19.

70 余人，进而形成了以徐州为中心的加拿大在华传教格局。① 这些传教士对徐州地区进行了较为全面的田野调查，并在此基础上撰写传教报告、出版研究专著。这些著作在一定程度上保存了徐州地区的历史文化信息，为今日学术研究提供了史料参考。

从当前已经发现的资料可以看出，使用法语拼写徐州主要有两种类型：Süchow 和 Siu-tcheou fu。其中埃提纳所撰写的《关于徐州府湖团的历史记录：以五段地区为例》（1914）、盛世音的《加拿大人在中国：徐州概况与加拿大耶稣会士传教区》以及法籍耶稣会士艾贲沃基于各种往来书信而撰写的《疯狂的徐州使者，南京的牧师》（1931）等著作使用 Siu-tcheou [Fou]，而兰文田在其撰写的《徐州教区（1882～1931）》和《徐州教区（中国）：加拿大耶稣会传教区域 1918～1954》中使用 Süchow。② 这些资料聚焦徐州社会、民俗和宗教文化，形成了最早关于徐州与西方天主教文化交流的文献基础。

（五）徐州的拉丁化拼写的中国视角

民国时期的徐州与国际社会保持着邮政等渠道的联系，这些邮政资料具有官方属性，因此考察历史上的邮政信息对于考察徐州拉丁化拼写规范和中西文化交流很有价值。从当前笔者所收集到的各类与徐州相关的邮件地址和邮戳标识来看，在邮政体系中，徐州的拼写方式主要有：Süchow，Suchow（fu）和 Hsuchow。比如，1948 年徐州地区发行的一款邮票即标注为：Süchow China. 1948。在该时期，从徐州寄往海外的邮件，很多也采用 Süchow 或 Suchow。③ 甚至在 1948 年 6 月 15 日宋美龄写给美国南方长老会在徐牧师彭永恩夫妇的信件中，Suchowfu 也是反复使用的外文表述。在 20

---

① 李晟文：《1918～1955 年加拿大法裔耶稣会士在徐州的传教过程初探》，《国际汉学》第 14 期，2006 年。

② 这些图书包括：（1）Étienne Zi [Xu 徐]（埃提纳），*Notice historique sur le t'oan 团 ou cercles de Siu-tcheou fu*（徐州府），*particulièrement sur ceux du district de Ou-toan* 五段 [M]，Chang-hai：Imprimerie de la Mission Catholique，1914.（2）Édouard Lafortune（盛世音）. *Canadiens en Chine：croquis du Siu-tcheou fou：mission des jésuites du Canada* [M]，Montréal：l'Action paroissiale，1930.（3）Le Pére L. Gain（艾贲沃），*apôtre du Siu-tcheou fou，vicariat de Nan-King* [M]，Chang-hai：Impr. de l'Orphelinat de T'ou-sè-wè，1931.（4）Rosario Renaud（兰文田），*Süchow，Diocèse de Chine，1882-1931* [M]，Montreal：Les Editions Bellarmin，1955.（5）Rosario Renaud，*Le Diocèse de Süchow（Chine）Champ apostolique des Jésuites canadiens de* [M]，Montreâl：Bellarmin，1982。

③ 见发行于 1931 年的航线开通纪念封：国内航空纪念，南京—北平。途经徐州、济南和天津。

世纪 40 年代徐州邮政系统所使用的邮戳中，也会使用 Hsuchow 作为外文表述。这反映出那个时代外文地名拼写相对混乱的状态。

三　对于徐州地名拉丁化拼写历史进程的评述

根据相关资料记载，在采用汉语拼音标注中国地名之前，徐州城市的名称的罗马拼写方式还有 Hsu - chou 和 Hsü - chow，[①] 只是这些表述的使用频率不是很高。同时，在外文资料中，由于当时徐州政府驻地位于徐州市铜山县，徐州与铜山（Tongshan，1912～1945）的名称也会交替出现，实质上指向同一个地方。综合以上文献梳理与分析，可以看出历史上徐州的外文表述主要有以下几种（见表 1）。

表1　徐州地名拉丁化拼写汇总（英、法文）

法语	Siu-tcheou [Fou]	Süchow		
英语	Hsuchow	Tsuchow	Suchow	Süchow

20 世纪以来形成的徐州地名拉丁化拼写多样性，既表明了徐州与西方世界跨文化交流的多阶段性和多层面性，也显示出中国在整个进程中的被动性和话语权缺失问题。

首先，在不同的历史时期，徐州与西方国家之间的交流缺乏统一的语音转译标准，造成了翻译的混乱。这一现象与外来词汉译所遭遇的问题具有一定的相似性。外语和汉语的音节数量、音节组合方式存在不对称现象使得其在汉语中找不到相应音素，而进行音素——对应译写时必须对原外语音素进行必要的替换处理，即音素替换。[②] 因此，当来徐西方人以拉丁语拼写方式转译徐州地名时，他们更多从自身拼写习惯、所代表组织或机构的既定翻译方式出发，故而形成了同一个语言体系、同一个国家范围内翻译的不一致性。

其次，民国时期来自新西兰、美国、法国、加拿大等国家的人士对徐州认知的知识源存在多样性。来自法国和加拿大魁北克法语区的天主教耶稣会士对徐州的认知具有高度一致性，体现出其有组织、有计划的行动特点。这些耶稣会士在来徐州之前都接受了相关知识教育，形成了对于徐州

---

① Twitchett, Fairbank, *The Cambridge History of China*, Vol. 5: *The Sung Dynasty and Its Precursors*, *960～1279 AD*, *Part Ⅰ*, Cambridge University Press, 2009, p. 1042.

② 刘祥清：《外来词音译汉化研究》，《外国语文》2019 年第 2 期。

的一定认知。比如，从法国派驻徐州的传教士一般使用 Siu‐tcheou［Fou］来指代徐州，而来自加拿大的传教士则更多使用 Süchow。这与英语国家的来徐人员不同。美国、新西兰、澳大利亚等国来徐州人员对徐州的新闻报道使用多种拼写方式，说明其缺乏必要的参照标准和协调性，具有一定的自发性特征。这些多样拼写也更容易造成国际读者的迷茫。

最后，比较英法两种语言拼写方式，可以看出法语拼写对英文拼写产生了一定的影响。法语中的 Süchow 逐渐为美国人所接受，并且经过略微变化，形成了 Suchow。这一变化不仅体现在宗教人士的文献记录中，同时体现在新闻报纸（比如《纽约时报》）和邮政物品（比如明信片）上等。

四　结语

从中西交通史的角度来看，民国时期徐州地名拉丁化拼写演变对于中国地理名称拼写历史研究有着重要意义。作为苏鲁豫皖交界处的中心城市，徐州凭借独特的交通区位优势和战略地位而持续吸引国际社会的关注。然而，很多时候欧美人通过学习历史或阅读历史文献，对中国尤其是对中国地方历史和文化形成一定的认知。由于存在拼写体系的差异，他们常常会感到混乱。笔者曾经与不同背景、年龄且对中国有一定了解的外国人就此问题进行交流，结果发现他们对 Peking 和 Beijing、Shanghai 和 Chiang Hai、Canton 与 Guangdong 等都存在不确定性。这些国际化大都市具有很高的国际知名度，但依然在外国人那里形成了理解上的偏差，对于中等规模的徐州市而言，国际认知的挑战性也是不言而喻的。相信很少有外国人能够将 Tsuchow 和 Xuzhou 等同起来。从这个意义上讲，本文在一定程度上回答了这样的问题，解释了可能存在的历史名称翻译中的困惑。

电影与抗战动员：国民政府军事委员会
电影放映队的实践 *

郭　洋 **

提　要　作为视听媒介的电影，相比于传统的纸质媒介，在政治宣传、战争动员、民众教育等方面均扮演着特殊角色。全面抗战时期，电影被国民党视为一种重要战争动员工具，为此，不同主体进行了相关实践。国民政府军事委员会政治部的电影放映队，便是国民党军队动员工作中的特殊力量。他们以放映机、发电机、胶片、幕布等为武器，在宣传政府抗战政策、传播抗战英雄事迹、动员民众支持抗战等方面发挥了不可替代的积极作用。但数量不多的电影放映队也遇到了资金不足、设备老化、交通不便等困难，实际效果不尽如人意。从长时段来看，战时国民政府军事委员会电影放映队的实践活动，是 1949 年后中共在基层大规模创建电影放映队的先声。

关键词　政治部　抗日战争　电影放映队　国民党抗战动员

现代国家为了获得战争胜利，不惜使用一切工具与手段进行战争动员，以最大程度集中资源为战争服务，这就是所谓的战争"总动员"或"全面动员"。媒介，特别是大众媒介被纳入战争动员的范畴，成为国家所倚仗的重要工具。20 世纪上半叶发生的两次世界大战证明：报纸、书刊、电影、电视、无线电广播等大众传媒与战争动员有着密切关系。① 特别是

---

*　本文为中国人民政治协商会议湖北省委员会委托课题"国民政府军事委员会政治部第三厅文史专题历史研究资料"的阶段性成果。

**　郭洋，南京大学中华民国史研究中心博士研究生。

①　传播学上认为大众媒介具有传播信息、引导舆论、教育大众与提供娱乐的正面功能。参见王宇《大众媒介导论》，中国国际广播出版社，2003，第 22～27 页。

一战之后，欧美多国的政府对电影予以了密切关注，投入人力、物力摄制了多部政治教育电影，如纳粹德国的《意志的胜利》、苏联的《恰巴耶夫》、美国的《我们为何而战》等。

电影于 19 世纪末传入中国，20 世纪 20 年代逐渐流行于各大城市。全面抗战爆发前，国民党和国民政府已经在政治活动中注意利用电影进行宣传。如中宣部直属的中央电影摄影场、军委会南昌行营政训处的电影股，都开始拍摄宣传教育影片；教育部与内政部组成的电影检查委员会，加强了对电影制作与放映的管理。卢沟桥事变后，在抗战建国背景下，电影放映队作为一种"流动的电影院"被国民党寄予厚望。1938 年初，军事委员会政治部成立后，陆续建立了 10 支电影放映队，他们奔赴抗战大后方与各战区，深入基层，宣传前线将士的抗日事迹，试图动员各界民众，"有钱出钱、有力出力"支持抗战，成为战时国民党军队动员工作中的独特存在。遗憾的是，迄今为止，有关军委会政治部电影放映队的史实还比较模糊，许多细节不为人知，历史学界和电影学界甚少有人予以关注。① 因此，本文主要使用中国第二历史档案馆所藏相关档案，努力建构相关史实，以期为学界提供一个新的视角来观察战时国民党的战争动员工作。

一 抗战前国民党军队的电影事业

早在 1925 年，黄埔军校的黄埔同学会便创设了血花剧社，在剧社中附设了电影这一项活动，添置电影设备，配有专门的电影工作人员。北伐开始后，血花剧社在北伐军总政治部的指挥下，携带自己摄制的影片随军出发，"军行所至，每晚必放映电影，宣传本党主义，以与军民同娱，所得

---

① 以笔者目力所及，学术专著中仅有杨燕、徐成兵《民国时期官营电影发展史》（中国传媒大学出版社，2009）对国民党电影放映队有所提及。学术论文中，仅见陈佑慎的《迁台前的国军电影事业（1926~1949）》（《国史馆馆刊》2012 年 12 月）和陈诼玮的《特殊的传播者：中国电影放映队发展史简述》[《福建论坛》（社科教育版）2009 年第 6 期]对此课题有所论述。前者系统梳理了国民政府时期国民党军队电影事业的发展过程，对电影放映队的史实有简单介绍；后者则是大纲性的简介，并无深入研究。英语学界尚无与本文直接相关的研究，但已有论述探讨了电影与战争动员的关系，如 Kevin Levin, "Teaching Civil War Mobilization With Film," *OAH Magazine of History*, Vol. 26, No. 2, 2012。此外，电影与政治的相关研究对笔者也有所启发，如 Allyson Nadia Field, "Who's We, White Man? Scholarship, Teaching, and Identity Politics in African American Media Studies," *Cinema Journal*, Vol. 53, No. 4, 2014; Melvyn Stokes, "Race Politics and Censorship: D. W. Griffith's 'The Birth of a Nation in France, 1916~1923'," *Cinema Journal*, Vol. 50, No. 1, 2010; 等等。

成效甚著"。① 南京国民政府成立后，受"清党"影响，国民党军队政工陷入低潮，军中电影事业也不再被关注。国民党四大后，CC系主导了中央电影事业指导委员会和中国教育电影协会，军方电影事业相对低调。考虑到"剿共"的需要，自1933年起，蒋介石催促陈果夫与贺衷寒办理有声电影事业。② 蒋同时指示励志社的黄仁霖，将有声电影设备及人员移交给贺衷寒使用。③ 贺衷寒此时担任军事委员会南昌行营政治训练处处长。在他的主持下，南昌行营政训处设立了电影股，具体工作由郑用之负责。到1935年春，电影股已经有50多名工作人员，设备还算齐全。不久，该机构迁往武汉，更名为汉口摄影场。卢沟桥事变后，汉口摄影场扩充为中国电影制片厂，厂长郑用之，副厂长罗静予，直属于新成立的军事委员会政治部。④ 当时风靡一时的抗战电影《八百壮士》便出自该厂。

总的来看，国民党军队电影事业虽然起步较早，但直到卢沟桥事变前，成绩一般，基础薄弱。究其原因，一是在国民党中央层面主导电影事业的是CC系，受派系斗争影响，直接导致由复兴社主导的军队电影事业发展艰难。二是抗战前中国的商业电影市场已经相当发达，消费人群主要是大城市中的民众。而军队电影多是政治教育片，经济效益差，投资很难获得回报，不受一般电影制片公司的关注。此外，国民党在这一时期对电影的工作重心是管理与检查，而不是生产与制作，所以无论是党营电影还是军队电影都未有太大起色。概而言之，国民党虽然已经意识到电影的大众传播功能，推动政治宣传与教育工作，但相关机构实践力度不大。抗战前电影的娱乐功能得到了较大程度的开发，但政治宣传作用还未得到充分挖掘。

二　军队电影放映队的创建

国民党认为"党乃思想作战的军队，而宣传理论之供给，则等于军

① 方治：《中央电影事业概况》，中国教育电影协会编《电影年鉴1934》（影印本），中国广播电视出版社，2008，第555页。

② 《蒋中正致陈果夫电》（1933年4月19日），"蒋中正总统文物"，台北，"国史馆"，典藏号：002 - 020200 - 00032 - 028；《蒋中正致陈果夫、贺衷寒电》（1933年5月27日），"蒋中正总统文物"，台北，"国史馆"，典藏号：002 - 010200 - 00084 - 049。

③ 《蒋中正致黄仁霖电》（1933年4月8日），"蒋中正总统文物"，台北，"国史馆"，典藏号：002 - 010200 - 00081 - 025。

④ 郑用之：《三年来的中国电影制片厂》，范国华编《抗战电影回展：重庆》，重庆市文化局，1985，第110～114页。

需，固万不容轻视"。① 战时体制下，国民党试图向各阶层宣传"三民主义"，灌输"民族至上、国家至上"的观念，以取得"一个国家、一个领袖、一个政党"的政治认同。为此，国民党计划利用电影、戏剧、歌曲等多种媒介，实现"发动民众，组织农工商学各职业团体，改善而充实之，使有钱者出钱，为争取民族生存之抗战而动员"。② 抗战军兴，中国电影界也意识到电影应该在长期抗战中发挥独特作用。新成立的中华全国电影界抗敌协会，在成立宣言中提到，"要使每一张影片成为抗战到底的武器，使它深入军队、工厂和农村中去。建立一个新的电影战场，集中我们的人才，一方面以学习的精神来提高自身教育，一方面以集体行动来服务抗战宣传"。③ 如何有效开展战争动员，让"上中下分子切实觉醒，人人抱定国存与存、国亡与亡之决心"，④ 对于战争初期的国民政府来说是一项艰巨的任务。

中国电影界的爱国理想，若依靠过去城市中的公共空间——电影院已经很难实现。卢沟桥事变后，中国最发达地区的电影市场几乎全部停滞，国民政府控制区域内的电影院数量极少。据罗静予介绍："抗战前全国电影院的总数为 294 家，到了 1941 年，保存在非沦陷区的仅有 79 家，事实上这 79 家即使分配于四川一省亦不够。"⑤ 此时，电影传入中国已有 40 余年，然而对大多数中西部地区的民众来说，电影是一种异域而来的新奇玩意儿，看电影仍是一种比较奢侈的行为。大后方的电影院数量太少，中国的本土电影生产业本就基础薄弱，再加上受资金和片源的限制，短时间内不可能在大后方的城市与乡镇建立起大量电影院。因此，对于国民党来说，主客观情况都使电影放映队这种"流动的电影院"成为性价比较高的选择。

战时负责国民党军队宣传与动员工作的机构是军事委员会政治部。该部成立于 1938 年 2 月，陈诚为部长，下设四个厅，其中专门负责宣传工作的是第三厅，厅长为郭沫若。第三厅聚集了大量左翼电影人士，其管理的中国电影制片厂短期内拍摄了一些高质量的抗战电影和宣传短片。日后电

---

① 《中国国民党临时全国代表大会通过之对于党务报告决议案》，中国第二历史档案馆编《中华民国史档案资料汇编》第 5 辑第 2 编《政治》，江苏古籍出版社，1998，第 384 页。
② 《中国国民党抗战建国纲领》之第二十五条，《中华民国史档案资料汇编》第 5 辑第 2 编《政治》，第 152 页。
③ 《抗战电影》创刊号，1938 年 3 月 31 日。
④ 陈诚：《陈诚先生回忆录·抗日战争》，台北，"国史馆"，2005，第 23 页。
⑤ 罗静予：《论电影的国策——并呼唤迎接电影技术的大革命》，《中国电影》第 1 卷第 1 期，1941 年 1 月 1 日。

影放映队所放映的电影，如《八百壮士》，多为"中制"在武汉抗战时期所制作的。建部之初，政治部职员华文宪就宣传动员一事向陈诚建议："全面抗战发生以来，各方动员工作尚未深入，军民之情愫与民族之自信力各端，仍未见有明显进步。敌我双方无不以政治工作为急务者。职意首重遴选人才尤须注意于训练与计划，周慎从事。现武汉区域，艺术专才居留颇多，应请急行罗致，予以思想及军纪之训练，务期成为战时艺术中心，音乐、戏剧、影术等。"① 该职员认识到武汉在当时的特殊地位以及艺术界与抗战的密切关系。事实也的确是朝着华文宪的思路进展的。很快政治部第三厅便网罗了一大批文艺人士，他们在当时被称为"名流内阁"。② 在这些文艺名流中，不乏一些中共秘密党员，如田汉、郭沫若、阳翰笙等，由此，电影放映队的创建便有了师资条件。

军委会政治部为在短时期内培训电影人才，决定在武汉开办电影训练班，招募流亡的大、中学生，组织阳翰笙、史东山、郑君里等知名电影专家讲授电影知识，开展电影技术训练。训练班于 1938 年 7 月正式开始，郭沫若亲自来上第一课。"他讲了办班的目的、要求和任务，主要是运用电影这一武器去宣传群众、组织群众，把抗战进行到底。"③ 训练班课程分为两大类：一类是政治、文艺宣传课，另一类是电影放映技术课。授课的教员是当时中国电影界的顶级专家。如讲电影艺术的是史东山，讲电影配乐的是冼星海，讲编剧的是洪深、田汉，讲放映技术的是罗静予，等等。武汉沦陷后，训练班迁往长沙，后撤退到衡阳，于 1938 年底结束。1938 年12 月 1 日，军委会政治部正式组建了 3 支电影放映队（次年扩大为 10支），每队配有一部放映机、一部发电机（见表 1）。④

表 1　最初成立的三支电影放映队基本情况一览

单位：人

团队名称	负责人	人数	驻扎地点
电影放映队第一队	林斐	32	衡阳
电影放映队第二队	欧阳齐修	32	桂林
电影放映队第三队	彭介人	12	桂林

资料来源：军委会政治部档案，全宗号：772，案卷号：895。

---

① 《国民政府军事委员会政治部档案》，中国第二历史档案馆藏，全宗号：772，案卷号：802。简称"军委会政治部档案"。

② 肖效钦、钟兴锦主编《抗日战争文化史（1937～1945）》，中共党史出版社，1992，第 81 页。

③ 舒文：《抗日战争中的电影放映队》，《新文化史料》1994 年第 3 期。

④ 舒文：《抗日战争中的电影放映队》，《新文化史料》1994 年第 3 期。

创建初期，电影放映队所携带的影片多是"中制"出品的，如《抗战特辑》《保卫我们的土地》《热血忠魂》等。这些电影是当时在大后方流传甚广的佳片，是中国早期抗战电影的代表作。1939 年 7 月，军委会政治部成立了电影放映总队，负责管理 10 支分队。[①] 至此，国民党军队中电影放映队初具规模，他们在广袤的大后方与各大战区间开始了流动"作战"。

三　电影放映队下军下乡展开工作

军人应接受必要的军事训练，方可上阵杀敌。电影放映队的队员们也是如此，他们在开始工作前，要接受相关专业训练。然而由于战时情况的特殊性，常规训练无法正常开展。因此，队员们只能接受短期的基本训练。通常训练时间为两个星期，训练内容包括：总队长精神讲话四小时；电影常识四小时；制片过程两小时；放映常识四小时；放映实习十四小时；电气常识四小时；电气实习十四小时；无线电常识四小时；无线电实习十小时；等等。[②] 这样的短期速成训练是非常态的操作，放映队的专业素养很难得到保证，为日后的困境埋下了隐患。

每个放映队都有自己的工作区域，各队在本区域内巡回放映电影。每次放映电影，所选之地点一般为较空旷之地，适合多人聚集观看，如学校操场、军营、各地的民众教育馆等，这就是当时的露天电影了。每次放映之时，均有相关人员观察记录，统计观众的人数及职业，记录观众的观影情绪等。各队会形成月度工作报告表，汇总到位于重庆的总队。如表 2 为电影放映队第一队的某次放映活动记载。

表 2　电影放映队第一队放映活动记载（1943 年 3 月 6 日）

时间	1943 年 3 月 6 日下午 7 时
地点	南平俱乐部

① 首任总队长为郭沫若，1940 年由何浩接任。郑用之长期担任副总队长，负责实际事务。郑用之原名郑峻生，四川自贡人，黄埔三期，酷爱摄影，曾在军委会南昌行营政训处处长贺衷寒手下任职，担任电影股股长。著有《如何抓住电影这武器》一书，提出"电影武器论"。

② 《军委会政治部电影放映总队各队政治指导员短期技术训练实施办法》，军委会政治部档案，全宗号：772，案卷号：895。

续表

电影名称	《小天使》
观众情绪及批评	剧情颇佳，情绪尚好
观众人数及其成分	农民 200 余人，商人 400 余人，学生 500 余人，军人 400 余人，公务员 300 余人，其他 300 余人，合计约 2200 人
放映队员姓名	孙正敏　王蜀曾
发电队员姓名	朱剑秋　许本良

资料来源：军委会政治部档案，全宗号：772，案卷号：905。

这样的放映活动记载，是检验他们工作效果的重要依据。从相关具体内容可以看出，放映队需要了解观众的观影反馈情况，记录观影人数与职业，这是很明显的技术行为，而非单纯的电影放映活动。以传播学相关知识来解释，这意味着放映队是信息的传播者，电影就是他们要传播的信息，而观众作为信息的接受者，会对信息产生反馈，这对信息传播者而言是非常重要的。至于说这样的记载，是否就能充分显现出传播活动的意义，恐怕还需要进一步论证。因为传播行为的全部意义是很难从表面看出来的。每一种传播行为，每一个传播者和接受者，都各有一套目的和原因。①

就笔者阅览过的上百件工作报表来看，差不多每一次放映活动都吸引了数量颇多的观众。如第一放映队于 1943 年 3 月 7 日放映的《战士》，观众达 2350 人；3 月 8 日放映的《保卫我们的土地》，观众达 1500 人；3 月 27 日放映的《塞外风光》《农人之春》，观众则有 1400 人。② 在军委会政治部档案中，类似这样的放映活动记载还有很多。各分队的电影放映活动大多留下了详细的记载，每月汇总，形成报告上交给总队。据笔者粗略统计，各队平均每月放映电影 2 次，每次至少放映 1 部电影，多为国防教育类影片，偶有娱乐片。各地由于存在方言差异，可能会产生对电影内容的不理解。有时候放映队还会请当地士绅对电影内容进行间歇讲解，以便观众能更好地理解电影的内容。解读放映队的工作方式，不难看出，放映队不是单纯地放电影，而是试图掌握放映活动能对多少人产生影响、他们都是些什么人。就电影内容而言，鲜见纯粹的娱乐片，多为带有政治教育性的电影。由此可见，在特殊时期，电影的艺术性已经让步于政治性。一言以蔽之，露天电影放映，这种因地制宜的宣传活动，蕴含着一定的政治经济学原理，是特定时空中的特殊表现形态，是一种兼具多种功能并承载特

① 〔美〕威尔伯·施拉姆：《传播学概论》，陈亮等译，新华出版社，1984，第 25 页。
② 《电影放映队第一队工作报告表》，军委会政治部档案，全宗号：772，案卷号：905。

定使命的电影传播。①

1942 年 10 月，各分队工作区域发生变动。调整后的分布情况为：第一队在福建南平，第二队在湖南长沙，第三队在陕西宝鸡，第四队在湖南衡阳，第五队在重庆，第六队在陕西西安，第七队在河南灵宝，第八队在四川东部沿江一带，第九队位于重庆，第十队从缅甸败退修整，新编第一队在青海西宁。此时，经过几年的消耗，电影放映队已经严重"缺兵少粮"，需要更新设备，补充新影片。时任军委会政治部部长张治中向蒋介石建议："目前政治部有电影放映队 11 个，配属九大战区，除总队外，原有之第 10 队在云南服务，后随远征军进入缅甸，撤退时损失惨重，目前在重庆修整。本部现呈请利用租借法案，向美国申请专款一百万美元，购置大量大小型电影放映机及摄制设备，拟于明年度增设三十九个放映队。"②然而由于"史迪威事件"的发酵，原定之 100 万美元专项援助缩减为 30 万美元。迨至 1944 年春，电影放映总队方获得 40 部新式小型电影放映机。③ 这姗姗来迟的援助，总算是解了燃眉之急。抗战胜利前夕，电影放映总队奉命撤销，由中国电影制片厂管理各放映队。④

四　电影放映队取得的成就与遭遇的困难

1939 年 3 月 12 日，国民政府公布了《国民精神总动员纲领》，决定在全国实施抗战精神总动员。诚如《纲领》所言：前期抗战，军事与精神并重；而第二期即后期抗战，精神尤重于军事。非提高吾全国国民坚强不屈之精神，不足以克服艰危而打破敌人精神制胜之毒计。⑤ 战争动员由法国大革命时开始制度化，而大规模的战争动员发生在两次世界大战中。⑥ 现

---

① 李道新：《露天电影的政治经济学》，《当代电影》2006 年第 3 期。

② 《张治中呈蒋介石电》，军委会政治部档案，全宗号：772，案卷号：634

③ 《罗静予致张治中电》，"蒋中正总统文物"，台北，"国史馆"藏，典藏号：002 - 090103 - 00004 - 193。

④ "中制"短期内培训了 90 余名技术人员，随即利用这批美援设备新组建了 30 支放映队。不久军委会撤销，国防部成立，特勤处奉命管理军队电影放映队。1946 年特勤处重新分配 40 支放映队，在东北者 4 个队，西北者 3 个队，华北者 5 个队，苏北鲁南前线者 9 个队，西南者 5 个队，华中者 14 个队。

⑤ 《国民精神总动员纲领》，重庆市档案馆、重庆师范大学编《中国战时首都档案文献·战时动员》（上），重庆出版社，2014，第 296 页。

⑥ 二战后，美国军方认为美国在二战中能取得胜利，基本上归功于它强大的战争动员能力。参见 Elberton Smith, *The Army and Economic Mobilization*, Office of The Chief Military History Department of the Army, Washington, D. C., 1959, p. 3。

代战争动员学认为：动员是为了应付战争或者其他重大事件而采取的措施，是国家或地区由平时状态转入战时状态的过程。统一调动人力、物力、财力为战争服务，既是动员的目的，也是动员的任务，其核心是充分利用国家现有条件和资源，形成并不断增强整体力量以战胜敌人。① 毫无疑问，电影是重要的精神动员工具。国民党曾计划建立全国电影业发行放映网，以利宣传。② 战时日本也充分意识到电影在国家动员中的作用，其《国民精神总动员中央联盟规约》中明确提到，"印刷物、映画（电影）的制作、颁布，均要依据国民精神总动员的旨趣，做彻底地普及"。③ 日军还在大本营思想战参谋部指导委员会下专门设立了映画委员会。④ 总之，中日两国均认识到电影在战争动员及辅助军事作战中的作用。由此可见，电影放映队所扮演的角色与承担的使命非同一般。

电影院服务于城市民众，而电影放映队服务于农村民众与各地驻军。据官方统计，1938～1942年，国民党军队的10支电影放映队，每支拥有2部以上的影片，多则5～6部，⑤ 放映总场次达4800余次，地域涵盖243个县（内含缅甸8个县），观众总人数达520余万人，当中以农民居多。⑥ 从国民党方面的统计数据来看，放映队取得了不错的成绩。不过，对于这样的统计数据还是要持审慎的态度。他们在大后方巡回工作，足迹遍布湘、鄂、赣、浙、皖、粤、黔、川、陕、甘等省，最远曾随远征军到达缅甸。杨邨人认为："电影是现代工业的产物，山野农村的民众，对于这一机械化电气化的有声影片的享受，简直是梦想不到的幸福，因之电影在山野农村放映，是一种传播现代文明的福音。"⑦ 这种观点，从传播学角度阐明了

① 刘鸿基：《战争动员学》，国防大学出版社，1992，第2～3页。
② 《国民党党务三年计划大纲》，中央宣传部档案，中国第二历史档案馆藏，全宗号：718，案卷号：99。
③ 「国民精神総動員中央連盟声明書昭和12年10月」防衛省防衛研究所、JACAR（アジア歴史資料センター）Ref.C12121702000。
④ 「思想戦参謀部組織図」『高嶋少将史料』防衛省防衛研究所、JACAR（アジア歴史資料センター）、Ref. C12121482200。
⑤ 《国军政工史稿》，台北，"国防部史政局"，1960，第898页。
⑥ 谢永炎：《放映队介绍（一）》，《中央日报》1942年12月9日，第6版。也有统计表明，从1938年12月到1941年12月，电影放映队累计放映电影次数在3500次以上，吸引观众达1800万人。《杨邨人关于军事委员会政治部电影放映队三年来工作情况的报告》，中国第二历史档案馆编《中华民国史档案资料汇编》第5辑第2编《文化》（1），江苏古籍出版社，1998，第150页。
⑦ 《杨邨人关于军事委员会政治部电影放映队三年来工作情况的报告》，《中华民国史档案资料汇编》第5辑第2编《文化》（1），第149页。

电影放映队发挥的积极作用。国民党军队的电影放映队，流动"作战"，下乡下军，在宣传、动员工作之外，对于中西部地区那些从没有接触过电影的人来说，的确起到了"祛魅"与"启蒙"的作用。

一些地方军政官员对电影放映队的工作给予了充分肯定，如军委会驻桂黔组主任李毅向陈诚汇报说："电影若能深入人心，其效力之伟大，远远出人意料。每见一地间放抗战影片，便见观众血脉喷张。老弱妇孺，莫不皆然，稍有血性者，尤觉奋拳振臂，频添不少抗战情绪。若能尽量多制，不论城市乡村，随处放映，并以最低廉代价吸引观众，其效力所及，必能使有钱出钱、有力出力，无形中增加抗战力量，对于灌输国家民族思想，提创现代科学常识，促进民众防空技能，使之普遍化、军事化，收效尤速。"① 胡宗南致电陈诚说："西北民智闭塞，宣传方法困难，河防士气日趋挫奋，急需加紧鼓励频次，政工会议众请派电影工作队来本战区巡回工作，借以提高军民抗战情绪，亦即加增抗战力量可否。"② 太平洋战争爆发后，战火烧至东南亚，中国西南边陲形势危急。朱家骅致电军委会政治部称："云南沿边地区面积约十万平方公里，长年在旧势力统治之下，改土归流之后，旧势力仍然存在。人民吃苦耐劳，但是缺乏国家观念，鉴于日寇侵入越南，煽动傣族自治。应急需积极教导边民使之内向，为使土官受训，加强政治工作，宜派巡回电影放映队、歌剧团等宣扬国家政情，详解中土文物，激发土民内向之心。"③ 胡宗南与朱家骅均意识到了电影的政治属性，对电影放映队起到的宣传作用给予认可。

总之，从电影放映队自身的统计数据与他者的肯定来看，不可否认，国民政府电影放映队在战时取得了不俗的成绩，在一定程度上实现了预定目的。电影放映队 1938～1942 年的工作成果统计如表 3 所示。

表 3　国民党军队电影放映队的工作成果（1938～1942 年）（节选）

观众群体	农民	工人	商人	学生	公务员	其他
观众人数	3571278 人	714422 人	54848 人	432523 人	274810 人	208485 人
总放映次数	4857 次					

放映影片	影片数量	备注
《抗战特辑》第 1～4 集	各 2 部	中国电影制片厂出品

---

① 《军委会驻桂黔组主任李毅呈陈诚电》，军委会政治部档案，全宗号：772，案卷号：802。

② 《胡宗南致陈诚电》（1939 年 4 月），军委会政治部档案，全宗号：772，案卷号：904。

③ 《朱家骅致张治中电》（1942 年 10 月），军委会政治部档案，全宗号：772，案卷号：634。

续表

放映影片	影片数量	备注
《抗战特辑》第 5 ~ 6 集	各 4 部	中国电影制片厂出品
《好丈夫》	2 部	中国电影制片厂出品
《保卫我们的土地》	2 部	中国电影制片厂出品
《防御战车》	2 部	中国电影制片厂出品
《八百壮士》	2 部	中国电影制片厂出品
《抗战周年纪念》	2 部	中国电影制片厂出品
《白云故乡》	2 部	中国电影制片厂出品
《全国童子军大检阅》	2 部	中国电影制片厂出品
《热血忠魂》	2 部	中国电影制片厂出品

资料来源：谢永炎《放映队介绍（一）》，《中央日报》1942 年 12 月 9 日，第 6 版。

　　"人类是传播的动物，传播渗透到我们所做的一切事情中。"[1] 十余支电影放映队，数百名工作人员，分布在广袤的战区，面对着数以亿计的受众，到底能产生多大的传播效果呢？国民党的电影放映队活动，是一种带有强烈政治色彩的传播活动。国民党所期望实现的传播目标，与它自身的动员能力并不匹配。仅就电影放映队的实践而言，实际效果恐怕与统计数据所展现的有一定差距。如有的报纸写道："上高会战时，国军与日军坦克大队遭遇，据一位高级将领估计，这一战我军要死伤到五千人以上。但在战斗之前，参战国军全部看了电影放映队带来的影片——《防御战车》，对于坦克性能了解透彻。战斗结果，只有五百人左右的损失，这是一种不可估计的力量。"[2] 这样的描述显然不符合军事常识。战士们若未曾受过坦克防御作战的训练，缺乏反坦克作战武器，仅凭看一部教学电影，就能有如此之功效，未免有些荒谬，恐为"纸上谈兵"。笔者认为，战时电影放映队的工作，对国民党的抗战动员事业产生了一定的积极作用，能够唤醒一些观众的爱国热情与民族情怀，有助于抗战大业。但放映活动能吸引数量颇大的观众，可能并不全归功于相关主体的组织与动员，在某种程度上，可能与许多观众从未看过电影有很大关系，即猎奇心理的驱动作用。

　　若进一步考察电影放映队实际工作中遇到的困难，就能更加客观评估其得失。在实际工作中，电影放映队面临的困难是巨大的。每支放映队不过十余人，却需要携带沉重的放映机和发电机等设备，奔波在大后方的泥

---

① 〔美〕威尔伯·施拉姆：《传播学概论》，第 20 页。
② 谢永炎：《银幕战士：介绍政治部电影放映队》，《社会服务周报》第 4 期，1943 年。

汋道路上，面临着交通不便、天气恶劣、地势险恶等客观困难。时人描述："为了工作，我们的同志有时必须自己背着机器、影片。推拉着发电机，走上征途。为了爱护机器，下雨时舍弃身上的温暖，将衣服遮盖着机器。三年来的工作生活，已经使有的同志患了肺痨之疾，有的同志身体衰弱不堪了。"①作为"机械化的宣传队"，机器设备就是生存的根本。放映队活动在基层，需要应对交通不便、天气恶劣、水土不服等诸多难题，无形中加大了他们的工作难度。

随着抗战艰苦阶段的到来，电影放映队面临的更大难题是资金困乏、设备老旧、片源不足。1941 年 9 月，第九战区政治部督察员李呈瑞向张治中汇报说："9 月 9 日，窃职在第五十八师政治部工作，与本部第二电影放映队接触，据该队长称，放映队按照规定每月放映电影 2 次，然而燃料费入不敷出，每月仅四百元。电影放映设备每次行动需要夫役三十余人，差旅费每月仅一百六十元，收入支出相差甚巨，不得不经常向部队商派。查所称各节，确实符合实情，职观其队员服装均已相当破旧，无力新制，其所携带之影片除《八百壮士》和《保卫我们的土地》外，均为过时之新闻短片。职认为此项电影宣传不举办则已，举办则不能过于忽视。"② 此番言论可谓一针见血。1942 年 10 月的一份工作汇报表显示，当月总队的总收入为 75275 元，支出则是 98638 元，③ 可以说是严重入不敷出。总队的情况尚且如此，可以想象在基层工作的那些分队可能更加艰难。如第三队的报告所称："1943 年 1 月，该队队员身体尚属健康，但是生活贫苦，衣着无源，极其狼狈，穷困潦倒。本月收入 2723 元，支出 2965 元。放映电影 11 次，观影人次总计 23645 人次。但是影片破旧，工作组织极其困难。队员情趣低落，有人手脸冻伤，影响工作。"第三队所呈报告的言辞不免有些许夸张，但读来仍让人震惊，可见入不敷出的情况已经成为常态。在物价上涨的情况下，不难想象其日常生活的困难。

电影放映队的艰难情形引得时人高呼："我们希望着，今后这一个机械化宣传部队的经费必须增加，俾使在物价日益高涨之下的业务得以展开，及

---

① 《杨邨人关于军事委员会政治部电影放映队三年来工作情况的报告》，《中华民国史档案资料汇编》第 5 辑第 2 编《文化》（1），第 150 页。

② 《李呈瑞呈张治中》，军委会政治部档案，全宗号：772，案卷号：802。

③ 《电影放映总队工作月报表》（1942 年 10 月），军委会政治部档案，全宗号：772，案卷号：905。

工作人员可得维持其最低的生活。"① 电影片和电影放映机、发电机等设备对于放映队来说，犹如子弹之于步枪。"巧妇难为无米之炊"，总体数量偏少的放映队，面对更新不及时的设备、过时的电影，心有余而力不足，恐怕很难如最初设想的那样，充分宣传政府的抗日政策和将士们的英勇事迹。

电影放映队主观上也出现了一些问题，如贪污腐败，有的分队甚至受到了地方士绅的控诉。陕西虢镇镇长、副镇长、保长等士绅 11 人联名检举电影放映总队第三队代理队长张凤锦违法卖票营私舞弊。"近日第三队在本镇放映电影，卖票募捐，票价 2 元。镇中民众不去观看，放映队员乃挨家挨户售票，当日售出 2500 余张，收益 5000 余元。连续 5 日，收得 3 万余元。"② 这种行为，无异于强买强卖。张治中交由郑峻生去核查此案。但第三队很快离开了虢镇，全队被调往河南工作，此事也便没了下文。为何虢镇民众不愿意去观看电影放映？是电影片过时，不吸引人；还是动员准备工作不充分；抑或是当地民众消费能力困窘？从某种程度而言，放映队所面临的主客观问题是相互联系的。可以想见，他们在抗战中后期面临着主客观方面的诸多困难，实际工作已很难按计划展开，工作成效难免不尽如人意。

五　结语

电影在国家政治生活中到底扮演着什么角色？国民党的电影理论家郑用之认为："电影所给予观众的不仅可以是观众很自然的看到的那些必要的物象，而且在观览后的记忆，也特别容易保留，因为电影能够利用那些镜头位置之变化的缘故，能够运用自如的穿插到极复杂极繁细的情节，而又易于去除一切非必要的部分的缘故，所以在放映的一瞬间就可以给人以最深刻的印象。"③ 此语捕捉到作为大众媒介的电影在传播活动中的独特作用，其相较于传统纸媒的优势不言自明，因此电影在政治活动中有不可替代的作用。卢沟桥事变后，国民党希望电影能够为凝聚民族意识、宣传抗战建国精神、动员民众抗日发挥积极作用。国民政府军事委员会政治部一

---

① 《杨邨人关于军事委员会政治部电影放映队三年来工作情况的报告》，《中华民国史档案资料汇编》第 5 辑第 2 编《文化》（1），第 150 页。

② 《陕西虢镇士绅检举电影放映队第三队舞弊案》，军委会政治部档案，全宗号：772，案卷号：906。

③ 郑用之：《如何抓住电影这武器》，国民政府军事委员会南昌行营政治训练处，1935，第 2 页。

手操办的电影放映队，便是此种背景下的产物。他们成为战时动员领域的独特组织，是名副其实的"银幕战士"。他们的主要武器是电影放映机、电影片、柴油发电机、放映幕布等，"作战"目的是放映抗战电影及具有宣传教化功能的电影，从而动员民众支援抗战。可是战争现实是非常残酷的，放映队的工作遭受到各种困难和打击，再加上队员们自身的诸多不足，很难实现预定目标，这是中国抗战艰难性与复杂性的具体写照。

鲁登道夫在《总体战》中写道："和平时期骨干力量越强大，动员也就会进行得越迅速。"[1] 国民党政府的抗战准备工作是很不充足的，也就是说和平时期的骨干力量并不强大，这影响了抗战时期的战争动员工作。再者，一国之经济实力对战争动员成效也有非常大的影响，而当时中国尚不是一个强大的工业化国家。[2] 在这样的背景下，军事委员会政治部组织的电影放映队的工作具有开拓性与试验性，其象征意义大于实际意义。国民党在抗战时期创建电影放映队，是战时特殊状态下的因地制宜之举，是一次重要的电影放映体制创新。在经济不发达的条件下，电影放映队让基层民众通过电影接触到现代文明，了解到执政者的施政方针。国民政府军事委员会政治部电影放映队的历史实践证明：电影等大众媒介若能在国家政治活动中发挥巨大作用，需要政府与执政党具有较强的社会组织与控制能力，民众具有相当程度的教育水平，否则很难充分发挥大众媒介的传播效应，动员效果也会不尽如人意。

1941 年 12 月，郑用之在呈军委会政治部的报告中畅想："不久的将来，在中国每一省市县乡村，我们的几百几千几万个放映站和电影院的计划实现时，放映队的同志便是这中间的中坚领导者。"[3] 然而，直到国民党从大陆败退之时，此理想也未能实现。反倒是新中国成立后，在中共的强大组织动员能力下，大量电影放映队走出城市，走向农村。1949 年以后，中国共产党重视电影放映事业，持续投入人力、物力，在农村和军队中创建了大量电影放映队。从联系与发展的视角来看，这绝非偶然。1949 年前国民党政府电影放映队的兴衰，为日后中共大规模创建电影放映队提供了经验教训。两党均认识到电影与政治的密切关系，注意在政治宣传与动员工作中发挥电影的大众传播效应，不过中共的实践显然远比国民党成功。

---

① 〔德〕埃里希·鲁登道夫：《总体战》，戴耀先译，解放军出版社，1988，第 101 页。

② 二战以后，经济动员的重要性为美国学界充分认可。参见 The Commandant, *Economic Mobilization Since World War Two*, Industrial College of The Armed Forces, Washington, D. C., 1953。

③ 《中华民国史档案资料汇编》第 5 辑第 2 编《文化》(1)，第 147 页。

走向国家主义：
五四运动对孙中山民族主义的影响之再思考

毛必祥* 蒋贤斌**

提　要　关于五四运动对孙中山民族主义的影响，学界一般认为五四运动使孙中山走向反帝道路。但事实上，苏联与中共在 20 世纪 20 年代并不认为孙中山具有反帝思想。之所以会出现这种矛盾，是因为学界在思想史研究中未能将"情绪"与"思想"做出严格的区分，同时，存在将"情感层次上的意识"与"观念层次上的意识"混为一谈的嫌疑，从而影响了对孙中山民族主义的正确理解，导致 20 世纪 20 年代泛化的"反帝"概念成为诠释孙中山民族主义思想的唯一工具。这使得学界在研究孙中山民族主义思想的过程中往往只突出孙中山的反帝情绪，但对于他寻求列强援助的对外主张避而不谈。实际上，作为观念层面上的孙中山民族主义，五四运动的影响在于使其从"国民国家"观念转向"民族国家"观念，并且主张在"民族"（或者说是"国族"）的基础上，实现国家独立。这种观念的形成，说明了孙中山在五四运动之后走向国家主义。

关键词　孙中山　五四运动　反帝　民族主义　国家主义

2019 年是五四运动一百周年。在过去的一百年间，关于五四运动的纪念活动每年都必不可少，尤其是逢十周年的时候，往往具有特殊的时代意义。但是，纪念活动往往出现李大钊所说的情况："每年在这一天举行纪

---

* 毛必祥，江西省社会科学界联合会《苏区研究》杂志编辑。
** 蒋贤斌，江西师范大学马克思主义学院教授。

念的时候，都加上些新意义。"① 这不可避免地使"五四运动的本相，反而
是越纪念越模糊"，② 导致人们对五四运动形成一种"八股式"的理解。③
所以，重新全面而具体地认识五四运动，则显得格外重要。而五四运动之
后的孙中山民族主义作为五四运动研究的一个组成部分，是否也有反思的
必要？

　　对此，本文先对学界关于五四运动对孙中山民族主义的影响之研究做
一个简单的梳理。关于五四运动对孙中山民族主义的影响，学界一般关注
孙中山反帝思想形成的问题。由于新中国成立之后到"文革"以前，学界
基本认为孙中山反帝思想在 1919 年以前，即五四运动以前，就已经萌生
了，④ 所以，对于这个问题的研究，大概是从"文革"之后开始的，并大
致形成了两种观点：一种是继承了之前的研究成果，认为 1919 年以前孙中
山就有了反帝思想；⑤ 另一种则认为 1919 年之后孙中山的反帝思想开始形
成。⑥ 经过 20 世纪 80 年代初期的讨论、研究，学界基本认可了第二种观

---

① 《中国学生界的"May Day"》（1921 年 5 月 4 日），《李大钊全集》第 3 卷，人民出版社，2006，第 292 页。

② 王奇生：《革命与反革命：社会文化视野下的民国政治》，社会科学文献出版社，2010，第 38 页。

③ 杨念群：《五四的另一面："社会"观念的形成与新型组织的诞生》，上海人民出版社，2019，第 1 页。

④ 持此观点的有：邵力子《孙中山先生反帝国主义思想的产生和发展》，《光明日报》1955 年 3 月 12 日；李光灿《论孙中山的民族主义》，《新建设》1956 年第 12 期（参见林家有《建国以来孙中山民族主义研究述评》，《孙中山研究述评国际学术讨论会论文集》，1985）；胡绳武《孙中山初期政治思想的发展及其特点》，《复旦学报》（人文科学）1957 年第 1 期；张磊《论孙中山的民族主义》，《北京大学学报》（人文社会科学版）1957 年第 4 期（按：张磊先生认为孙中山的新民族主义发轫于十月革命和五四运动，并最终形成于 1924 年国民党"一大"时期）；胡绳武《孙中山从旧三民主义到新三民主义的转变》，《复旦学报》（人文科学）1958 年第 1 期；江海澄《试论孙中山的反帝思想》，《山东大学学报》（历史版）1962 年第 1 期；荣铁生《孙中山先生前期反帝思想》，《开封师院学报》1963 年第 2 期；等等。

⑤ 胡金福：《略论孙中山的反帝思想》，《郑州大学学报》（哲学社会科学版）1978 年第 3 期；黄尊辉：《辛亥革命后孙中山反帝思想的发展》，《中山大学学报》（社会科学版）1979 年第 4 期；王志光：《孙中山反帝思想的形成和发展》，《西北大学学报》（哲学社会科学版）1980 年第 1 期；黎明：《论孙中山前期的民族主义》，《南京师院学报》（社会科学版）1980 年第 3 期；魏忠胜：《孙中山前期的民族主义》，《湖南师院学报》（哲学社会科学版）1981 年第 4 期；等等。

⑥ 刘恩格：《试论孙中山的反帝思想》，《齐齐哈尔师范学院学报》（哲学社会科学版）1980 年第 2 期；刘真武：《孙中山新旧民族主义思想的转折点》，《新疆师范大学学报》（社会科学版）1981 年第 2 期；刘真武：《孙中山前期民族主义没有反帝思想——与黎明同志商榷》，《南京师大学报》（社会科学版）1981 年第 3 期；等等。

点。但是，在第二种观点中学者的意见也不尽一致，有的认为始于五四运动；还有的认为始于中华革命党改组为中国国民党时重提民族主义。① 学界对这个问题没有再追究，也没有过争论，少数学者则分别地继承这两种观点；② 而大多数学者在两种观点的基础上做了调和，认为孙中山由于受五四运动的影响，其民族主义发生转变，而 1919 年 10 月重提民族主义标志着其反帝思想的形成。③ 总之，学界不管如何取舍，都基本认同孙中山重提民族主义是其反帝思想形成的重要标志。正如有学者所归纳的，从 1919 年中华革命党改组为中国国民党到 1925 年，是孙中山民族主义发展为"对外主张谋求世界各国间的民族平等，反对帝国主义压迫，对内主张国内民族平等"的阶段。④

然而，与学界观点不同的是，1924 年国共合作形成之后，苏联与中共都认为孙中山不具有反帝思想。鲍罗廷在与孙中山及国民党有过一段时间的接触之后，就发现他们在"反帝"政策上存在很大的矛盾，并反复强调"国民党不是反帝的"，认为孙中山"寻求的不是同帝国主义作斗争，而是同它妥协"，而且"从来没有放弃"。⑤ 所以，为了改变这种现状，苏联为广州政府提供大量的武器弹药，并敦促孙中山加强反帝的宣传。⑥ 但是，孙中山并不将此事放在心上，以至于后来李大钊严厉批评了孙中山及国民党，认为"孙中山在南方的政策至今仍是不明确不清楚的"。⑦

---

① 刘恩格、刘钦斌（参见刘钦斌《论孙中山的民族主义思想》，《宁夏大学学报》1981 年第 4 期）等认为五四运动之后，孙中山有了反帝思想；刘真武、张正明等认为孙中山在重提民族主义之后具有反帝思想（参见张正明、张乃华《论孙中山的民族主义》，《民族研究》1981 年第 6 期）。

② 例如，廖大伟等认同第一种观点，认为孙中山在五四运动之后具有反帝思想〔参见廖大伟《论孙中山的民族主义》，《上海师范大学学报》（哲学社会科学版）2004 年第 5 期〕；陆仰渊等认同第二种观点，认为孙中山于 1919 年 10 月重提民族主义表明其具有反帝思想（参见茅家琦等《孙中山评传》，南京大学出版社，2011，第 605 ~ 606 页）。

③ 尚明轩主编《孙中山的历程》，解放军文艺出版社，2001，第 919 ~ 922 页；耿云志：《孙中山民族主义思想的历史演变》，《广东社会科学》2007 年第 1 期；史革新：《略议近代中国民族意识的四次觉醒》，《高校理论战线》2009 年第 3 期；史革新：《孙中山民族主义思想探索》，《福建论坛》2009 年第 10 期；刘悦斌：《孙中山民族主义的历史演变、意义与价值》，《科学社会主义》2011 年第 1 期；等等。

④ 曾成贵：《孙中山民族主义思想再认识》，《湖北社会科学》2010 年第 2 期。

⑤ 《鲍罗廷的札记和通报（摘录）》（不早于 1924 年 2 月 16 日），中共中央党史研究室第一研究部译《共产国际、联共（布）与中国革命档案资料丛书》第 1 卷，北京图书馆出版社，1997，第 420、426、428 页。

⑥ 桑兵主编《孙中山史事编年》第 10 卷，中华书局，2017，第 5516 ~ 5517、5527、5529 页。

⑦ 《与〈莫斯科工人报〉记者的谈话》（1924 年 9 月 13 日），《李大钊全集》第 5 卷，第 13 页。

为什么苏联、中共在 1924 年都认为孙中山缺乏反帝思想，而学界却普遍认为孙中山在五四运动之后便具有反帝思想？究竟哪一方的认识才更接近于孙中山本人的思想？如果孙中山不具有反帝思想，那么五四运动对其民族主义的影响究竟在哪里呢？诸如以上问题，都是本文需要一一解答的。

一　五四运动之后孙中山的对外主张

关于五四运动之后孙中山的对外主张，美国学者韦慕庭教授在其著作《孙中山——壮志未酬的爱国者》中已有相关的叙述，[①] 所以，本部分在其研究基础上，简单地勾勒孙中山在五四运动之后的对外主张，即主要有两个方面：寻求列强的外交承认，希望与列强达成经济合作。

其一，寻求列强的外交承认。

1921 年的"关余"交涉事件之后，孙中山很受刺激，"从前以分得之款，亦受公使团所支配"。[②] 经此风波，他主张成立正式政府，以期对外交涉能够名正言顺。[③] 4 月 7 日，国会非常会议参众两院联合会在广州召开，孙中山被选举为非常大总统，认为"从此成立正式政府，国家前途有望"。[④] 5 月 5 日，孙中山就任非常大总统，发表了对外宣言，指责北京政府为"非法"，希望列强承认广州政府为"中华民国惟一之政府"，[⑤] 并给美国总统哈定写了一封信，希望美国政府对南方政府予以承认。[⑥] 遗憾的是，哈定对此并没有理会。

尽管在向美国寻求外交承认的事上碰壁了，孙中山还是没有放弃，对美国政府也没有任何怨言。1922 年 4 月中旬，孙中山与美国《华盛顿邮报》记者谈话时说："美国自来对于中国毫无攘取土地之野心，亦未利用

---

① 〔美〕韦慕庭：《孙中山——壮志未酬的爱国者》，杨慎之译，新星出版社，2006，第 126～143 页。

② 《在广东省第五次教育大会上的演说》（1921 年 6 月 30 日前），《孙中山全集》第 5 卷，中华书局，1985，第 559 页。

③ 《在广州海陆军警同袍社春宴会的演说》（1921 年 2 月 25 日），《孙中山全集》第 5 卷，第 467 页。

④ 《与某同志的谈话》（1921 年 4 月 7 日），陈旭麓、郝盛潮主编《孙中山集外集》，上海人民出版社，1990，第 254 页。

⑤ 《就任大总统职对外宣言》（1921 年 5 月 5 日），《孙中山全集》第 5 卷，第 533 页。

⑥ 桑兵主编《孙中山史事编年》第 7 卷，第 4001 页。

中国衰弱以营私利。"① 一个月后，他在接见美国《星期六晚邮报》记者马科森时，指责华盛顿会议"以给日本自由来代替限制其权力"，并认为，北京政府之所以能够存在，仅仅是由于列强的承认，而"如果美国承认我，统一的绊脚石就会消失"。② 孙中山虽然批评华盛顿会议，但仍以取得美国的承认为最优先的考虑。③ 所以，在华盛顿会议之后，孙中山批评较多的是北京政府，"畏首畏尾，只争到几条有名无实的原则"。④ 但是，孙中山对美国没有多大怨言，甚至认为美国召集华盛顿会议是一种具有正义感的举动，并对此大加赞赏，"幸友邦中尚有美国为我国鸣不平，主张开华会"。⑤

在这里，孙中山将美国塑造为如此正义的形象，虽然不免有外交辞令的需要，但是其吹捧之意仍然是溢于言表。而且，孙中山以"同谋列强之利益"为条件来"讨好"美国，希望获得美国的外交承认，使北京政府"无列强之承认，则彼军阀辈威信扫地，饷源无出"。⑥

其二，希望与列强达成经济合作。

寻求与列强的经济合作，在孙中山看来其实就是"门户开放主义"，正如他所提出的，"想实业发达，非用门户开放主义不可"。⑦ 可以说，这种思想基本贯穿了孙中山的一生。

正是基于这种"门户开放"思想，孙中山于一战之后开始研究国际共同发展中国实业的问题，并于1919年写成《实业计划》。在书中，孙中山提出国际共同发展中国实业的设想，⑧ 即在平等互惠的原则上，与列强达成经济合作。其间，西方资本家提供机器，并负担外国专家们的开支，中国则提供原料和人力。⑨ 孙中山认为，"今图最大之利源，或为天然，或为

---

① 《与美国〈华盛顿邮报〉记者的谈话》（1922年4月中旬），《孙中山全集》第6卷，中华书局，1985，第102页。
② 〔美〕韦慕庭：《孙中山——壮志未酬的爱国者》，第140页。
③ 《中山先生护法时期的对美交涉（1917~1923）》，张玉法主编《中国现代史论集》第7辑，台北，联经出版事业公司，1985，第227页。
④ 《在上海中国国民党改进大会的演说》（1923年1月2日），《孙中山全集》第7卷，中华书局，1985，第8页。
⑤ 《在上海各团体代表祝捷时的演说》（1923年1月17日），《孙中山全集》第7卷，第33页。
⑥ 《要求列强撤销承认北京政府之对外宣言》（1923年6月29日），《孙中山全集》第7卷，第575页。
⑦ 《在安徽都督府欢迎会的演说》（1912年10月23日），《孙中山全集》第2卷，中华书局，1982，第532页。
⑧ 《实业计划·篇首》（1918年），《孙中山全集》第6卷，第252页。
⑨ 《中国人之直言》（1920年4月3日），《孙中山全集》第5卷，第248页。

工艺，必悉与开发，则全世界经此数年大战损耗之后，亦可因此获有裨益。诸所措施，抱开放门户主义，欢迎外国之资本及技术"。①

1922 年 6 月，陈炯明炮击总统府。孙中山失去了在广州建立的根据地，无奈之下，只能避居上海，待时再起。在这时，马林再次联系孙中山，与他洽谈国共合作事宜。此时，孙中山改变了此前对苏俄的不屑的态度，并对马林所转达的共产国际关于中共党员加入国民党的决定欣然赞成，并认为"今日中国之外交，以国土邻接关系密切言之，则莫如苏维埃俄罗斯"，② 并先后与苏俄代表越飞、加拉罕进行会晤、交流，争取苏俄在中国的统一问题上可以提供帮助。但是，孙中山明确提出，"共产组织，甚至苏维埃制度，事实均不能引用于中国"。③ 可见，孙中山对于与苏俄的交往是存有顾忌的。

所以，在与苏俄交往的同时，孙中山仍然没有放弃对列强的期待。1923 年 2 月，孙中山命滇桂联军合力击溃盘踞广州的陈炯明部队之后，第三度入粤建立陆海军大元帅大本营，并开始践行"化兵为工"政策。他宣称"兵既为工，则饷必加倍，既免战祸，又得厚利，谁不乐为之？此项政策，余视为今日救国唯一之良方"。④ 要化兵为工，就必须开办实业；而要开办实业，筹款又是一个重要的问题；而要解决款项问题，除募集内债或外债之外别无他法。所以，化兵为工计划的背后，其实隐藏着孙中山与列强合作的动机。为取得近水楼台之优势，孙中山把目标转向香港、澳门，认为"与广东门户之香港及澳门政厅增强了解及共助，而谋广东之开发……香港政厅若更能推广范围，表示应允矿山、铁路等小借款之好意，则余将计划建筑滇粤及川粤铁路，且将开放广东全省之矿山，俾列国自由竞争与自由投资"。⑤

综上所述，孙中山的对外主张，其核心是寻求列强的援助，正如王立新教授所言："孙中山在国内问题上虽然是一个革命者，但直到 1924 年以前，在中西方关系问题上，他一直是一位温和的民族主义者，主张与西方列强保持良好的关系，通过和平和渐进的手段摆脱外来压迫，实现国家平

---

①　《就任大总统职对外宣言》（1921 年 5 月 5 日），《孙中山全集》第 5 卷，第 533 页。

②　陈锡祺主编《孙中山年谱长编》（下），中华书局，1991，第 1489 页。

③　《孙文越飞联合宣言》（1923 年 1 月 26 日），《孙中山全集》第 7 卷，第 51～52 页。

④　《在广东各界人士欢宴会的演说》（1923 年 2 月），《孙中山全集》第 7 卷，第 150 页。

⑤　《与广州各报记者的谈话》（1923 年 3 月 18 日），《孙中山全集》第 7 卷，第 214 页。

等的目标。"① 然而，这种寻求列强援助的对外主张，似乎与"反帝"是矛盾的。所以，学界关于孙中山在五四运动之后具有反帝思想的观点似乎有待商榷。

二 "反帝"概念的再认识

五四运动之后，孙中山并没有改变此前寻求列强援助的对外主张，但是，为何学界习惯于无视这些与"反帝"相悖的观念，仍然认为孙中山在五四运动之后具有反帝思想，这是非常值得思考的。而要解决这个问题，我们有必要重新认识"反帝"概念。

"反帝"概念并非"国产"，而是来自列宁的民族和殖民地问题理论。在传播到中国之后，"反帝"发生了一个概念演变的过程。十月革命胜利后，俄罗斯苏维埃联邦社会主义共和国成立，"新政权由于激烈的国内战争和帝国主义的武装干涉正处在危险的形势下，解决办法，按照列宁的观点，就是世界革命"。② 正因如此，列宁于 1920 年发表《民族和殖民地问题的提纲初稿》《民族和殖民地问题委员会的报告》，并在共产国际第二次代表大会上主持通过了《关于民族和殖民地问题的补充提纲》，提出民族和殖民地问题理论，而且对此做了深入的阐述。③ 基于此，列宁的民族和殖民地问题理论进一步发展，并同推翻帝国主义统治这一重大问题紧密地联系起来，明确提出全世界无产者和被压迫民族联合起来、共同反对帝国主义的战略思想。④ 20 世纪 20 年代初期，列宁的民族和殖民地问题理论传到中国，被中国共产党接受。1922 年 7 月，中共在二大时正式提出了"推翻国际帝国主义的压迫，达到中华民族完全独立"的奋斗目标，并宣称："只有'全世界无产阶级和被压迫民族的联合'是解放全世界的途径呀！"⑤

可见，列宁主义中的"反帝"概念，包含四个方面的内容：其一，主

① 王立新：《美国对华政策与中国民族主义运动（1904～1928）》，中国社会科学出版社，2000，第 243 页。

② 郭恒钰：《共产国际与中国革命：一九二四——一九二七年中国共产党和国民党统一战线》，李逵六译，生活·读书·新知三联书店，1985，第 12 页。

③ 相关论述详见于金富军《中共早期反帝理论与策略研究（1921～1925）》，博士学位论文，清华大学，2005，第 42～43 页。

④ 参见黄修荣《共产国际与中国革命关系史》（上），中共中央党校出版社，1989，第 116 页。

⑤ 《中国共产党第二次全国代表大会宣言》（1922 年 7 月），中央档案馆编《中共中央文件选集》第 1 册，中共中央党校出版社，1989，第 115、117 页。

体是殖民地或半殖民地国家；其二，对象是帝国主义列强；其三，方式是排斥、反抗；其四，目的是实现民族独立、发起世界革命。如果将以上四点结合起来观察，则很容易发现，"反帝"概念具有世界主义的性质。

中共二大之后，"反帝"口号虽然在中国已经生根，但社会影响一般，以至于陈独秀在 1923 年 6 月的中共三大上指出，"反帝"口号还没有产生很大的影响，党员应该加强对"反帝"口号的宣传。① 所以，早期共产党人开始加强对"反帝"口号的宣传，与此同时，促使了概念的演变。而关于中共具体的宣传方式，则是重新解释近代史上的民族运动，并赋予其"反帝"意义。

1924 年，瞿秋白对五四运动做出新的评价，称"五四运动的发展，摧残一切旧宗法的礼教，急转直下，以至于社会主义，自然绝不限于民族主义了"。基于此，瞿秋白认为反帝运动不仅有民族主义性质，还有"国际主义"意义。② 而在五四运动被赋予"反帝"意义之后，中共对义和团运动也进行了一番历史重释。③ 1924 年 9 月，恰逢北京反帝大同盟建议将 9 月 3 ~ 9 日定为"全国反帝国主义运动周"，中共抓住这个机会，做出积极响应，并将 1924 年 9 月 3 日的《向导》周刊第 81 期作为"九七特刊"，发表了五篇纪念义和团运动的文章。这五篇文章对义和团运动进行了重新解释，其中的观点基本颠覆了此前关于义和团运动的看法。在 1924 年以前，中共早期领导人如陈独秀、瞿秋白、李大钊等，对义和团运动都是持否定的态度。但"九七特刊"一改以往贬斥的论调，赋予其"反帝"的意义，对义和团运动抵御帝国主义侵略的反抗精神给予充分肯定，并将其纳入中国民族解放运动史的序列。④ 之后，中共不仅将义和团运动纳入"反帝"话语体系中，甚至对鸦片战争以来的历史都进行了"反帝"的重释。⑤

正因如此，在五卅运动爆发之后，"反帝"口号不再是一个陌生的词语，而是得到群众普遍响应的政治符号。正如陈独秀在回顾"反帝"口号

---

① 《陈独秀在中国共产党第三次全国代表大会上的报告》（1923 年 6 月），《中共中央文件选集》第 1 册，第 169 页。

② 《自民族主义至国际主义——五七—五四—五一》（1924 年 5 月 4 日），《瞿秋白选集》，人民出版社，1985，第 140 ~ 142 页。按：此处的"国际主义"，即列宁主义中的世界主义思想。

③ 〔美〕柯文：《历史三调——作为事件、经历和神话的义和团》，杜继东译，社会科学文献出版社，2015，第 264 ~ 265 页。

④ 参见金富军《中共早期反帝理论与策略研究（1921 ~ 1925）》，第 125 页。

⑤ 详见王建伟《中共早期的"反帝"口号及其所引发的争论（1921 ~ 1925）》，章开沅、严昌洪主编《近代史学刊》第 8 辑，华中师范大学出版社，2011，第 50 页。

的接受过程时指出，最初提出这个口号，"民众多不了解，甚至有人说是
海外奇谈；但后来革命的工人和学生首先采用了，国民党中一部分革命派
也采用了，到现在，一部分先进的教授和商人也采用了，甚至于国民党中
的反动派和一班工贼，他们向民众攻击共产党，有时不得不自称他们也反
对帝国主义，因为他们恐怕若不如此说，民众会马上看出他们是帝国主义
者的走狗；因此，我们可以看出本报所号召的'打倒帝国主义'这一口号
已经深入民众了"。①

中共重新解释近代民族主义运动，赋予其"反帝"的意义，这无疑是
认同了民族主义的斗争方式在世界革命中的积极作用，并认为民族主义是
实现世界主义的重要方法。因此，中共通过历史重释，使"反帝"口号被
广泛接受，但同时"反帝"口号的概念在无形之中发生了变化，其具体内
容如下：第一，主体是殖民地或半殖民地国家；第二，对象是帝国主义列
强；第三，方式是排斥、反抗；第四，目的是通过发起民族主义运动来实
现世界主义理想（或者说，只要是民族主义性质的运动，就具有世界主义
的意义）。

"反帝"概念的"中国化"演变，在一定程度上反映的是，中共认为
"反帝"是通过发起民族主义运动来达到世界主义的目的。正如中共在
1925 年 1 月所指出的，"全世界各民族的经济发展程度不同，革命的性质
亦因之各异，在欧美资本制度发达的国家，遂形成无产阶级的社会革命运
动，在东方殖民地半殖民地的国家，遂形成多阶级的民族革命运动。这两
种革命之性质虽然不同，而革命之目的都有一共同点，即推翻资本帝国主
义；前者成功固然影响于后者，后者胜利亦有助于前者，两种革命运动都
含有世界性"。② 正因如此，1926 年中国青年党员曾琦认为，"打倒帝国主
义……为世界革命之口号"。③

由于中共话语中的"反帝"一般指经"中国化"后含义泛化的概念，
所以，现在就以泛化的"反帝"概念来考察一下孙中山在五四运动之后的
民族主义。根据文章第一部分所述，显然，第一、二点是符合的，第四点
也是对应的，但是，第三点明显是不符合的，孙中山对列强并不是采取排
斥、反抗的方式。可见，孙中山的实际情况与中共话语中的"反帝"概念
并不是完全吻合。"反帝"概念并不适合用来作为诠释孙中山民族主义的

---

① 独秀：《本报三年来革命政策之概观》，《向导》第 128 期，1925 年 9 月 7 日。
② 《对于民族革命运动的决议》（1925 年 1 月），《中共中央文件选集》第 1 册，第 329 页。
③ 曾琦：《蒋介石不敢复言打倒帝国主义矣!》，《醒狮》第 100 号，1926 年 9 月 11 日，第
　1 版。

语言工具，这是不言而喻的。正因如此，20 世纪 20 年代，中共开始泛化"反帝"概念的时候，并没有对五四运动以后的孙中山民族主义进行"反帝"的诠释，毕竟他们知道孙中山主张联合美国。[①]

所以，孙中山在五四运动（或者重提民族主义）之后具有反帝思想的观点是有待商榷的。那么，五四运动对孙中山民族主义的影响究竟在哪里呢？要解决这个问题，研究者只有"通过潜在无声的对话与历史人物沟通以形成理解"，[②] 才有可能寻找到历史的本相。

三　孙中山与五四运动

1919 年 5 月 4 日，由于中国政府在巴黎和会上的失败，北京大学等校学生举行示威游行，一场轰轰烈烈的反帝爱国运动爆发了。5 月 6 日，消息传到上海，上海《民国日报》总编辑邵力子，当即将北京学生运动的消息刊出，并通过电话将此事告诉孙中山。孙中山在电话中说："《民国日报》要大力宣传报导北京学生开展的反帝爱国运动，立即组织发动上海学生起来回应，首先是复旦大学。"当日，邵力子赶往复旦大学，在上海学联总干事、上海复旦大学学生自治会主席朱仲华的帮助下，紧急集合全校学生，并上台宣读《民国日报》上的头条新闻，慷慨激昂地鼓动说："北京学生有这样的爱国热忱，难道我们上海学生没有?!"7～17 日，《民国日报》连续以"北京学生爱国运动"为题报道学生运动的进展，并广泛登载各地学生运动的消息。[③] 5 月 12 日，孙中山在《复陈汉民函》中谈到，"此次外交急迫，北政府媚外丧权，甘心卖国，凡我国民，同深愤慨。幸北京各学校诸君奋起于先，沪上复得诸君共为后盾，大声疾呼，足挽垂死之人心而使之觉醒"。而且，作为国民的一分子，他"对诸君爱国热忱，极表同情，当尽能力之所及以为诸君后盾。日来亦屡以此意提撕同人，一致进行。尚望诸君乘此时机，坚持不懈，再接再厉，唤醒国魂。民族存亡，在此一举，幸诸君勉力图之"。[④]

在五四运动发生的过程中，孙中山还及时去信表示勉励，"文虽奋斗呼号，而素志未成者，徒以国人判别是非之心，尚嫌薄弱。文倡于前，而

① 《陈独秀致吴廷康的信——反对共产党及青年团加入国民党》（1922 年 4 月 6 日），《中共中央文件选集》第 1 册，第 31 页。
② 《实斋笔记》，《章开沅文集》第 8 卷，华中师范大学出版社，2015，第 334 页。
③ 桑兵主编《孙中山史事编年》第 6 卷，第 3375 页。
④ 《复陈汉民函》（1919 年 5 月 12 日），《孙中山全集》第 5 卷，第 54 页。

乏群众以盾其后，故牺牲虽巨，而蕲向犹虚。逊清末造，其能力肩革命之任务为主动而卒建今日之民国者，亦断赖海外学生数十人、内地学生数百人而已。以今方昔，何能多让……吾国一线之生机，系之君等，并望诸君好自为之"。① 而且，经常接见来沪学生代表，"每次总谈到三四点钟，而且愈谈愈有精神"。② 例如，孙中山接见了上海学联会代表复旦大学学生程天放，说："青年学生激于义愤，出来奔走呼号，挽救国家的危亡，我是很表同情……希望大家坚持到底，不要虎头蛇尾。"③ 当时，北京学联会代表张国焘，在上海多次进见孙中山，认为他是"一位值得敬佩的坦诚的大政治家"。④ 另外，孙中山对军阀镇压学生运动的行为进行斥责。1919 年 7 月，广州军政府在岑春煊的控制下，下令军警枪击群众，拘捕工学界代表。孙中山闻而大怒，并诘问道："方今文明各国，不闻有压抑民意之政府，我粤为护法政府所在之地，岂宜有此等举动？"⑤ 对此，叶楚伧后来记述："五四运动的前后，本党总理孙先生正在上海，知道这运动充满了青年爱国的纯洁情绪而又体会到环境的复杂，怕摧折了青年情绪的萌芽，立刻召集当时在沪的干部同志，分头指导，尽力扶护。"⑥

　　孙中山之所以对五四运动如此关注与支持，主要在于他从运动中看出了"国家"观念对青年学生所具有的影响力。而"国家"观念恰恰是五四运动期间民族主义中的一个重要内容，这是毋庸置疑的。正如中国青年党的代表人物曾琦所认为的，"至五四时代，则国家观念已发达，国民意识已养成，对于国家权利之丧失，有如私人财产之损害，痛心疾首，愤起抗争，此种爱国运动，实为'国家主义'运动"。⑦ 所以，不仅汪精卫、朱执信等人看出五四运动中

---

① 桑兵主编《孙中山史事编年》第 6 卷，第 3373 页。
② 罗家伦：《从近事回看当年》，《世界学生》（重庆）第 1 卷第 6 期，1942 年 6 月 25 日，第 2 页。
③ 程天放：《我初次谒见总理》，《扫荡报》（重庆）1945 年 5 月 5 日，转引自吕芳上《革命之再起——中国国民党改组前对新思潮的回应（1914～1924）》，台北，中研院近代史研究所，1989，第 27 页。
④ 张国焘：《我的回忆》第 1 册，东方出版社，1980，第 75 页。
⑤ 《中山先生致广东军政府嘱省释工学界被捕代表电》（1919 年 7 月 18 日），《国父全集》第 3 册，台北，中国国民党党史会，1973，第 627 页，转引自吕芳上《革命之再起——中国国民党改组前对新思潮的回应（1914～1924）》，第 26 页。
⑥ 叶楚伧：《总理莅临下之五四运动》，《民意》（重庆）第 73 期，1939 年 5 月 6 日，第 1 页。
⑦ 《五四运动与国家主义》（1926 年 5 月 4 日），陈正茂、黄欣周、梅渐浓编《曾琦先生文集》（上），中研院近代史研究所史料丛刊（16），台北，中研院近代史研究所，1993，第 392 页。

"国家"观念的作用，① 就连当时在中国的杜威也认为是"一个民族/国家的诞生（the birth of nation）"。② 正因如此，孙中山对五四运动有所感慨，"近日国内群众心理，似渐有觉悟之象，前途形势，当可渐趋光明"。③ 基于此，孙中山于 1919 年 10 月将中华革命党改组为中国国民党，确定以"实行三民主义为宗旨"。④ 而这次孙中山所提倡的民族主义，是将"国家"观念提升到一个新的高度，即"国家"并不是指此前的"国民国家"，而是指"民族国家"。

四　民族主义观念的转变

在孙中山民族主义思想中，"国家"是一个非常重要和关键的要素。可以说，自从孙中山提出"三民主义"革命理念之后，塑造现代"国家"便是其革命的最高目标。从目前所掌握的史料来看，孙中山的"国家"观念来自西方政治学家伯伦知理⑤的《国家论》，上海孙中山故居纪念馆所保存的孙中山的藏书中就有此书的英文版。概括地说，孙中山的民族主义思想有一个转变的过程：中华民国成立之后，孙中山形成"国民国家"观念；五四运动之后，孙中山转向"民族国家"⑥ 观念。

（一）放弃"国民国家"观念

中华民国成立之后，孙中山主张将中国塑造成一个"国民国家"⑦，希望通过"国民独立"来实现"国家独立"。但是，二次革命失败后，孙中山选择放弃"国民国家"观念而提出"训政"理念。

---

① 《复古应芬函》（1919 年 8 月），广东省哲学社会科学研究所历史研究室编《朱执信集》，中华书局，1979，第 334～335 页。

② 转引自罗志田《把"天下"带回历史叙述：换个视角看五四》，《社会科学研究》2019 年第 2 期。

③ 《复洪兆麟函》（1919 年 10 月），《孙中山全集》第 5 卷，第 160 页。

④ 《中国国民党通告及规约》（1919 年 10 月 10 日），《孙中山全集》第 5 卷，第 127 页。按：所谓"实行三民主义为宗旨"，简单地说就是学界所说的"孙中山重提民族主义"。

⑤ 正如孙中山在 1921 年 12 月 10 日发表的讲话中所说的，"据德国政治学者之说，彼则谓国家以三种之要素而成立：第一为领土……第二为人民……第三为主权"（参见《孙中山全集》第 6 卷，第 23～24 页）。这里所提到的"德国政治学者"即伯伦知理。

⑥ 由于 nation 同时具有国民、国家、民族三种含义，所以，nation 在晚清也有这三种不同的译法；同样的，nationalism 也有"民族主义""国民主义""国家主义"三种译法。而文中所谓的"国民国家""民族国家"都是民族主义思想的具体表现形式。

⑦ 民国成立之后，孙中山提倡"国民独立"，并宣传以国民为国家之本、废除旧习、保障人权，进而塑造"国民"，希望最终实现"国家独立"。所以，笔者对"国民国家"观念的判定，依据的是孙中山的"国民独立"话语。

　　二次革命失败后，国民党内部对此进行了反思。孙中山称"曩同盟会、国民党之组织，徒以主义号召同志，但求主义之相同，不计品流之纯粹。故当时党员虽众，声势虽大，而内部分子意见纷歧，步骤凌乱，既无团结自治之精神，复无奉令承教之美德，致党魁则等于傀儡，党员则有类散沙。迨夫外侮之来，立见摧败，患难之际，疏如路人"。① 所以，孙中山认为，二次革命的失败，"非袁氏兵力之强，实同党人心之涣"。② 基于此，他决定"纠合同志，宣立誓约，组织机关，再图革命，蕲以牺牲之精神，尽救国之天职"。③ 1913 年 9 月，孙中山在日本开始筹备组织政党工作。1914 年 6 月 21 日，在东京召开了中华革命党第一次党员大会，孙中山被选为总理。7 月 8 日，中华革命党正式成立，并公布《中华革命党总章》。

　　《中华革命党总章》规定"本党以实行民权、民生两主义为宗旨"，"以扫除专制政治、建设完全民国为目的"，并提出三个革命阶段，分别为"军政时期"、"训政时期"和"宪政时期"。在这三个阶段中，尤其值得注意的是"训政时期"，孙中山将此解释为"以文明治理，督率国民，建设地方自治"。④ 之后，孙中山对此还有过补充，称："现在人民有一种专制积威造下来的奴隶性，实在不容易改变。虽勉强拉他来做主人翁，他到底觉得不舒服"，"所以我们革命党人应该来教训他，如伊尹训太甲样"。⑤ 显然，孙中山所谓的"训政"理念与"国民独立"之间存在很大的差别。前者所表达的意思之中有一个前提，即"国民"缺乏一定的政治素养，在治理国家方面的能力还很薄弱，所以，"国民"在国家中处于相对被动的地位；后者却有不同，它也认识到"国民"各方面素养能力有待提高，但并不将"国民"置于被动地位，而是在国家治理过程中注重塑造其独立性，使其真正成为国家的主人。可以说，"训政"的提出，在某种意义上说明了孙中山在这一阶段放弃了"国民独立"观念。⑥

---

① 《致陈新政及南洋同志书》（1914 年 6 月 15 日），《孙中山全集》第 3 卷，中华书局，1984，第 92 页。

② 《致黄兴函》（1915 年 3 月），《孙中山全集》第 3 卷，第 165 页。

③ 《致陈新政及南洋同志书》（1914 年 6 月 15 日），《孙中山全集》第 3 卷，第 92 页。

④ 《中华革命党总章》（1914 年 7 月 8 日），《孙中山全集》第 3 卷，第 97 页。

⑤ 《在上海中国国民党本部会议的演说》（1920 年 11 月 9 日），《孙中山全集》第 5 卷，第 401 页。

⑥ 在孙中山所预设的三个阶段中，"训政"之后为"宪政"。孙中山对"宪政"的解释如是："此期俟地方自治完备之后，乃由国民选举代表，组织宪法委员会，创制宪法；宪法颁布之日，即为革命成功之时。"［参见《中华革命党总章》（1914 年 7 月 8 日），《孙中山全集》第 3 卷，第 97 页］"宪政"在某种意义上可以说是"国民国家"观念的表达。所以，文中所谓的"放弃"也可说是"搁置"。

吊诡的是，1917 年，孙中山在《中国存亡问题》① 中又提出"国民独立"，再次表达其"国民国家"的观念。文中称，"（一国）存在之根源，无不在于国家及其国民不挠独立之精神，其国不可以利诱，不可以势劫，而后可以自存于世界。即令摧败，旋可复立，不然者，虽号独立，其亡可指日而待也。此非徒肆理论也，凡其国民具独立不挠之精神者，人以尊重其独立为有利，即从国际利害打算，亦必不敢轻犯其独立"。文中还以比利时为例进行说明，"今之比利时政府，乃在哈佛，比之国土，仅余弹丸黑子之域。然而，非特协商诸国尊重比国之存在，无人敢谓比国可亡，即中立国亦无不对于比国有特殊之尊敬。所以然者，比国独立不挠之精神，先已证明比为不可亡之国……比国之人民、领土主权，立于此独立不挠之精神之下，其断绝者形式，不断绝者在精神，比境虽亡犹不亡，其民虽虏犹不虏也。盖比利时尝一被人强迫，并入荷兰矣，而其国民能具坚确不挠之志，故卒得恢复其自由而成一独立之国"。可见，孙中山仍然非常注重对"国民独立"与"国家独立"话语的提倡，而且仍然保持着此前关于二者之间关系的认识，即通过"国民独立"来实现"国家独立"。所以，孙中山认为，"中国将欲于此危疑之交，免灭亡之患，亦惟有自存其独立不屈之精神而已"，如果"国民有独立不挠之精神，则亡者可以复兴，断者可以复续"。②

可见，1917 年，在是否要放弃"国民国家"观念的问题上，孙中山表现出飘忽不定的态度。不过，在五四运动之后，孙中山决定放弃"国民国家"观念，转向"民族国家"观念，并且再也没有提过"国民独立"。

（二）转向"民族国家"观念

五四运动之后，孙中山重提民族主义，这标志着其"民族国家"观念的形成。孙中山的"民族国家"观念，主要表现在塑造"大中华民族"和以"国家独立"为号召两个方面。以下就此分别做出论述。

其一，塑造"大中华民族"。

五四运动以前，孙中山所谓的"中华民族"一般指汉族，而五四运动之后，这种观念则大有变化。根据黄兴涛教授的研究，"中国各民族一体化的'中华民族'概念和观念得以基本确立、并逐渐较为广泛地传播开

---

① 《中国存亡问题》的著作权归属问题一直存在争议，笔者认为该书是由朱执信执笔，但其中嵌入了孙中山的思想观念，"国民独立"话语即典型的例子。

② 《中国存亡问题》（1917 年 5 月），《孙中山全集》第 4 卷，中华书局，1985，第 95 ~ 96、98 页。

来，还是在'五四'运动之后"。而在五四运动之后，孙中山不仅重提民族主义，还频繁地使用"中华民族"。此时，孙中山所谓的"中华民族"不仅表达出"中国各民族"的意思，更表达出以汉族文化为中心的"民族同化"思想。① 正如他于1919年发表的《三民主义》中所讲的，"汉族当牺牲其血统、历史与夫自尊自大之名称，而与满、蒙、回、藏之人民相见于诚，合为一炉而冶之，以成一中华民族之新主义，如美利坚之合黑白数十种之人民，而冶成一世界之冠之美利坚民族主义，斯为积极的目的也"。②

孙中山对"中华民族"的塑造，反映的是他"民族国家"观念的形成。这种"民族国家"观念是主张"一民族成一国家"，③ "以本国现有民族构成大中华民族，实现民族的国家"。④ 正如他所说的，"发扬光大民族主义，而使藏、蒙、回、满，同化于我汉族，建设一最大之民族国家"。⑤ 正是因为这种"民族国家"观念，孙中山在五四运动之后几乎将"国家"与"民族"等同，并在1924年提出"国族"概念，认为"民族主义就是国族主义"。⑥ 对此，瞿秋白认为，孙中山的民族主义中有一种"精义"，"将满蒙回藏四民族，同化于汉族，以造成中华民族的国族"，"这种同化异族的民族主义，实在是民族主义的很呵！"⑦

虽然孙中山所提出的"国族"概念确实有"民族同化"的含义，但是它更多的是孙中山"民族国家"观念进一步发展的一种具体表现。所以，孙中山不仅将"国家"与"民族"等同，而且用"民族独立"表达"国家独立"的意思。⑧ 正因如此，有研究者指出，"孙中山的'国族'概念是在已有的'民族'概念基础上结合'国家'概念的语词再造，承载着其对单一民族国家的理想和追求。'国族'就是将一个国家化约为一个民族，'民族'是'国族'概念的本质和核心，国家是'国族'的外在载体或表现形式"。⑨

① 黄兴涛：《重塑中华：近代中国"中华民族"观念研究》，北京师范大学出版社，2017，第133、139页。
② 《三民主义》（1919年），《孙中山全集》第5卷，第187~188页。
③ 《中国国民党宣言》（1923年1月1日），《孙中山全集》第7卷，第1页。
④ 《中国国民党党纲》（1923年1月1日），《孙中山全集》第7卷，第4~5页。
⑤ 《在桂林对滇赣粤军的演说》（1921年12月10日），《孙中山全集》第6卷，第24页。
⑥ 《三民主义·民族主义·第一讲》（1924年1月27日），《孙中山全集》第9卷，中华书局，1986，第185页。
⑦ 《世界革命中的民族主义》（1928年2月5日），《瞿秋白文集：政治理论编》第5卷，人民出版社，2013，第280页。
⑧ 毛必祥、蒋贤斌：《从"中华民族"到"中国民族"：中共与孙中山在概念使用上的转变》，《苏区研究》2019年第3期。
⑨ 夏引业：《"国族"概念辨析》，《中央民族大学学报》（哲学社会科学版）2018年第1期。

其二，以"国家独立"为号召。

孙中山在重提民族主义之后，经常以"国家独立"为号召，激励群众，尤其是青年学生，希望他们加入国民党，壮大革命势力，以便重新革命，认为"凡今日承认民国者，必当服膺于革命主义，黾勉力行，以达革命之目的，而建设一为民所有、为民所治、为民所享之国家"。[①]

所以，五四运动之后，孙中山多次在各种场合发表演讲，讲述中国处于"主权丧失""半独立"的现状，并主张摆脱这种困境，实现"国家独立"。例如，1919 年 11 月，孙中山在《与留法学生的谈话》中说："中国还是一个贫弱的国家，事事都受世界列强的干涉和压迫。我们全国同胞，尤其是知识分子，必须要大家齐心参加革命，才能使中国得到独立、自由和平等。"1921 年 6 月 30 日，孙中山发表《在广东省第五次教育大会闭幕式的演说》，称"中国关税握之于外人，领事裁判权不能收回，外人所到之处即其领土，官吏不敢管，警察不敢诘，中国领土、中国主权丧失已久矣……中国不能称为独立国，只可称为半独立国"。1921 年 12 月，孙中山发表《在桂林对滇赣粤军的演说》，强调说："满清虽已推倒，而已失之国权与土地，仍操诸外国，未能收回。以言国权，如海关则归其掌握，条约则受其束缚，领事裁判权则犹未撤销；以言土地，威海卫入于英，旅顺入于日，青岛入于德。德国败后，而山东问题尚复受制于日本，至今不能归还。由此现象观之，中华民国固未可谓为完全独立国家也！"1923 年 1 月17 日，孙中山发表《在上海各团体代表祝捷时的演说》，更是尖锐地指出，"中国形式上是独立国家，实际比亡了国的高丽还不如……如海关等大权，仍操诸外人之手。似此，民族主义，能认为满足成功否？所以，国民不特要从民权、民生上作功夫；同时并应该发展民族自决的能力，团结起来奋斗，使中国在世界上成为一独立国家"。[②]

孙中山在五四运动之后以"国家独立"为号召，得到了青年学生的广泛认同。因此，在 1922 年到 1923 年之间，孙中山在全国知识青年心中，已确立了革命领袖的地位。[③] 1923 年 12 月，在北京大学的一次民意测验中，关于心目中最伟大的人物，孙中山得 473 票，陈独秀得 173 票，蔡元

---

① 《八年今日》（1919 年 10 月 10 日），《孙中山全集》第 5 卷，第 132 页。

② 分别见于《孙中山全集》第 5 卷，第 165、565~566 页；《孙中山全集》第 6 卷，第 25页；《孙中山全集》第 7 卷，第 33~34 页。

③ 陈万雄：《孙中山与五四知识分子》，中国孙中山研究会编《孙中山和他的时代》，中华书局，1989，第 195~217 页。

培得 153 票。① 所以，罗家伦后来指出，"总理对于这个趋势，是感觉最敏锐，而把握得最快的人。他对于参加五四的青年，是以充分注意而以最大的热忱去吸收……民国十三年国民党改组前后，从五四运动里吸取干部众多，造成国民革命一个新局势"。②

五　结论

综上所述，在五四运动前、后两个时期，"国家"始终是一个居于孙中山民族主义核心且不变的要素，变化的只不过是"国民"观念被移除，取而代之的是"民族"观念。由于"国民"之于"国家"，其关系正如台湾学者沈松侨所述，"晚清以来对'国民'论述与建构，始终无法摆脱'国家'巨灵的笼罩。'国民'，在这种意识形态的形塑下，只能是达成'救亡图存'之国族主义企划之手段，而无法确立为一个自主的普遍性范畴"。③ 而"民族"之于"国家"，在某种程度上也存在这样的关系，但有所不同的是，"民族"相对于"国民"更容易形成一个被认同的"共同体"。④ 所以孙中山将中国各民族塑造为一个"中华民族"，宣称"一个民族一个国家"，并在此基础上提出"国族"概念，而"国族"从某种意义上来说，是将"民族"与"国家"等同。从这个角度来看，"国族"的提出，说明了孙中山的"国家"观念已上升到另一个高度。正因如此，中共后来将孙中山这种"以中华民族口号同化蒙藏等藩属"的民族主义思想称为"国家主义"。⑤

而且，在五四运动之后，孙中山也认同自己所提倡的民族主义就是国家主义。1921 年 6 月，孙中山发表《在广东省第五次教育大会上的演说》，称："有谓欧洲各国今日已盛倡世界主义，而排斥国家主义，若我犹说民

---

① 张静如、刘志强主编《北洋军阀统治时期中国社会之变迁》，中国人民大学出版社，1992，第 330～333 页。
② 罗家伦：《从近事回看当年》，《世界学生》（重庆）第 1 卷第 6 期，1942 年 6 月 25 日，第 2 页。
③ 沈松侨：《国权与民权：晚清的"国民"论述（1895～1911）》，《中央研究院历史语言研究所集刊》（台北）第 4 期，2002 年。
④ 正如本尼迪克特·安德森（Benedict Anderson）所认为的，现代的民族主义是一个想象的共同体，是为了适应世俗社会的现代性发展人为建构的产物。（〔美〕本尼迪克特·安德森：《想象的共同体——民族主义的起源与散布》，吴叡人译，上海人民出版社，2016）
⑤ 《对于民族革命运动之决议案》（1925 年 1 月），《中共中央文件选集》第 1 册，第 330 页。

族主义，岂不逆世界潮流而自示固闭？不知世界主义，我中国实不适用。"[1] 显然，这里所谓的"民族主义"，其实就是国家主义。孙中山之所以不用"国家主义"来表达，很大程度上是因为一战以后国内思想界掀起了一种世界主义热潮，"国家"被认为是"一种骗人的偶像"，[2] 同时，"国家主义"被认为是"军国主义""帝国主义"的同义词，[3] 这使得"国内外有人批评国家主义是狭隘，是浅薄"，[4] 并导致"国家主义"概念逐渐被"污名化"。正因如此，在 1923 年 12 月北京大学的民意测验中，关于各种主义的信仰，社会主义得票最高，291 票；其次是三民主义，233 票；而最低的是国家主义，仅有 2 票。[5] 所以，人们宁肯将"国家主义"译作"民族主义"。[6] 孙中山在 1924 年 1 月 13 日发表民族主义演讲的时候，说了一句这样的话："中国数千年来只一民族成一国家；外国则有许多民族成一个国家者，有一国中包括许多民族者……故只能称为民族国家，不能称为国族国家，故不能只称民族主义为国家主义也。而中国则能，所有中国领土，俱为中国人，故可称为国族之国家。"[7] 所谓的"国族国家"，正是五四运动以后孙中山"民族国家"观念的延续和发展，或者说是另一种表达。所以，五四运动之后，孙中山所重提的"民族主义"，具体来说，就是指"国家主义"。

提到"国家主义"，人们往往会联想到 1923 年成立的中国青年党所提倡的国家主义。至于二者之间存在怎样的关联、具有怎样的异同，这些问题还有待探究。不过，可以将中国青年党的国家主义的主要内容提炼出来，与孙中山的国家主义进行简单对比。中国青年党的国家主义，正如曾琦所言，"国家主义"是"内求统一，外求独立，其性质纯为和平的、自卫的……但无论如何不能目为'军国主义'或'帝国主义'"，[8] 而且"国家主义所有对外政策是仗着全民自家的力量，以期完全独立的自决……国家主义所有的对内政策为团结全民共有的志愿，以求真正民主的自治……

---

① 《在广东省第五次教育大会上的演说》（1921 年 6 月 30 日前），《孙中山全集》第 5 卷，第 558 页。

② 陈独秀：《偶像破坏论》，《新青年》第 5 卷第 2 号，1918 年 8 月 15 日，第 90 页。

③ 葛静波：《1910 年代知识界对帝国主义的认识》，《苏区研究》2018 年第 6 期。

④ 十严：《孙中山与国家主义》，《自强》第 1 卷第 4 号，1926 年 5 月 1 日，第 13 页。

⑤ 张静如、刘志强主编《北洋军阀统治时期中国社会之变迁》，第 330～333 页。

⑥ 李璜：《国家主义正名》，少年中国学会编《国家主义论文集》，中华书局，1925，第 25 页。

⑦ 郝盛潮主编《孙中山集外集补编》，上海人民出版社，1994，第 358 页。

⑧ 《国家主义与中国青年》（1925 年 5 月），陈正茂、黄欣周、梅渐浓编《曾琦先生文集》（上），中研院近代史研究所史料丛刊（16），第 381 页。

至于普及全国国民教育，增进全国国民生活，国家主义者既欲强国而必须其国的份子各各健全，当然不能忽略了的"。① 可见，中国青年党与孙中山在民族主义层面上，都以"国家独立"为追求。但是，中国青年党的国家主义是主张以"国民"为现代国家的基础，建成"国民国家"；而孙中山在五四运动之后形成的国家主义则是主张以"民族"（或者说是"国族"）为基础，建成"民族国家"。经此对比，不难发现，中国青年党所谓的"国家主义"思想与孙中山在 1912 ～ 1914 年的"国民国家"观念有诸多的相似之处，只不过孙中山偏于对"国民独立"的宣传，而中国青年党则偏于对"国家独立"的号召，因此也称其思想为"国家主义"。②

总而言之，并不能认为孙中山在五四运动之后具有反帝思想，而且，事实上，他的思想是走向国家主义。在近代中国国家主权遭到践踏的背景之下，人们的反帝情绪时常流露出来，这是在所难免的，是可以理解的。正因如此，孙中山也曾感慨，"华人排外性根久伏，遇隙必发"，如果"有国内敌人损伤及我之事，图报复者，将不辨国籍，恣行杀戮"。③ 可见，孙中山对排外思想甚为警惕。但是，孙中山在五四运动之后批判列强对中国国家主权的侵犯而使中国沦为半独立国家，从某种意义上来说，他也具有一定的反帝情绪。

然而，情绪归情绪，思想观念是思想观念，二者并不能等同：前者专指"情感层次上的意识"，后者是"观念层次上的意识"。而且，二者在此基础上所形成的思想史研究也有所不同：前者的研究对象是"心路历程"，后者则着眼于"观念的历史发展"。④ 从孙中山反帝思想的研究综述可以看出，最初学界有将"反帝情绪"与"反帝思想"二者等同的嫌疑；之后，学界开始有所反思，将"反帝思想"定位在"观念层次上的意识"，并将"反帝情绪"从中剔除，从而得出孙中山在重提民族主义之后具有反帝思

---

① 李璜：《释国家主义》，《国家主义论文集》，第 24 页。

② 关于孙中山与中国青年党"国家主义"的差别，由于主题限制，兹不详述。不过可以在此做简单说明，虽然双方思想都可以称为"国家主义"，但是具体的思想观念之间差别还是很大，正如文中所说的，孙中山是"民族国家"观念，中国青年党是"国民国家"观念。正因如此，双方实现"国家独立"的方法与路径是截然不同的，孙中山从"民族"方面着手，而中国青年党从"国民"方面着手，这导致此后中国国民党与中国青年党之间的重重矛盾。

③ 《致北京参议院众议院电》（1917 年 3 月 9 日），《孙中山全集》第 4 卷，第 19 页。

④ 〔美〕张灏：《烈士精神与批判意识：谭嗣同思想的分析》，崔志海、葛夫平译，中央编译出版社，2016，第 3 ～ 4 页。

想的结论。但是，学界的反思仍然不够，[①] 以至于在研究过程中，不能将"反帝情绪"从中完全地剥离出来，并且始终无法摆脱原本不适用的"反帝"式话语分析工具，而孙中山的思想也就一再地被误解。所以，就观念层次上来说，目前学界的观点有待商榷，而鲍罗廷与中共在 1924 年的观点则相对而言更为接近孙中山"观念层次上的意识"。

---

① 需要指出的是，关于孙中山是否在五四运动之后具有反帝思想，笔者曾就此问题向中国社会科学院近代史研究所王建朗先生请教过。他的回答大致是说，中共是彻底反帝，但是，孙中山只是反对列强的帝国主义行为，而不反对英美等资本主义国家。从某种意义上来说，王建朗先生已经意识到孙中山的"反帝思想"与"反帝情绪"是有区别的。

九一八事变后傅斯年的经世致用史观

高贤栋*

提　要　学界普遍认为傅斯年是科学史学派的领军人物，其实在九一八事变后，傅斯年不仅出于经世致用目的撰写了《东北史纲》《中国民族革命史稿》等论著，还明确表示考证只是一种方法而不是一种目的，历史学的终极目标是发挥启发爱国心与民族向上心、增强民族意识等的人文价值功能，同时也应发挥其经世致用的功能，回应现实问题且为之提供历史的借鉴。但其人文价值功能与经世致用功能的发挥都应建立在可靠的史实基础上，要坚决抵制罔顾历史真相的极端主观主义。

关键词　傅斯年　经世致用史观　九一八事变

"傅斯年是中国现代史上一位举足轻重的人物"，[1] 他在建立中研院历史语言研究所时提出"近代的历史学只是史料学"这一口号，"崇尚纯粹学术，倡导学用分离"，将史学目的定为"求真"，坚决反对"经世致用"。[2] 但是，在九一八事变后，傅斯年"开始转向东北史的研究，运用历史学为捍卫国家主权服务"，[3] 所著《东北史纲》因有意忽略公认的历史事实等原因而受到缪凤林等学者的严厉批评。[4] 傅斯年为什么会有如此大的变化？《东北史纲》只是他在特定情况下写作的一部特殊作品呢，还是从

---

* 高贤栋，鲁东大学历史文化学院副教授。

[1] 杨春梅：《"用多元主义代替主观主义"——傅斯年最后的思想遗嘱》，《烟台大学学报》（哲学社会科学版）2010 年第 2 期。

[2] 李帆：《求真与致用的两全和两难——以顾颉刚、傅斯年等民国史家的选择为例》，《近代史研究》2018 年第 3 期。

[3] 焦润明、邹海英：《傅斯年与东北史研究》，《东北史地》2014 年第 6 期。

[4] 王汎森：《傅斯年：中国近代历史与政治中的个体生命》，王晓冰译，生活·读书·新知三联书店，2017，第 169 页。

写作《东北史纲》开始，他就已经放弃了"历史学只是史料学"这一立场而秉持经世致用史观了呢？这是全面评价傅斯年史学所无法回避的重要问题，也是本文关心的议题。

一 傅斯年为民族存亡而积极参与各种政治与社会活动

在九一八事变以前，与持各种各样"致用"史观的史学家们不同，傅斯年的态度始终是学术研究要疏离现实与政治。在 20 世纪二三十年代，面对各种内忧外患，为了消解或绕开传统文化中阻碍中国快速发展的不利因素，大部分史学家致力于寻找新的历史解释模式，借此给中国人民指出一条希望之路，于是，雷海宗与朱谦之等史家的循环论解释模式、马克思主义史学家的辩证法解释模式纷纷出炉。[①] 在这种时代背景下，傅斯年选择的是法国兰克史学的道路，他在 1928 年发表的《历史语言研究所工作之旨趣》一文中提出"近代的历史学只是史料学"[②] 这一理论，深刻影响了以后中国史学的发展，[③] 他本人也因此被称为"中国的兰克"。[④] 又由于他对史语所同人的规定是，"史语所的目标不是刻意给人民以光明的希望，而是客观地揭示民族的过去；并且不对政治施加影响"，因而其反对者称之为"新汉学"派，"其隐义是说它的成员赞同客观的、专题式的甚至是琐碎的研究，并在主要的学术期刊上发表文章"。[⑤]

但九一八事变的爆发，对傅斯年造成了无法估计的影响，[⑥] 他对之前所做的自我定位产生了强烈怀疑。[⑦] 此后，他对政治和学术的态度以及他的行为都发生了显著变化。傅斯年在政治上的表现可以划分为两个阶段。在七七事变之前，傅斯年主要是参与创办刊物，并发表了一系列政论性文章。1932 年 5 月，他与胡适、丁文江等学者在北平共同创办《独立评论》

---

① 王汎森：《傅斯年：中国近代历史与政治中的个体生命》，第 157 页。

② 《历史语言研究所工作之旨趣》，欧阳哲生主编《傅斯年全集》第 3 卷，湖南教育出版社，2003，第 3 页。

③ 黄进兴：《机构的宣言：重读傅斯年的〈历史语言研究所工作之旨趣〉》，《复旦学报》（社会科学版）2017 年第 5 期。

④ 王汎森：《傅斯年：中国近代历史与政治中的个体生命》，第 68 页。

⑤ 王汎森：《傅斯年：中国近代历史与政治中的个体生命》，第 157 ~ 158 页。

⑥ 〔德〕施耐德：《真理与历史：傅斯年、陈寅恪的史学思想与民族认同》，关山、李貌华译，社会科学文献出版社，2008，第 46 页。

⑦ 林磊：《"民族主义"与近代中国新史学的命运——以抗战时期的傅斯年为中心》，《中国文化研究》2016 年第 4 期。

周刊，专门刊发学者对政治时事的评论文章。① 根据欧阳哲生主编的《傅斯年全集》第 4 卷目录，他在这一时期发表的政论性文章多达 31 篇，② 其讨论内容涉及日本的入侵、国际政治、政治改革、道德、医学和教育等不同方面，因此，他在当时享有"一位无所畏惧的批评家"的盛誉。③

七七事变之后，傅斯年就开始正式参与政治了。④ 抗战爆发后，作为国民参政会参政员，傅斯年在三个方面做了大量工作：首先，先后提交《请政府加重救济难民之工作案》《拟请政府制定〈公务员回避法〉案》等提案，内容涉及难民安置、政治机构化、反对邪教、山东灾区赈灾四个方面；其次，认真行使质询权，内容遍及政治、经济、社会、文化等不同领域，尤其是其揭露并抨击孔祥熙与宋子文二事曾轰动全国；最后，积极促成国共和谈，于 1945 年 7 月与黄炎培等人访问延安。⑤ 傅斯年的这些参政活动表现了一个优秀知识分子在面对民族危机之时敢于担当的高尚品质。

二　傅斯年的经世致用史观

傅斯年在九一八事变后，放弃了客观主义史学立场，开始秉持经世致用史观。他以经世致用的立场撰写了《东北史纲》《中国民族革命史稿》等论著，并正面阐述了历史学的经世致用功能。

（一）为经世致用撰写《东北史纲》

学术方面，傅斯年在九一八事变发生后不久就有了撰写《东北史纲》这一想法。在 1931 年 10 月 6 日致山东省立图书馆馆长王献唐的信中，他提到："弟自辽事起后，多日不能安眠，深悔择此职业，无以报国。近所中拟编关于东北史事一二小册子，勉求心之所安耳。惟丁此国难，废业则罪过更大，只是心沉静不下，苦不可言。"⑥ 该信中提到的"小册子"就是

---

① 〔德〕施耐德：《真理与历史：傅斯年、陈寅恪的史学思想与民族认同》，第 46 页。
② 欧阳哲生主编《傅斯年全集》第 4 卷，湖南教育出版社，2003。
③ 〔德〕施耐德：《真理与历史：傅斯年、陈寅恪的史学思想与民族认同》，第 46~47 页。
④ 程沧波：《再记孟真》，王泛仁、石兴泽编《谔谔之士：名人笔下的傅斯年　傅斯年笔下的名人》，东方出版中心，1999，第 95 页。
⑤ 王凤青：《"书生何以报国"——傅斯年在国民参政会中言行评析》，《聊城大学学报》（社会科学版）2007 年第 3 期。
⑥ 《致王献唐》（1931 年 10 月 6 日），欧阳哲生主编《傅斯年全集》第 7 卷，第 103 页。

后来出版的《东北史纲》。① 当时，他的心情可以说是作为一介书生无能为力的深深的无奈。在此之前，他就有过类似的表达。陶希圣在纪念傅斯年的文章中说，九一八事变发生后，北京大学历史学系的老师们在北平图书馆开了个会，傅斯年在会上慷慨陈词，问了在座诸位同人"书生何以报国"这样一个问题，最后的讨论结果中有一项是编写一部中国通史，② 只是这一工作并未完成。后来，傅斯年让张荫麟做了这一工作。张荫麟在1941 年《中国史纲》"初版自序"中写道："这部书原不是作者创意要写的。创意要他写这部书并且给他以写这部书的机会的是傅孟真先生和钱乙藜先生。"③ 由此可以看出，无论是组织人编写中国通史，还是撰写《东北史纲》，傅斯年的最大动力都是为民族兴亡贡献一分力量，其"经世致用"立场跃然纸上。

在《东北史纲》的"卷首引语"中，傅斯年交代了其两大撰写动机。首先是让国人了解东北历史。他写道，中国东北问题已经几十年了。欧洲战争爆发之前，日俄交战，我为鱼肉。俄国革命以后，中俄双方在北京签订《中俄协定》，中俄关系发生变化。其后，日本又开始大肆侵略东北，先后提出所谓的"大陆政策""满蒙生命线"，"而国人之酣梦如故也"。九一八事变后，日本又对嫩江、锦州、上海等地发起侵略。而我们的国人对东北的历史所知甚少，所以有必要编写这样一部书，以普及相关历史知识。其次是抨击日本史家的"满蒙在历史上非支那领土"等错误观点。他写道，日本人的此类"指鹿为马"的论说本来不值得一辩，但他们竟然将之作为向东北发动侵略的一个理由，这就不得不辩了。退一步言之，东北三省是不是属于中国，本来不当以历史作为其根据，而应取决于两种条件，一个是依照国法及国际公法的相关规定，另一个是依靠民族自决之义。而现实情况是，东北三省的居民绝大部分是中国人，日本人只占极少的一部分。其结论为："只能将东北史作为中国学之一部研究之，亦不能不承认东北史事为中国史事之一部，其地或为中国郡县，或为中国藩封，且东北在历史上永远与日本找不出关系也。史学家如不能名白以黑，指鹿为马，则亦不能谓东北在历史上不是中国矣！"④ 这表达了作者强烈的民族

① 林磊：《"民族主义"与近代中国新史学的命运——以抗战时期的傅斯年为中心》，《中国文化研究》2016 年第 4 期。
② 陶希圣：《傅孟真先生》，王富仁、石兴泽编《谔谔之士：名人笔下的傅斯年　傅斯年笔下的名人》，第 64 页。
③ 张荫麟：《中国史纲》，民主与建设出版社，2016，初版自序，第 10 页。
④ 《东北史纲》，欧阳哲生主编《傅斯年全集》第 2 卷，第 374～375 页。

关怀。①

　　除了傅斯年在书中所讲的两个撰写动机外，还有一个动机是争取得到国联的支持，并且这一动机获得了成功。1932年2月6日，傅斯年在给中研院院长蔡元培、总干事杨杏佛的致电中说："前日本所决将拟编之《东北史略》赶于十日内成就，并应此地当局请翻成英文，须于国联调查团到前印出。此事关系重大，年去后恐难进行，拟请院先派许先生或他位赴洛，年于十日内将书编完后即赴京、沪，此或是年此时报国最有效者。"②同年3月20日在给顾维钧的信中又写道："敝所编辑《东北史纲》一巨册，约于下月出版，其英文节略一小册，今已赶印成就，特寄上二十册，供先生及国联诸君参阅。此书意义在于证明三千年中满州永为中国领土，日人所谓'满州在历史上非支那领土'实妄说也。若专就近代史言之，自洪武中辽东归附后，永乐十一年曾置都司于奴儿干（鞑靼海峡上黑龙江入海处），并于北满及今俄国境内置卫所数百。'前见报载先生为合众社之谈话，谓满洲三百年来为中国土，盖少言之矣。'此等史事亦可为吾等立场之助，想先生必不忽之也。内容有何见教处，并乞指示为感。再，此书印费由东北外交委员会出其一部，其大批待装后由该会直寄。"③信中所说该书的英文节略本 *Manchuria in History：A Summary* 是由李济所译。④ 10月2日，《国联调查团报告书》在东京、南京和日内瓦同时发表，虽无助于东北问题的根本解决，但肯定了东北是中国领土的一部分，主权属于中国。傅斯年认为其"叙说事实，如论九一八之责任及满洲国之两事，与我们所见并无不同"。⑤ 持相反观点的矢野仁一也认为："此书可目为李顿爵士一行之见解之基础。"⑥ 这也就是说，该书在国联裁定东北归属问题上发挥了重要作用。从这个意义上讲，傅斯年撰写《东北史纲》的经世致用目的部分地实现了。

　　傅斯年《东北史纲》出版后，不少中外学者对其进行了评价，甚至有

①　黄克武：《民族主义的再发现：抗战时期中国朝野对"中华民族"的讨论》，《近代史研究》2016年第4期。

②　《致蔡元培、杨铨（电）》（1932年2月6日），王汎森、潘光哲、吴政上主编《傅斯年遗札》第1卷，社会科学文献出版社，2014，第290页。

③　《致顾维钧》（1932年3月20日），王汎森、潘光哲、吴政上主编《傅斯年遗札》第1卷，第292页。

④　王汎森、杜正胜编《傅斯年文物资料选辑》，台北，中研院历史语言研究所，1995，第91页。

⑤　《国联调查团报告书一瞥》，欧阳哲生主编《傅斯年全集》第4卷，第39页。

⑥　〔日〕矢野仁一：《傅斯年等编著〈东北史纲〉在日本所生之反响》，王仲廉译，《图书评论》第2卷第8期，1934年4月1日。

部分学者给了他很高的评价。陈绍箕在 1933 年初于大学生刊物《大夏周报》上发表了《书评：东北史纲初稿》，认为傅氏充分利用各种史料，从人种、历史、地理三个方面反驳日本学者的错误观点，说明东北从远古至今一直是中国领土之一部分，其论说可信，并希望中研院能尽快将其余几卷出版发行。[①] 邵循正于 1933 年 5 月发表了《评傅斯年〈东北史纲〉第一卷〈古代之东北〉》，他认为傅氏以史家立场撰写东北历史，论证中国拥有东北已有很长的历史，论证公允，结论可信，并表达了邵氏本人希望政府能以武力收复东北的强烈愿望。[②] 二位学者都是基于与傅斯年同样强烈的民族情感，对傅氏著作给予了很高评价。

与以上两文不同，缪凤林于 1933 年发表了《评傅斯年君〈东北史纲〉卷首》，对该书做了非常严厉的批评。缪氏认为，傅氏著作短短数十页，缺漏纰缪频出，出错率超过了所有出版物。他指出该书的错误有几种类型：其一，片面使用史料，所据只是部分正史材料，疏漏颇多，"抑傅君不仅不知《汉书》外与东北有关之金石而已也，两《汉书》与《魏志》内有关东北史之记载，傅君亦未能尽读也"；其二，误读史料并肆意解释现象突出，"书中所引史文颇多不明文理，不通句读之处"，"文意不明，句读不通，便肆解释，下断语。其欲免于纰缪缺漏，难矣"；其三，不了解日本学者已有的研究成果，无法与其展开学术对话，故无从写出高水平著作，反倒可能有损于民族前途与学术荣誉。[③] 郑鹤声于 1933 年底发表《傅斯年等编著〈东北史纲〉初稿》，也对傅著中的"缺漏舛误"进行了检讨。[④] 二位学者对傅著展开批评，有南北之争，亦即新文化运动和反对新文化运动之争的背景，[⑤] 但其批评基本符合史实。

日本学者矢野仁一对傅著中"满洲是中国的一部分"这一观点进行了辩驳。王仲廉为了供国内学者参考该成果，让国人了解日本学者的目的，

---

① 陈绍箕：《书评：东北史纲初稿》，《大夏周刊》第 9 卷第 17 期，1933 年，第 349～350 页。

② 邵循正：《评傅斯年〈东北史纲〉第一卷〈古代之东北〉》，《大公报·文学副刊》1933 年 5 月 1 日，第 11 版。

③ 缪凤林：《评傅斯年君〈东北史纲〉卷首》，《大公报》1933 年 6 月 12、19、26 日，7 月 3、31 日，9 月 4、25 日，第 11 版。

④ 郑鹤声：《傅斯年等编著〈东北史纲〉初稿》，《图书评论》第 1 卷第 11 期，1933 年，第 7～18 页。

⑤ 黄克武：《民族主义的再发现：抗战时期中国朝野对"中华民族"的讨论》，《近代史研究》2016 年第 4 期。

将其翻译成了中文，并指出该书存在不忠实等错误。①

　　傅斯年的学生陈槃为他进行了辩护。陈槃说，傅氏著作中体现的史学方法与史识是现代的，是科学的，开创之功不可没。批评者指出的都是些细枝末节的小问题，是时间紧迫导致，在所难免。② 对于陈槃的辩护，王汎森指出，傅氏肯定知道中国历代王朝都没有完全统治东北，东北和朝鲜、日本也一直保持着联系这些事实，③ 也就是说，傅斯年论著中出现的许多问题，很可能是他出于"致用"目的而有意选择的结果。另外，矢野仁一提出的许多问题需要借助某些理论框架与概念工具才能给予回应，而傅斯年因为一味依赖于考证，故无从与其形成真正的学术对话。④

　　从公开发表的文章来判断，"以暴躁脾气著称的学者傅斯年从来没有回击缪凤林的批判"，⑤ 但他原本是打算予以回应的，在 1933 年拟定的著述计划表中，其第四项计划就是"答缪凤林等评《东北史纲》"，⑥ 但一直没有开写。⑦ 另外，傅斯年原本是打算出五卷本的，他在《东北史纲·告白》里写道："本书五卷之标目如次：（一）古代之东北（傅斯年）；（二）隋至元末之东北（方壮猷）；（三）明清之东北（徐中舒）；（四）清代东北之官制及移民（萧一山）；（五）东北之外交（蒋廷黻）……本书文稿及图稿均已写定，预计二十一年年尾出齐，惟印刷事件，非吾等所能管理，如小有延期，读者谅之！"⑧ 但是，其余四卷始终没有公开出版。傅斯年一直未能对批评意见做出回应的原因，王汎森已做出透彻分析。傅斯年要维护"东北自古以来就是中国领土不可分割的一部分"这一结论，或者说，他撰写《东北史纲》的目的是经世致用。

（二）为了国家利益撰写《中国民族革命史稿》等论著

　　20 世纪 40 年代，有人在平津一带发动了所谓的"自治运动"，傅斯年

---

① 〔日〕矢野仁一：《傅斯年等编著〈东北史纲〉在日本所生之反响》，王仲廉译，《图书评论》第 2 卷第 8 期，1934 年 4 月 1 日，第 95 页。
② 陈槃：《怀故恩师傅孟真先生有述》，《新时代》第 3 卷第 3 期，1963 年，第 13～14 页。
③ 王汎森：《傅斯年：中国近代历史与政治中的个体生命》，第 169 页。
④ 林磊：《"民族主义"与近代中国新史学的命运——以抗战时期的傅斯年为中心》，《中国文化研究》2016 年第 4 期。
⑤ 王汎森：《傅斯年：中国近代历史与政治中的个体生命》，第 169 页。
⑥ 王汎森：《思想史与生活史有交集吗？——读"傅斯年档案"》，《中国近代思想与学术的系谱》，吉林出版集团，2011，第 498 页。
⑦ 林磊：《"民族主义"与近代中国新史学的命运——以抗战时期的傅斯年为中心》，《中国文化研究》2016 年第 4 期。
⑧ 《东北史纲》，欧阳哲生主编《傅斯年全集》第 2 卷，第 373 页。

认为这是某些人通过伪造民意企图破坏国家领土完整的阴谋，于是其在
1935 年 12 月 15 日《独立评论》第 181 号发表了《中华民族是整个的》一
文，认为自从秦建立帝国之后，虽然境内有很多少数民族，但中华民族俨
然是一个家族，是一个整体，老百姓的第一愿望是统一，国人都渴望国家
不分裂。① 这是傅斯年首次表明其对中华民族的基本立场。

1938～1939 年，傅斯年在昆明撰写《中国民族革命史稿》，只完成了
第一章"界说与断限"、第四章"金元之祸及中国人之抵抗"两章，大约
两万字。他认为虽然中华民族包含汉、蒙、回、藏等民族，但依然是一个
整体，中国人一直具有百折不挠、抵御外侮的民族精神。其中，第一章指
出，汉、蒙、回、藏等民族长期生活在同一政治组织体系中，经过血统融
合已经不再是独立的民族单元，不宜再称为民族，宜称为汉人等，它们合
起来构成一个民族，即中华民族；第四章主要是论证中华民族自古以来就
具有抵御外侮的民族精神。② 该学说"从民族历史与理论的高度有力反击
了日本对华侵略行径，抵制了国内外各种导致国族分裂的错误言论，为现
代'中华民族'思想的形成奠定了历史学基础"。③

傅斯年还从正反两方面论述过中华民族是一个整体的政治意义。1939
年，顾颉刚发表《"中国本部"一名亟应废弃》一文后，傅斯年给其写了
一封信，告诫顾氏中华民族始终是一个民族，不能乱用"民族"这个词，
要把握好民族问题的分寸，以防止国家分裂。④ 而费孝通发表中国境内存
在不同民族的观点后，傅斯年认为其观点"接受了帝国主义论殖民地的道
理"，可能导致国家分裂，并认为该文是其导师吴文藻在背后指使他写的，
于是致函吴氏任职的中英庚款董事会董事长朱家骅及总干事杭立武，希望
将吴文藻调离该委员会。⑤ 这两件事充分表明，在傅斯年看来，如果承认
中国境内存在不同民族，就有招致国家分裂的危险。只有将中华民族作为
一个民族对待，才有利于国家统一，这也反映出其鲜明的经世致用立场。

---

① 《中华民族是整个的》，欧阳哲生主编《傅斯年全集》第 4 卷，第 125～127 页。
② 傅乐成：《傅孟真先生的民族思想》，王为松编《傅斯年印象》，学林出版社，1997，第
　192～218 页。
③ 彭池：《"中华民族是整个的"——傅斯年的大民族观及其历史价值》，《江汉论坛》2015
　年第 2 期。
④ 《致顾颉刚》（1939 年 2 月 1 日），王汎森、潘光哲、吴政上主编《傅斯年遗札》第 2 卷，
　第 721～722 页。
⑤ 《致朱家骅、杭立武》（1939 年 7 月 7 日），王汎森、潘光哲、吴政上主编《傅斯年遗札》
　第 2 卷，第 767～768 页。

（三）　正面阐述历史学的经世致用功能

九一八事变后，傅斯年放弃了为学术而学术的治史态度，认为考证只是方法而不是目的，多次正面阐述了历史学的经世致用功能，积极倡导历史学的人文价值。其前后变化主要体现于以下几个方面。

第一，由建设与自然科学一样的历史学到发现历史学与自然科学的区别。九一八事变之前，傅斯年认为，"著史的事业之进步，在于由人文的手段，变做如生物学地质学等一般的事业"，[①] 其目标是把历史学建设得和生物学、地质学等自然科学一样。[②] 九一八事变之后，他的这一观点发生了明显变化。1935 年，傅斯年在谈论如何编写中学历史教科书时指出，自然科学可以用原则概括事实，用大命题统率小命题，而历史上没有任何两个人物、两件事情是完全相同的，只能一个一个、一件一件地说，归纳法不适用于历史学，历史学所需要做的是根据某种观点，进行严密的选择。[③] 历史学既然具有不同于自然科学的独特性，那么，其研究方式与研究价值等也应该有与自然科学不同的地方。

第二，由反对著史到认为著史是历史研究的高级阶段。1928 年，傅斯年特别强调："历史学不是著史"，"我们反对疏通，我们只是要把材料整理好，则事实自然鲜明了"。[④] 而在 1942 年 2 月 6 日写给胡适的信中，他告诉胡适打算写两本历史书，一本名为《文化斗争》，[⑤] 内容包括"我所认识之日本""我所认识之法国"等，[⑥] 从其篇目来看，这本著作不是以前他所倡导的考史之作，而是属于他之前反对的著史之作。他计划写的另外一本著作是《明太祖传记》，"想练习一下，我有无写传记之才，以明太祖为题（近发现他许多事）。这便够我病人办的了，考据之书，再说"，"近看段著《戴东原年谱》，颇疑东原之《字义疏证》亦感于身体不妙而写，假如他再活十年，一定是些礼乐兵刑之书，而非'抬轿子'之书矣。此事先生有考证否？"[⑦] 在这段话中，有两点值得注意：一是他明确表示，他打算写的《明太祖传记》不是考据类著作，而是著史之作；一是他举戴震的例

---

① 《史学方法导论·史料论略》，欧阳哲生主编《傅斯年全集》第 2 卷，第 308 页。
② 《历史语言研究所工作之旨趣》，欧阳哲生主编《傅斯年全集》第 3 卷，第 12 页。
③ 《闲谈历史教科书》，欧阳哲生主编《傅斯年全集》第 5 卷，第 52~54 页。
④ 《历史语言研究所工作之旨趣》，欧阳哲生主编《傅斯年全集》第 3 卷，第 3、9~10 页。
⑤ 《致胡适》，欧阳哲生主编《傅斯年全集》第 7 卷，第 235~236 页。
⑥ 《傅斯年致陶百川》（1942 年 2 月），王汎森、潘光哲、吴政上主编《傅斯年遗札》第 3 卷，第 936 页。
⑦ 《致胡适》，欧阳哲生主编《傅斯年全集》第 7 卷，第 235~236 页。

子，推测戴震是因为身体状况不好才写了《孟子字义疏证》，并将之比喻为"抬轿子"之书。"抬轿子"有一个意思是扶持新人，傅斯年在这里应该是指戴震由于身体状况不好，只能写这种考据书，为新人开展进一步的研究做点准备工作，如果他能再活十来年，肯定会开展一些礼乐兵刑的著史工作。在这里，傅斯年将考证看成了历史研究的初级阶段，而著史、作史是历史研究的高级阶段。

第三，由主张考证到认为考证只是方法而不是目的。在早期，傅斯年认为历史学的任务就是整理史料，[①] 而整理史料的方法就是比较不同的史料，[②] 进而将考证作为历史研究的"中央题目"。[③] 而到了晚年，他则明确提出："考证只是一种方法而不是一种目的"，"考证学发达的结果，小题大做，可成上品，大题小做，便不入流"。[④]

第四，由反对赋予历史学伦理价值色彩到积极倡导历史学的人文价值。1928 年，傅斯年明确表示："把些传统的或自造的'仁义礼智'和其他主观，同历史学和语言学混在一气的人，绝对不是我们的同志！"[⑤] 1931年又再次讲道："史的观念之进步，在于由主观的哲学及伦理价值论变做客观的史料学。"[⑥] 而到 1932 年，他写《东北史纲》时，"致用"色彩已经跃然纸上。再到 1935 年，他又特别强调，历史学具有三个方面的意义：其一，学习历史可以增进人们对人类和人性的了解，可以把历史知识作为"人学"；其二，选择历史上的事件做榜样，可以"启发爱国心、民族向上心、民族不屈性、前进的启示、公德的要求、建国的榜样"，其效果比空洞说教要好得多；其三，让国民了解文化演进的阶段及民族形态，借助本国史启发民族意识。[⑦]

三 傅斯年对历史学经世致用功能的理论探索

为了充分发挥历史学的经世致用功能，傅斯年在九一八事变后开始研究哲学与逻辑学，接受了心性学说。他主张用"从各种不同角度看问题"

---

① 《历史语言研究所工作之旨趣》，欧阳哲生主编《傅斯年全集》第 3 卷，第 3 页。
② 《史学方法导论·史料论略》，欧阳哲生主编《傅斯年全集》第 2 卷，第 308 页。
③ 《史学方法导论·史料论略》，欧阳哲生主编《傅斯年全集》第 2 卷，第 309 页。
④ 《国立台湾大学法学院〈社会科学论丛〉发刊词》，欧阳哲生主编《傅斯年全集》第 3 卷，第 367 ~ 369 页。
⑤ 《历史语言研究所工作之旨趣》，欧阳哲生主编《傅斯年全集》第 3 卷，第 12 页。
⑥ 《史学方法导论·史料论略》，欧阳哲生主编《傅斯年全集》第 2 卷，第 308 页。
⑦ 《闲谈历史教科书》，欧阳哲生主编《傅斯年全集》第 5 卷，第 54 ~ 55、61 页。

的"多元主义"来限制极端主观主义，从而确保史学经世致用的价值。主要体现于以下几个方面。

首先，由反对哲学到开始研究哲学。在给北京大学学生授课的讲义中，傅斯年强调历史学的进步就在于由主观哲学变为客观史学，[①] 这说明他早年是反对哲学的。而到了1942年，在写给胡适的信件中，傅斯年提到了能够反映他的哲学的写作计划。其中有一个是写历史中的因果与偶然（causality and chance in history）的，这说明傅斯年此时打算就偶然与必然等哲学问题做一些研究，并写成专著。[②] 在早期，傅斯年反对推论与假设，主张"存而不补""证而不疏"，"材料之外，我们一点也不越过去说"。[③] 而研究偶然与必然的目的无疑是在"材料之外"正确表达自己的观点，从而为经世致用服务。

其次，由唯物主义者到逐渐接受心性学说，并开始学习逻辑学。傅斯年早年留学欧洲期间，先后对集体心理学、实证主义、达尔文主义等学说产生了浓厚兴趣。[④] 九一八事变后，虽然他还继续研读心理学与哲学著作，但兴趣已经发生了变化。1948年4月16日，在写给赵元任的信中，傅斯年用了很大篇幅向赵氏汇报其近日阅读行动派心理学著作的心得与困惑，询问赵氏他是否有必要继续读下去。其中谈道，该学派的政治思想受达尔文的影响太多，出现了流弊，这种心理学在前提、逻辑两个层面上都有问题；在断定"心理学自身问题多矣"的情况下，傅氏决定接下来读逻辑方面的书，让赵氏为其推荐合适书目，并说"我对一切事发生 intellectual curiosity，不为贡献，而为'闻道'，正是东方哲学"。[⑤] 同年4月28日，他又给赵氏写了一封信，信中谈了他对康德哲学的看法，他认为康德是世上最可笑的。在该信件中，傅斯年还讲道，"生病重的那几年，常想人生究竟，有时竟像神秘主义，但又不是，最后想到宇宙是个大演绎，必须假定（或建立）某某，然后依据这些假定以为建立其他推断之基础"；另外，还表达了他对黑格尔哲学、马克思主义的厌恶；最后期待赵氏以后能给他讲一讲逻辑学知识。[⑥] 这表明，他对行为主义与实证主义的态度已经发生了

---

① 《历史语言研究所工作之旨趣》，欧阳哲生主编《傅斯年全集》第3卷，第3页。
② 《致胡适》，欧阳哲生主编《傅斯年全集》第7卷，第235~236页。
③ 《历史语言研究所工作之旨趣》，欧阳哲生主编《傅斯年全集》第3卷，第9~10页。
④ 王汎森：《傅斯年：中国近代历史与政治中的个体生命》，第60~75页。
⑤ 《傅斯年致赵元任夫妇》（1948年4月16日），王汎森、潘光哲、吴政上主编《傅斯年遗札》第3卷，第1346~1350页。
⑥ 《傅斯年致赵元任》（1948年4月28日），王汎森、潘光哲、吴政上主编《傅斯年遗札》第3卷，第1354~1358页。

根本性转变，对其之前偏唯物主义的学识有所纠正，开始逐渐赞同一些心性主义的观点。①

最后，由建立客观史学到用"多元主义"制约极端主观主义。在其去世的那一年，傅斯年针对主观与客观的关系发表了看法。他认识到即使在自然科学领域也很难做到真正的客观，而在社会科学领域绝对的客观只能是一个理想境界，但可以做到相对客观。② 那么，怎么样才能做到相对客观呢？傅斯年认为，"谈社会科学，是离不了社会的立点，这个道理我也承认，但从各种不同角度看，主观性可以渐渐减少，客观性因而增加，若单从一个角度看，而这个角度又是假想的，自然越看偏见越多，到后来，精神难保不失常。用多元主义代替主观主义，也许是现在社会科学方法上一个迫切的要求"。③ 在这里，傅斯年是用"多元主义"替代了其早期的"客观主义"主张，并将之上升到社会科学方法论的层面，这在当时是一个重大突破。④ 再进一步讲，傅斯年所讲的"多元主义"指的是从多个角度看同一问题，这一点和马克思主义的辩证唯物主义已经比较接近了。傅斯年最后的认知就是，历史学做不到绝对的客观，但是可以采用从不同角度看待同一事件的办法来防止主观的滥用。早在 1935 年傅斯年就讲过："若是说过了火，既害真实，亦失作用。对青年是不应该欺骗的，治史学是绝不当说谎的"，"爱国者不必言过其实，只说实话，即足以达到它的目的，又何苦在那里无中生有，说些不相干，培养国民的夸大狂呢？我们应该借历史锻炼国民的自重心（不是自大心），启发强固的民族意识，以便准备为国家之独立与自由而奋斗"。⑤ 这同样表达的是，历史研究应该经世致用，但不能违背事实，应反对极端主观主义，这在今天看来依然是非常具有指导意义的。

四　结语

学界普遍认为傅斯年是科学史学派的代表人物，其实在九一八事变之

① 王汎森：《傅斯年：中国近代历史与政治中的个体生命》，第 220～221 页。
② 许冠三：《新史学九十年》，香港中文大学出版社，1986，第 218 页。
③ 《国立台湾大学法学院〈社会科学论丛〉发刊词》，欧阳哲生主编《傅斯年全集》第 3 卷，第 367～369 页。
④ 杨春梅：《"用多元主义代替主观主义"——傅斯年最后的思想遗嘱》，《烟台大学学报》（哲学社会科学版）2010 年第 2 期。
⑤ 《闲谈历史教科书》，欧阳哲生主编《傅斯年全集》第 5 卷，第 61 页。

后，日本入侵的现实刺激与文人报国无门的无力感，已经使得傅斯年放弃了早期的"近代的历史学只是史料学"这一客观史学立场，转而秉持经世致用史观。他撰写《东北史纲》旨在说明东北自古以来就是中国领土不可分割的一部分，撰写《中国民族革命史稿》的目的是反击日本对华侵略，抵制各种可能导致国族分裂的错误言论。除了以经世致用立场撰写论著外，傅斯年还从理论上对历史学的人文价值进行了阐释，认为考证只是方法而不是目的，考史只是历史研究的初级阶段，著史才是历史研究的高级阶段，并对历史学可以增进对人类和人性的了解、启发爱国心、启发民族意识等内容进行了论说。为了充分发挥历史学的经世致用功能，傅斯年开始研究偶然与必然等哲学问题，开始接受具有明显主观色彩的心性学说。同时，为了反对极端主观主义，傅斯年还提出经世致用不能违背基本事实，主张用从多个角度看问题的"多元主义"办法来限制主观的滥用。当下，史学应该为国家与社会的发展做出什么样的贡献，怎么样才能为国家与社会的发展做出贡献，是历史学科面临的重大问题。在这种时代背景下，研究九一八事变后傅斯年的经世致用史观可以给我们不少启迪。

从"军治"到"党治"：唐继尧统治后期云南政党政治及其实践

朱　强*　　李蜀榆**

提　要　20世纪20年代，在全国"打倒军阀"的呼声中，军阀政治面临空前的合法性危机。为应对危机，僻处西南的唐继尧也附和"党治"的时髦，先后主持成立了云南民治实进会和云南民治党。虽然二者只是依附者的角色，却反映了唐继尧统治后期"军治"难以为继，要以"党治"强化统治合法性的需求。这些变化表明军阀政治已走到末路，政党政治作为一种新的政治形态正在全国兴起。

关键词　政党政治　军阀政治　唐继尧　云南

唐继尧虽然被视为西南军阀的代表，在其统治后期却一度出现政党政治的趋势。在他的主导下，云南民治实进会与云南民治党先后成立。关于云南民治实进会和云南民治党，前贤未给予应有的关注，多在回忆录、资料集中一笔带过，或语焉不详，缺少整体性的描述。[①]虽然就整体而言，这两个政党只是唐继尧统治时期的一段插曲，存续时间很短，实际影响也十分有限，但其出现绝非偶然，而是有深刻的现实原因，反映了唐继尧统治后期"军治"政权合法性缺失，试图以"党治"增强"军治"政权的

---

*　朱强，云南大学历史与档案学院博士研究生。

**　李蜀榆，云南大学国际关系研究院硕士研究生。

① 参见龚自知《龙云夺取云南政权的经过》，中国人民政治协商会议云南省委员会文史资料研究委员会编《云南文史资料选辑》第2辑，云南人民出版社，1963，第114页；龚自知《唐继尧与联省自治、国家主义和民治党》，云南省社会科学院历史研究所编《云南现代史料丛刊》第5辑，昆明铁路局印刷厂，1985；谢本书《唐继尧评传》，河南教育出版社，1985；等等。

合法性。因此，对云南民治实进会和云南民治党的研究不仅可以弥补云南地方史和西南军阀史研究的缺漏，而且有助于深入理解"军治"政权中政党政治的特点，以及 20 世纪 20 年代中国政治形态的新变化。

一　云南民治实进会的成立及主要活动

民国初年，政党政治一度成为潮流，云南也出现了国民党、统一共和党、统一党、共和党等政党，[①] 但随着袁世凯复辟帝制，政党政治成为泡影。1913 年，唐继尧接替蔡锷出任云南都督，开启了"唐继尧时代"。在唐继尧统治期间，云南虽属于军阀政治，但并不等于这一时期云南就没有政党，云南民治实进会和云南民治党就是其中的代表。

（一）云南民治实进会的成立

云南民治实进会（以下简称"民治实进会"）是唐继尧调整统治策略的产物。直皖战争后，出现了南北双方势均力敌的状态。于是一些学者、政客提出以联省自治的方式统一中国。但当时各地方实力派各有打算，"附和联省自治的，也不过是假它为割据地盘的掩护工具"。[②]

1920 年 6 月，云南督军唐继尧宣布废督裁兵，"实行废督，请从尧始，兹于 6 月 1 日即行解除云南督军职务"，宣布"促进民治，为宇内先"，[③] 并发表《民治实进会成立之宣言》。[④]《民治实进会成立之宣言》首先回顾了民国成立以来，特别是护法运动以来的各种乱象，认为造成这些乱象的原因在于"护法救国之义"被"不肖之徒所假借、阴险之辈所利用，舆论即为之紊淆是非，亦因而颠倒"，[⑤] 所以"本会成立伊始，用以谋国之主旨方法……主旨为何？民治是也"，[⑥] 并宣称唯有推行"民治"才能救国，并在此基础上阐述了云南民治实进会的政治纲领：恢复约法，废督裁兵。

其一，恢复约法。提出"约法者，以人民之总意纲维国家者也。民主

① 罗群：《论清末民初的边疆政党与政治——以云南为中心》，《中国边疆史地研究》2012年第 3 期。
② 李剑农：《中国近百年政治史》，复旦大学出版社，2002，第 484 页。
③ 谢本书、冯祖贻主编《西南军阀史》第 2 卷，贵州人民出版社，1994，第 23 页。
④ 《民治实进会成立之宣言》，《滇声报》1920 年 9 月 7 日，第 1 张，第 3 页；《民治实进会成立之宣言（续）》，《滇声报》1920 年 9 月 8 日，第 1 张，第 3 页；《民治实进会成立之宣言（续）》，《滇声报》1920 年 9 月 9 日，第 1 张，第 3 页。
⑤ 《民治实进会成立之宣言》，《滇声报》1920 年 9 月 7 日，第 1 张，第 3 页。
⑥ 《民治实进会成立之宣言（续）》，《滇声报》1920 年 9 月 9 日，第 1 张，第 3 页。

共和赖以建立，人民权利赖以保障"。但自从袁世凯复辟帝制以来，约法被"擅行破坏，致令国失纲维，变乱无已"，致使"民国主权尽操余横暴武人之手，国会总统任意弃取，国家权利滥送外人……人民之权利蔑弃无遗，而国会总统卵翼于武力之下，时随武力为转移"，并断言"今如不尊重约法，恢复国家纲维，则各省各党之军旅各谋割据相互争长，则唐宋之祸，墨西哥之乱必立现于当前"。其二，废督裁兵。提出"欲图国家永久安宁，和平进步，必自铲除武力政治始"。针对各路军阀"把持国政税法，卖国无所不为"，提出"欲铲除武力政治，导之实入民治之途"，首要就是"约法恢复、督军废除，由南北合组'军事委员会'，计书行之，以免蹈袁世凯裁兵之覆辙"，并主张"废督裁兵同时必期实行自治也"。换言之，只要"督军必废、兵额必减"，"自治必实行也"。① 在恢复约法、废督裁兵的基础上，进而推行民治，以取代军治、官治。

虽然经过了一定的宣传和准备，但民治实进会的成立仍一波三折。首先，成立时间的推迟。在 1920 年 9 月 7 日召开的第一次筹备会上，定于 9 月 10 日开成立大会，但实际推迟到 10 月才召开。② 其次，经历了周钟岳请辞会长职务的风波。9 月 19 日民治实进会召开成立预备会，并推选周钟岳为云南民治实进会会长，但周钟岳以"才疏力蹇、责重事繁，时有旷误之虞"为由请辞会长职务，③ 这无疑对民治实进会的成立有一定的负面影响。尽管如此，云南民治实进会的成立仍在继续推进。1920 年 9 月 19 日下午 1 时，云南民治实进会在云南省议会大客厅召开了成立预备会，10 月 9 日上午 12 时，在云南省议会召开民治实进会成立大会，④ 正式成立云南民治实进会。⑤ 参加成立大会的共十个团体（省议会、教育会、商务总会、学生联合会、省农会、救国团、国民大会、国会议员、实业改进会、华侨

---

① 《民治实进会成立之宣言（续）》，《滇声报》1920 年 9 月 9 日，第 1 张，第 3 页。
② 《发起民治实进会》，《滇声报》1920 年 9 月 8 日，第 2 张，第 5 页。
③ 《周省长辞民治实进会会长》，《滇声报》1920 年 10 月 1 日，第 1 张，第 4 页。
④ 《民治实进会正式成立》，《滇声报》1920 年 10 月 14 日，第 1 张，第 4 页。
⑤ 关于云南民治实进会正式成立的时间，荆德新认为其于 1920 年 12 月正式成立（《云南现代史料丛刊》第 5 辑，第 201 页）；《昆明市志长编》卷 8（昆明市志编纂委员会，1984，第 405 页）中辑录的两条史料显示其正式成立的时间是 1920 年 10 月 9 日；《续云南通志长编》下册（云南省志编纂委员会办公室，1986，第 139 页）中认定其于 1920 年 9 月成立。笔者在云南省图书馆寻找到当年的《滇声报》后发现，有 1920 年 9 月 19 日、1920 年 10 月 9 日两个成立时间，前者为预备会的成立时间，后者为正式成立时间（《民治实进会定期成立》，《滇声报》1920 年 9 月 21 日，第 2 张，第 6 页；《民治实进会正式成立》，《滇声报》1920 年 10 月 14 日，第 1 张，第 4 页），故笔者认为云南民治实进会正式成立于 1920 年 10 月 9 日。

学生），每个团体有代表十人，合计一百名代表，他们讨论了会章并选举了会长、副会长及评议员。成立大会首先议决《民治实进会组织简章》，其次选举周钟岳为会长、唐继虞为副会长，选举黄玉田、李正芬、周傅性、童仲华、李方城、惠云岑、张天放、张槐生、唐质仙、王用予、李伯英、刘继先、戢萝臣、林毅强、罗思明、曾举直、黄禅侠、刘志遵、柯维翰、曾伯、李长年、李俊、吴石生、魏丕锟、胡寿生、龚炳文、邓星阶、蒋应炯、李毓森、缪延之共三十人为评议员，并于次日（10月10日）下午6时在省议会召开民治实进会全体大会，欢迎会长、副会长及评议员就职，并由评议员互选评议部长。① 成立大会"首议决会章，次选举会长、副会长及评议员"，议决了《民治实进会组织简章》，涉及会长、副会长的职权和产生方式，干事部的职权，下辖机构及部长和干事的选举，评议部的职权和评议部部长、评议员的产生方式及评议部的开会程序，入会会员资格等方面的内容，② 标志着民治实进会作为一个政党性质的组织已经初步建立。

（二） 云南民治实进会的主要活动

民治实进会成立后，逐步成立相关部门并建立健全规章制度，同时成立"地方自治研究所"，为会务的进一步开展奠定了良好基础。1920年10月17日，民治实进会在昆明市政公所召开评议部成立大会，③ 讨论了评议部办事细则、入会规则、入会费等九个方面的事项，并通过了《云南民治实进会评议部议事规则》。④ 11月28日，评议部又开会讨论了入会规则，鉴于干事部迟迟未成立，严重影响会务的开展，提议"干事部须请速行成立"，并"请向大会宣布积极发展本会方针"。⑤ 就在民治实进会各项事务稳步推进时，会长的人选再起波澜。在民治实进会正式成立仅48天之际，即1920年11月26日，会长周钟岳以"因公出省，以致干事一部迟迟而未组织，进行一切诸多掣肘"为由，"电请由唐蓂庚（唐继虞——引者注）副会长执行会长职务"。⑥ 之后，唐继虞代理会长，实际主持日常事务。

---

① 《民治实进会职员题名录》，《滇声报》1920年10月21日，第1张，第4页。
② 《民治实进会组织简章》，《滇声报》1920年10月21日，第1张，第4页。
③ 《民治实进会评议部第一次开会纪事》，《滇声报》1920年10月25日，第1张，第4页。
④ 《云南民治实进会评议部议事规则》，《滇声报》1920年11月11日，第1张，第4页。
⑤ 《民治实进会评议部第四次开会纪事》，《滇声报》1920年12月8日，第1张，第4页。
⑥ 《周会长电促唐蓂庚先生继任会长》，《滇声报》1920年11月27日，第1张，第4页。

1920 年 12 月 29 日，民治实进会评议部议决了评议员的新补、辞职和除名，并修改了《云南民治实进会简章》《民治实进会宣言书》。[①] 1921 年1 月 6 日，民治实进会公布了修改后的《云南民治实进会简章》，全面阐述了民治实进会的政治纲领和组织体系。以 "提倡民治主义，促进平民政治为宗旨，由地方各团体及各界公民及赞成本会宗旨者组织之"。民治实进会 "设会长一人，副会长一人，由大会选举会之，会长执行全会事务。副会长助理会长执行会务，于会长有故障时代行会长"，民治实进会下设干事部和评议部。"干事部受会长指导处理会务，设部长一人，由会长选任。"下分文牍科、会计科、庶务科、交际科四科。"每科暂设主任干事一人，干事六人，由会长选任，于事务殷繁时得增加之。评议部的职权是议决会内一切办事章程及重大会务，设评议员三十人，由大会选举。评议部部长由评议员互选。"[②]（见图 1）

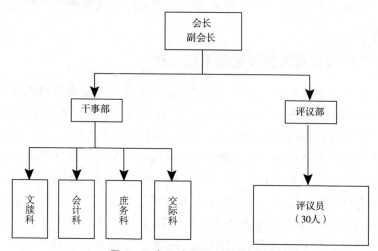

图 1 云南民治实进会组织结构

资料来源：《云南民治实进会简章》，《滇声报》1921 年 1 月 6 日。

1 月 16 日，民治实进会评议部又对《云南民治实进会简章》进行了复议，并修改了《云南民治实进会评议部议事规则》，[③] 进一步完善了民治实进会的规章制度。

随着民治实进会相关职能部门不断健全，规章制度日趋完善，对自治

---

① 《民治实进会评议部第五次开会纪事补志》，《滇声报》1921 年 1 月 21 日，第 1 张，第 4 页。
② 《云南民治实进会简章》，《滇声报》1921 年 1 月 6 日，第 1 张，第 4 页。
③ 《民治实进会评议部第五次开会纪事》，《滇声报》1921 年 1 月 26 日，第 1 张，第 4 页。

人才的培养也提上了议事日程。为培养自治人才，民治实进会在云南法政学校附设 "地方自治研究所"，计划于 1921 年 3 月 1 日开学。为配合人才培养，云南省省长周钟岳通令 "各县及行政区地方长官按照《简章》第八条资格，就各该属素无劣迹之士绅中，各选学员一名送所学习。在前清及民国所设之自治研究所或传习所曾经毕业者，不得一再送至。学员选定后应由地方官视到省程途远近酌给旅费若干，并每名备学费六十元。学员尽于十年（1921 年）二月二十日以前，一律直接函送该所受学，仍分报本处查考"。①

为规范地方自治研究所的相关事项，还公布了《云南法政学校附设地方自治研究所办法简章》，规定了地方自治研究所的宗旨、学员管理、毕业要求、学员入学资格及经费和教学事务等。主要内容有三点：第一，成立地方自治研究所之目的在于 "养成多数自治人才，普及自治思想，备现在及将来整顿、扩充自治事务之用"；第二，学员需满足 "会办地方公益，二十五岁以上四十五岁以下，无嗜好及劣迹，热心公益品行端正" 四个条件，学员既接受 "各属调派"，也接受自愿报名，毕业后待遇相同，毕业后获得文凭的学员 "派向原属办理地方自治事宜，及充当各属自治机关办事人员、宣讲员、自治传习所教员等"；② 第三，每期六个月，"各属地方官派学员每名须各筹给月费十元"，非各属地方官派学员报名后还需经 "考验合格方准入学"。③ 此外，还要求由 "赴日调查自治各委员充教员"，并 "将一切知事行政县佐，以及省垣各机关科长科员，胥容纳其中，厘定章程，先传习在省候补"，要求 "各公署科长科员，以三个月为毕业期，各公署科长科员，应以三点钟入所传习"。④ 后来，鉴于 "前已开办两班，因肄业期间均仅六月期满毕业，自治知识仍属幼稚"，原计划于 "1923 年 1 月续办第三班，改为一年毕业"。⑤ 这些相关规定的出台，进一步规范了地方自治研究所的相关管理机制，为自治人才的培养奠定了良好基础。

就在民治实进会的活动开始走上正轨之时，云南政局却出现剧变。随着川滇矛盾激化，1920 年秋，川军将领熊克武等联合驱逐滇军，驻川滇军第二军军长赵又新战死，第一军军长顾品珍率部返滇 "倒唐"，内忧外患

① 《周省长通令送自治研究所学员》，《滇声报》1920 年 12 月 16 日，第 1 张，第 4 页。
② 《云南法政学校附设地方自治研究所办法简章》，《滇声报》1920 年 12 月 17 日，第 2 张，第 5 页。
③ 《云南法政学校附设地方自治研究所办法简章（续）》，《滇声报》1920 年 12 月 18 日，第 2 张，第 5 页。
④ 《云南民治之宜先务者》，《义声报》1921 年 2 月 4 日，第 3 页。
⑤ 《昆明市志长编》卷 8，第 407 页。

中的唐继尧被迫通电辞职，于 1921 年 2 月 8 日离开昆明去香港，云南民治实进会也随之解散。

（三）云南民治实进会的二次成立

1922 年 3 月，唐继尧重返昆明，重掌云南大权。"二次回滇"之初，唐继尧鉴于内部尚未稳定，一时无力向外扩张，于是积极参与鼓吹"联省自治"。宣布改组云南省政府，颁布《云南省政府暂行组织大纲》，宣布实行"民治"，并再次组织了民治实进会。

1922 年 7 月 2 日，民治实进会再次召开成立大会，并发表《云南民治实进会第二次宣言书》。首先，回顾民治实进会成立前后的政局变化；其次，追溯"民治主义"的起源和中国过去政治的弊端，提出推行"民治主义"的必要；最后，声明民治实进会的主旨在于使"人人稔知民治之为何物，群入民治之途"。① 8 月 3 日，云南民治实进会又发布了《本省续开民治实进会通电》，回顾了"会泽唐公鉴于武力之不足以图治，毅然主张废督裁兵。时则全省人民亦有民治实进会之设……乃会务甫有端倪，而滇中突生事变，本会亦遂停顿，未克进行"，声明民治实进会重建之目的在于："谋会务之赓续进行，而民治得逐渐发展。"②

由此可见，云南民治实进会有政治纲领——恢复约法、废督裁兵、实行民治；有较完整的组织体系——民治实进会大会、干事部、评议部，并明确规定了相应的职权及产生方式；有入会条件和手续——"凡属中华民国国民，年满二十岁以上，完全享有公权者，均得为本会会员"。③ 这标志着云南民治实进会已经初步具有了现代意义上的政党特征。从《云南民治实进会第二次宣言书》和《本省续开民治实进会通电》来看，民治实进会二次成立后在政治纲领方面没有太大变化，核心依然是"民治"。但是 1923 年曹锟贿选，"约法、国会声名狼藉，从此法统断绝，联治运动也到了日落西山的景象"，④ 民治主义的影响也逐渐低落。

二　云南民治党的成立及主要活动

成立云南民治党（以下简称"民治党"）是唐继尧应对内外危机的重

---

① 《云南民治实进会第二次宣言书》，《云南现代史料丛刊》第 5 辑，第 211 页。
② 《云南民治实进会第二次快邮代电》，《云南现代史料丛刊》第 5 辑，第 211 页。
③ 《云南民治实进会第二次章程》，《云南现代史料丛刊》第 5 辑，第 212 页。
④ 李剑农：《中国近百年政治史》，第 536 页。

要举措。唐继尧"二次回滇"后，经过短暂的调整，又重新走上对外扩张之路。1922 年底，唐继尧重组滇黔联军；1923 年 2 月，派兵攻占贵阳；10月，派兵入川；次年 2 月，派兵入桂，滇桂战争爆发，但随后滇军战败，被迫于 1925 年 8 月退回云南。对外战争的失败，加上长期战争使云南师老民困，唐继尧的统治陷入了空前的内忧外患之中。

在内部，龙云、张汝骥等四镇守使尾大不掉。唐继尧为安抚手下将领，任命龙云、胡若愚、张汝骥、李选廷为昆明、蒙自、昭通、大理的镇守使。但四镇守使拥兵自重，使唐继尧大失所望。他决定要仿照"过激派"的做法搞个主义，组织政党，以期将权力重新收回自己手中。在外部，国共两党积极在云南发展势力。五卅运动以后，中共在昆明建立了共产主义青年团。1926 年 11 月初，李建、黄丽生、周霄等从广州来到昆明，建立了云南早期的地下党组织，同时建立了左派国民党省委。随着国共势力向云南渗透，唐继尧做了软硬两手准备以应对。一方面，发布训令和布告，要查禁革命报刊和出版物，取缔共产党、国民党和其他一切结社；①另一方面，唐继尧以中国青年党所宣传的"国家主义"作为号召，成立民治党以对抗国共两党在云南的发展。

（一）政治纲领：从"民治主义"到"国家主义"

"政治纲领是由政党所提出的一套计划，其目的是为赢得更为普遍的赞同，进行政治动员。"② 唐继尧放弃"民治主义"，选择"国家主义"作为新成立政党的政治纲领，与这一时期的局势变化密切相关。首先，"民治主义"的影响日渐式微。随着联省自治运动逐渐落幕，民治主义的号召力也日益衰微。唐继尧要组织新的政党，势必要在政治纲领方面"改旗易帜"方能有号召力。其次，在舆论宣传方面，这一时期中国青年党及其宣传的国家主义影响广泛，是少数能与中共在宣传领域较量的势力。中国青年党与共产党的早期成员多同出于少年中国学会，后因在改造中国的道路上产生分歧而分道扬镳，此后两党彼此以对方为主要论敌。中共有《向导》，中国青年党有《醒狮》，"《向导》于 1922 年 9 月创刊，到 1926 年11 月，印数已达 3 万份。《醒狮》于 1924 年 10 月创刊，到 1926 年 4 月增至 2 万份以上。这个数字虽然比不上《向导》，但以当时出版销售行情论，

---

① 谢本书：《唐继尧评传》，第 167~168 页。
② 王邦佐等编《政治学辞典》，上海辞书出版社，2009，第 21 页。

也是相当可观"。① 面对国民革命浪潮和国共影响在云南的迅速扩大，唐继尧希望以中国青年党所宣传的国家主义巩固其宣传阵地。1926 年 9 月，唐继尧让龚自知撰写了宣扬国家主义的《国家主义十讲》，同时从上海邀请醒狮派的张梅井等来昆明替他筹备组党，② 还出版了宣传国家主义的《滇事旬刊》，创办三月一期的民治学院，"由醒狮派（青年党）宣传的国家主义，在特定时期成了某些军阀维系军心，对抗革命的三民主义和共产主义的工具"。③

（二）云南民治党的成立及政治纲领

1926 年 11 月 10 日，民治党筹备处发布公告，宣布民治党成立日期、成立地点和党员征集等内容。计划于 1926 年 12 月 1 日在云南省议会举行成立大会。在入党条件方面，民治党首次征集党员遵循先以"军界校官以上，政界荐任职以上，学界教职员，警界署长以上，省议会议员，总商会董，教育界，暨各法团公团会员"为主。由民治党筹备处"通函各机关，各部队长官，各法团公团领袖，附以总章、志愿书、登记表，请为征集党员，于本月十八日以前，汇交筹备办事处（设于东陆图书馆）"。④ 但由于"各界征集党员尚未汇齐"，再加上民治党筹备党务成立会提议成立大会"改订于护国纪念日（十二月二十五日）举行，尤为冠冕烜赫"，⑤ 遂决定将成立时间改为护国起义纪念日。同时，为"培养政治实用人才，以期导扬民治精神"，民治学院早于民治党，于 1926 年 12 月 8 日宣告成立。唐继尧自任院长，任命"由云龙、董泽、惠我春、龚自知为民治学院学务委员会委员，刘楚湘为民治学院总务主任，张劲、张介石为民治学院教务主任兼充学务委员会委员"。⑥ 民治学院由唐继尧亲自领衔，会集当时云南高官，可见唐继尧对其寄予厚望。

1926 年 12 月 25 日——护国起义纪念日，唐继尧宣告民治党正式成立。民治党成立以后，发布了《民治党成立宣言书》，集中阐述了该党的政治纲领。

① 王奇生：《"革命"与"反革命"：一九二〇年代中国三大政党的党际互动》，《历史研究》2004 年第 5 期。
② 龚自知：《龙云夺取云南政权的经过》，《云南文史资料选辑》第 2 辑，第 114 页。
③ 张鸣：《武夫当权：军阀集团的游戏规则》，陕西人民出版社，2008，第 21 页。
④ 昆明市志编纂委员会编纂《昆明市志长编》卷 9，1983，第 429 页。
⑤ 《昆明市志长编》卷 9，第 429 页。
⑥ 《昆明市志长编》卷 9，第 430 页。

奉行国家主义，以为共尊之信仰；实行联省自治，促成国家之统
一；施行直接普选，实现全民参政；制定各种法典，励行法治；普及
国民教育，涵养爱国精神；发扬固有文化，促进科学研究；实行征兵
制度，精练国军；整顿军港要塞，巩固国防；开发天然富源，改进农
工商业；实行关税自主，保护对外贸易；统一全国币制，整理金融机
关；规划全国路线，发展交通事业；制定劳动法规，调剂劳资冲突，
发展社会事业，救济贫民生计；限制独占事业，采用国营制度；实行
累进税法，重课不劳所得；增进国际地位，废除不平等条约，以为共
循之途轨，共赴之目标。①

《民治党成立宣言书》完整表述了云南民治党的政治纲领，基本涵盖
了当时中国社会所面临的主要问题，并提出了相应的主张。唐继尧宣传国
家主义、成立云南民治党这一举措在当时确实产生了一定的效果，部分青
年受此影响而投在唐继尧的旗帜之下。②

此时的中国正值多事之秋，云南民治党成立之际，恰逢国民大革命席
卷全国。1927年初，北伐军席卷了半个中国，眼看唐继尧的统治行将崩
溃，"昆明、蒙自、昭通、大理四镇守使龙云、胡若愚、张汝骥、李选廷
联合对唐（继尧）实行'兵谏'，提出清发欠饷、惩办贪污、屏除宵小、
驱逐唐三及与广州方面合作等条件"。虽然"唐继尧表示可以接受条件，
并拿出私蓄发放军饷，但是为时已晚"，③唐继尧被迫交出政权，解散民治
党，这就是"二六政变"。云南民治党成立仅一个月，即随着唐继尧下野
而解散，可谓昙花一现。

三　云南政党政治迅速夭折的原因

云南民治实进会和云南民治党都有政治纲领、组织、入会（党）条件
和手续，已经初步具备现代意义上的政党特征，但是其存续时间短暂，实
际影响十分有限。究其原因，可以总结为以下三个方面。

（一）地方实力派对政党政治多持利用目的，并非真心认同

长期的军阀混战严重破坏了社会经济，最终导致了空前的统治危机。

---

① 《民治党成立宣言书》，《云南现代史料丛刊》第5辑，第218～219页。
② 《昆明市志长编》卷9，第427页。
③ 龚自知：《龙云夺取云南政权的经过》，《云南文史资料选辑》第2辑，第115～116页。

部分军阀也开始注意政治意识形态的重要性，并试图建立相应的政治意识形态，试图用"主义"来整合内部，强化其政治合法性。孙传芳就鉴于"国民党的军队施行三民主义教育所以战无不胜"，[①] 故接受手下谋士建议，推出"三爱主义"来笼络人心。唐继尧虽然提倡"民治""联省自治"，并成立了民治实进会，但是，这些大多是口头宣扬，并非真实服膺。唐继尧一方面提倡"民治主义"，并成立了民治实进会。但另一方面，当"主义"与利益相冲突时，"主义"往往被放弃。例如，在唐继尧高唱"废督裁兵、联省自治"之际，1920 年，以龚自知为总编辑，一批青年军政官员（如段守愚、陈维庚、杨蓁、邓太中）发起创办了《民觉日报》。《民觉日报》发表、转载了《英雄政治下的平民政治》《沪报对废督的批评》等文章，要求偃武修文、休养生息，为唐继尧所嫉恨。《民觉日报》出版仅 17 天，总编辑龚自知便被暴徒殴打。发起办报的人，有的被撤职（如陈维庚，时任唐继尧的参谋长），有的被申斥，报纸也被迫停刊。[②] 由此可见，尽管某些军阀也试图从意识形态方面寻求合法性，但是往往因与军阀组织本身的能力和利益相冲突而在关键时候被放弃。[③] 换言之，各路军阀对政党政治并非真心信奉，其目的只不过是用其获取尽可能多的权力和利益而已，权力和利益才是压倒一切的，其他都从属于这一目的。

（二）政党的存在依赖于地方实权人物，没有独立性

云南民治实进会和云南民治党的成立和解散与唐继尧个人的政治生命息息相关，并没有显现政党的独立性。当唐继尧提倡"废督裁兵、联省自治"时，云南民治实进会成立；当顾品珍"倒唐"，唐继尧流亡香港时，云南民治实进会被迫解散；当唐继尧"二次回滇"后，云南民治实进会再次成立；当唐继尧需要对抗国民革命在云南的影响时，云南民治党成立；当四镇守使发动"二六政变"，唐继尧被迫下野时，云南民治党随之解散。可见，云南民治实进会和云南民治党虽然在形式上具有了现代政党的特征，但是并没有发挥出政党的政治作用，有很多类似于民国初年云南政党的通病，"没有形成突出的政党领袖及独立的政治集团，明显表现出对地

---

① 李森：《国家主义青年党与五省联军的一些关系》，中国人民政治协商会议全国委员会文史资料委员会编《文史资料选辑》总第 144 辑，中国文史出版社，2001，第 108 页。

② 张若谷：《云南〈民觉日报〉始末概述》，中国人民政治协商会议云南省委员会文史资料研究委员会编《云南文史资料选辑》第 7 辑，云南人民出版社，1965，第 255 页。

③ 孔凡义：《近代中国军阀政治研究》，中国社会科学出版社，2010，第 224 页。

方政治要员的依赖性"。① 这样的政党只能依附于地方实力派，成为其统治的点缀。

（三） 发展党员重上层、轻下层，缺乏广泛的群众基础

虽然云南民治实进会和云南民治党的政治纲领都宣称"谋国之主旨方法"，②"施行直接普选，实现全民参政"，③ 但是在实际中并未得到真正落实；虽然宣称"凡属中华民国国民，年满二十岁以上，完全享有公权者，均得为本会会员"，④ 但在实际发展党员时重上层、轻下层，云南民治党首次征集党员时更公开要求以"军界校官以上，政界荐任职以上，学界教职员，警界署长以上，省议会议员，总商会董，教育界，暨各法团公团会员"⑤ 为主。这致使政党的活动局限于上层，基层力量薄弱，缺乏广泛的群众基础，难以产生较大的社会影响。

四　结语

通过云南民治实进会与云南民治党的成立与解散，可更好地解读当时"有兵始有政""有兵始有权"的政治现实。二者虽然在形式上有现代政党的特征，但是并没有发挥出政党的政治作用，类似民初的政党，"党议不过是空洞的招牌，没有民众作基础"。⑥ 这样的政党只能依附于军阀，成为军阀政治的点缀；这样的"党治"只是空有其名，只会沦为"军治"的附庸。从更深层的权力结构来看，在军阀政治中，"军主政从"的军政关系是各军阀政权的普遍选择，⑦ 这决定了云南民治实进会和云南民治党只能是依附者的角色。从其成立后的主要活动来看，它们并没有在重大政治活动中发挥出政党应有的作用，只是为军阀统治提供点缀，而非发展政党政治最终取代军阀政治。这也恰恰说明，自民初以来，"所谓'民主'政党的出现、发展，决不是中国政治多元化发展的合理、顺利与积极的产物，

---

① 罗群：《论清末民初的边疆政党与政治——以云南为中心》，《中国边疆史地研究》2012年第 3 期。
② 《民治实进会成立之宣言》，《滇声报》1920 年 9 月 7 日，第 1 张，第 3 页。
③ 《民治党成立宣言书》，《云南现代史料丛刊》第 5 辑，第 211 页。
④ 《云南民治实进会第二次章程》，《云南现代史料丛刊》第 5 辑，第 201 页。
⑤ 《昆明市志长编》卷 9，第 429 页。
⑥ 李剑农：《中国近百年政治史》，第 325～328 页。
⑦ 孔凡义：《近代中国军阀政治研究》，第 118 页。

而是中国政治泛武装化、武力独大下的无奈畸胎"。①

尽管如此，云南民治实进会和云南民治党的出现还是表明，唐继尧统治后期，"军治"已难以为继，还要靠"党治"来巩固其政治合法性。从全国范围来看，面对民族主义、政党政治和新型知识分子汇合而成的新兴政治力量，军阀政治难以与其抗衡，走到了末路。军队党化使政党政治的崛起成为可能，中国将由"军治"进入"党治"时代。之后虽然军阀政治依然在不同地区以不同程度延续着，但是其作为一种全国性的政治形态已经被"党治"② 取代。

---

① 李翔：《"体温表"与"试金石"：青年党的军事活动（1923 ~ 1935）》，《近代史研究》2013 年第 3 期。
② 国民党虽然呈现"武主文从"的权力格局，但是依然是"党治"，只不过是弱势"党治"。参见王奇生《党政关系：国民党党治在地方层级的运作（1927 ~ 1937）》，《中国社会科学》2001 年第 3 期。

陈仪与战后台湾币制嬗变

牟立邦[*]

提　要　1943 年 11 月，中美英开罗会议确定战后台澎主权归还中国，国民政府成立台湾调查委员会，着手对台计划接收。战后蒋介石便委派陈仪全权负责接管台澎。陈仪对台的规划有别于其他收复区，除实行行政长官公署的特殊体制外，更有意延续台湾自有的货币体系，阻隔法币进入。为此，陈仪和财政部多有冲突。在双方角力下，陈仪以旧有台银券为缓冲，抗衡财政部与中央银行的新钞兑换准备。最终陈仪获得宋子文、蒋介石的支持与允诺，遂使台湾币制独立于法币之外，并逐步展开对旧有台银券的整理，但也因其大意，概括承受日方在战后的通膨套取。

关键词　战后财经　台湾币制　陈仪

一　前言

　　1943 年 11 月底的开罗会议上，蒋介石在获美方支持、英方允可的前提下，将于胜利后收回为日本所窃占的东北、台湾、澎湖群岛。但回顾清朝的《马关条约》，其割让台澎，时隔已近半世纪，其间历经改朝换代的军阀混乱过渡，战前国民政府又忙于政局统一、维系社经运作，不时疲于应对各种挑战，故国内对日本殖民统治下的台湾舆情变化渐疏于认知更替，[②]　如今早已

---

[*]　牟立邦，复旦大学历史系博士研究生。
②　曹立瀛：《台湾工矿事业考察团纪要》，全国政协文史资料研究委员会工商经济组编《回忆国民党政府资源委员会》，中国文史出版社，2015，第 198 页。

隔阂未明。① 在多方意见下，蒋介石最终决定先于中央设计局下设置台湾调查委员会，② 以便后续展开对台接收与经略制定。这除了弥补国民政府对台社经的了解不足外，更是为统筹全国战后复员计划做初步准备。③ 1945 年 8 月 15 日抗战胜利后，蒋介石便委命原台湾调查委员会主事陈仪，全权负责接管台澎。④

关于陈仪与战后台湾接收的探讨，已有诸多著述，如较早的《台湾省通志》便通论性地勾勒了陈仪对台经济与各方接管的历程。⑤ 在专题研究方面，不论是对战后陈仪个人的研究，⑥ 还是针对台湾接收情况的研究，⑦ 学界都提到战后台币得独立于法币圈之外，与陈仪个人特殊化的治台方针有着密切关联。随着美国胡佛研究所藏宋子文档案、蒋介石日记和台北“国史馆”、台湾文献馆、台湾发展委员会档案管理局藏蒋介石档案及国民政府、台湾行政长官公署等有关部门档案的开放，无论是史料文献的征引，还是扩大对战后接收的历史研究，探讨国民政府财政部、行政长官公署乃至日本台湾总督等各方的互动，甚至是对战后台湾币制嬗变历程的研究，都具有了必要性和可能性。

二　擘画自立和币权之争

1944 年 4 月 17 日台湾调查委员会成立，蒋介石命陈仪主持，⑧ 并延揽

---

① 开罗会议后，台湾问题才普遍引起国内人士的注意与同情。李万居：《台湾民众并没有日本化》，台湾政经社发行，《政经报》第 2 卷第 3 期，1946 年 2 月 10 日，台北，传文文化事业有限公司复刻出版，第 4 页。

② 《蒋介石复张励生电》（1944 年 3 月 15 日），中国第二历史档案馆藏，档案号：二（2）1087。

③ 《中央设计局台湾调查委员会三十三年重要工作项目报告》，张瑞成编《光复台湾之筹划与受降接收》，台北，中国国民党党史会，1990，第 52～53 页。

④ 《台澎归来我国接收受降警备统归陈长官负责》（1945 年 8 月 28 日），台北，“台湾发展委员会”档案管理局藏，档案号：0034/002.6/4010.2/1/005。

⑤ 张炳楠等编《台湾省通志》卷四《经济志》，南投，“台湾省文献委员会”，1973。

⑥ 全国政协、浙江省政协、福建省政协文史资料研究委员会编辑组编《陈仪生平及被害内幕》，中国文史出版社，1987；赖泽涵：《陈仪与闽、台、浙三省省政》，台北，近代中国出版社，1991。

⑦ 郑梓：《战后台湾行政体系的接收与重建——以行政长官公署为中心之分析》，《思与言》第 29 卷第 4 期，1991 年，第 217～259 页；褚静涛：《国民政府收复台湾研究》，中华书局，2013。

⑧ 陈仪与蒋介石先后进入日本士官学校就读，1927 年蒋介石北伐关键之际，陈仪替蒋介石在上海拓展基业，更协助蒋与宋子文接上关系，因此成为蒋介石亲信之一。柯乔治（George Kerr）：《被出卖的台湾》，陈荣成译，台北，前卫出版社，1991，第 74～76 页。

专家剖析台湾军事，以作为收复台湾的筹备机构，专研对台的政治、经济、文化、交通，胥有接收之方案。① 以陈仪为主导拟制的《台湾接管计划纲要》，除包含了陈仪个人的政治理念外，② 亦参考了台籍精英意见。③ 最终，拟设立台湾省行政长官公署，④ 以便保留对台因地制宜的特殊弹性。⑤ 有别于其他收复、光复区省份，中央对地方财经有绝对支配权；陈仪有意达成其财政自主目的，该会更针对台湾财政金融方面深入研究，编辑出版相关材料，⑥ 对日本殖民时期台湾币制的独占与特殊性亦有所悉知，故积极培育相关金融接收人才，于台湾调查委员会培训人员课程中特设财政组，举凡币制、银行、贷金、信用组合皆为其授业内容。⑦ 至此，亦可窥见陈仪对台有自成一局之规划，但这也酝酿了日后财政部和行政长官公署双方关于对台通货发行权限的纷争。

随着美军登陆琉球群岛，逐步切断日本对台的直接通路，收复台湾可谓势在必行。1945 年 3 月，财政部讨论通过《台湾接管计划纲要》，其中第 26、27、30 条即规定：

（26）接管后应由中央银行发行印有台湾地名之法币，并规定其与日本占领时代货币（以下简称旧币）之兑换率及其期限。兑换期间旧币暂准流通，旧币持有人应于期限内按法定兑换率兑换法币，逾期旧币一概作废。

（27）敌人在台发行之钞票，应查明其发行额（以接管若干日在该地市面流通者为限），及在抗战前与黄金之比价，以其全部准备金及财产充作偿还金，不足时应于战后对敌国媾和条约内明订我国政府对敌国政府要求赔偿。

（30）接收后如金融有救济之必要时，政府应予救济。⑧

① 《台湾调查委员会卅三年度工作报告》（1944 年 4 月 17 日），台北，"台湾发展委员会"档案管理局藏，档案号：0034/545.9/2040B。
② 详参赖泽涵《陈仪与闽、台、浙三省省政》。
③ 张瑞成编《光复台湾之筹划与受降接收》，第 61 页。
④ 《台湾接管计划纲要卷》（1945 年），台北"国史馆"藏，入藏登录号：022000010143A。
⑤ 郑梓：《国民政府对于"收复台湾"之设计——"台湾接管计划之草拟"争议与定案》，《东海大学历史学报》第 9 期，1988 年 7 月，第 191~213 页。
⑥ 阙燕梅、李艳、谢樱溟编著《宋美龄全传》（下），中国华侨出版社，2012，第 360 页。
⑦ 黄朝琴：《对于台湾干部训练班之意见》（1944 年 9 月 30 日），中国第二历史档案馆藏，档案号：一七一（2）101。
⑧ 《台湾接管计划纲要》（1945 年 3 月 14 日），中国第二历史档案馆藏，档案号：五（二）592。

　　除对台湾旧币的流通加以限制外，其兑换率及期限亦受中央银行整体规划调整。为此，央行将正式进入台湾，专使通货发币之权，中央亦有主掌和调剂台湾金融的权限，这同时意味着战后台湾财政，将回归中央财政部之下。

　　但 1945 年 6 月 6 日，邮政储金汇业局与四联总处又于中央设计局召开会议，商讨收复台湾后有关的金融处理方案。在台湾调查委员会搜罗的大量财经数据的基础上，拟订出《战后处理台湾金融方案草案》，当中有关于货币政策的整理原则，摘录如下：

> 　　……台湾以往在金融上所享有之相当独立状态，至少于收复后短期过渡时间内，仅可能避免过度更张，务求台胞生活之安定，使充份感受我政府之德惠……在接收之过渡期间，暂由台湾银行代理中央银行发行一种法币，此项法币仍为中央银行之版样，但与国内通用者，□示区别，例□于总理像处印郑成功像，全加盖台湾地名转以一对一之比值收回原有之台币，经相当期间，情形许可时，再设法使与国内法币划一。①

　　内文草案推翻了原财政部拟定的由央行印制台湾地名券方案，对于发钞的权限，则由台湾银行（以下简称"台银"）充任取代，这也显露并验证了陈仪与台湾调查委员会对台湾货币金融特殊化的擘画。借由日殖台银专属掌控台湾通货体系的背景，延续并加以借用运作，② 以完成陈仪财政自主一格的布局。

　　深入细探，财政部长俞鸿钧就战后财政思维方面，倾向于主张金融应集中化，③ 此外，俞鸿钧于前隶属孔祥熙副手，与孔氏家族关系密切；④ 而陈仪曾与孔祥熙有激烈冲突，⑤ 故从财经理念到党内派系，双方有着尖锐矛盾。对于陈仪的反扑，财政部并未落于下风，1945 年 7 月 31 日，在抄自行政院财政部与中央银行往来的电文中，央行电财政部称："关于本行

---

① 《邮政储金汇业局与四联总处关于战后处理台湾金融方案的来往文件条》（1945 年 6 月 6 日），海峡两岸出版交流中心《馆藏民国台湾档案汇编》第 34 册，九州出版社，2007，第 36 ~ 38 页。

② 施佳佑：《货币制度的选擂——以日治时期台湾币制改革的经验为例》，硕士学位论文，台湾大学，1994，第 29 页。

③ 俞鸿钧：《财政金融复员之途径》，《财政评论》第 14 卷第 1 期，1946 年，第 45 ~ 47 页。

④ 刘小清：《宋美龄外甥曾经身陷香港"间谍门"》，《文史博览》2009 年第 8 期。

⑤ 蒋授谦：《陈仪、孔祥熙冲突的因果》，《陈仪生平及被害内幕》，第 83 ~ 85 页。

估定台湾既需流通筹码数额（可暂定为贰拾亿），预先统筹印制台湾地名券，暂印 10 元、50 元两种，随军携往应用。"① 同年 8 月 15 日，正值日本投降之际，在财政部主导下的台湾金融委员会，修正通过《台湾金融接管计划草案》，其中台银之有关细则如下：

一、由财政部指派四联总处、四行、二局会同台湾省政府组织接管台湾金融委员会（以下简称接管委员会），办理接管台湾金融事项。接管金融委员会，于各银行改组后结束，以后地方行政由财政厅设科主管。

三……（甲）台湾银行，除将其发行及代理国库业务移交中央银行、外汇业务移交中国银行外，应改为台湾省银行，由台湾省主席主持接管改组及事项。

六、台湾银行虽为私人集资之银行，然其过去实为敌国政府侵略及剥削台湾人民之有力工具，其资产应予以无条件之没收……

十一、清算台湾银行之发行数额，并向敌国政府要求准备金之偿还。②

此为战后财政部部长兼央行总裁俞鸿钧的先发制人之举，重新组织接管台湾金融委员会，导入四联总处、四行、二局等财政部、央行相关要员，对台银的"国库""发钞""外汇"等代理特权，准予收回，即便台银是作为私人集资而成的银行，依旧需给予相对"弱化"。同时陈仪原本所设计的《台湾省行政长官公署组织大纲》组织架构下，并无一般省政府设置的财政厅、财政处等二级行政架构。在体制上省主席与厅处长是同一位阶，双方能形成一种制衡关系；③ 在财政部介入下，双方将主导战后台湾的金融接收，以恢复既有行政体制，扩大中央对台的支配力量。

此外，财政部的《台湾金融接管计划草案》又对新币的发行及其与旧币的兑换事宜做出了规定，其细则如下：

七、中央银行应按原有流通之台湾银行券，印制一元、五元、十

---

① 《国防最高委员会关于在台湾东北发行流通券事与国民政府等来往函件条》（1945 年 7 月 31 日），《馆藏民国台湾档案汇编》第 34 册，第 108 页。

② 《台湾金融接管计划草案》（1945 年 8 月 15 日），中国第二历史档案馆藏，档案号：一七一—（2）99。

③ 施养成：《中国省行政制度》，商务印书馆，1946，第 124 页。

元及五十元之地名流通券（以下简称新币），以适当之比率，陆续兑换台湾银行券。至新币对法币及外汇之比率，视当时国内币值情形，另行规定。

九、接管初期，中央银行新币发行时，首应（登记各该地区人民台币之持有额）规定兑换期间（不宜太长）及每人兑换之数额，以防止敌人之套取。

十三、接管初期，应限制每一存户之提款额每个月不得超过若干（以维持每一存户每月之最低生活为原则）。必要时，敌国人民得暂时停止其提款。①

财政部跳过陈仪的警备总部，透过中央军队进驻台湾时，由央行派员随军出发，每当军队进驻一重要地区，中央银行就在该地区设立办事处或分行，并在各相关地方设立兑换站，具体办理新币发行及旧币兑换事宜。②言下之意，中央可借币制限换、货币供给，执掌并调控台湾金融，间接掌握台湾财政，收揽陈仪的"地方"大权。在此规划下，台银亦将"名正言顺"地归建回省级银行地位。此举，自然将瓦解陈仪仿效日本殖民总督直隶台湾的概念。③

三　续用旧币抗衡财政部

面对俞鸿钧的强势介入主导，陈仪并非束手待毙。1945 年 10 月 5 日，陈仪以行政长官公署，致日本台湾总督安藤私吉将军电函，命令道："一、本人以中华民国台湾省行政长官之地位，奉中国国民政府主席中国战区最高统帅蒋委员长之命，接收现在台湾（含澎湖列岛下同）一切海空领土……安藤私吉将军于接受本备忘录及应为执行下列各项，下达命令，并负责监督其彻底实施，以待本长官派人接收。"此外要求在接受本备忘录后，立即将多项调制整备，并限时日内完成，说明"台湾各金融机构经营业务及其分部情况"，并将"五十元券、十元券、五元券及辅币之各别发行额分别列表，同时呈验发行总账"。陈仪为监视日本方执行上述一切命

---

① 《台湾金融接管计划草案》（1945 年 8 月 15 日），中国第二历史档案馆藏，档案号：一七一（2）99。
② 《台湾金融接管计划草案》（1945 年 8 月 15 日），魏永竹主编《抗战与台湾光复史料辑要》，南投，"台湾省文献委员会"，1995，第 329 页。
③ 《台湾省行政长官公署组织大纲卷》（1945 年），台北"国史馆"，入藏登录号：022000010144A。

令，既保持双方之联络，又会同台湾省警备总司令部派遣行政公署人员，先行进驻台北，设立前进指挥所。[①]

战后台湾资产，乃至台银的存款和台银券的兑换去留，都引起岛内日人、台人的极度不安。[②] 1945 年 8 月底，冈村宁次于赴南京呈递降书之前，便和台银副头取本桥兵太郎，就台银未来接收事宜密切讨论认为："为使台湾银行得以发展其机能，中国不应立即直接接收台湾银行。台湾银行不仅为台湾岛内之钞票发行机构与金融机构之首，与其影响力遍及岛内各方产业，因此和岛民经济生活有密切之关系。应改由受中方监督指挥，中国方面之必要开销则可由台湾银行支付提供。"同时对于战后货币处置，表示"中国法币不应该流入"，若"快速接收台湾银行使其业务因清算而停止，将使像糖业、电力等岛内产业全面性的丧失其动力，最终将让台湾岛内陷入经济之混乱"。[③] 而这势必更加损及战后日本滞台的资产与相关日资企业。

1945 年 8 月 30 日，台银总裁上山英三于东京发电《密电第九号》给在台的台银副总裁，其言译成中文如下：

　　盟军进驻之际，可以日银券、满银券或台银券为代替军票行使。眼下外交谈判中以现地谈判特别有效，透过与台湾总督府之联络，应全面推动以台湾银行券代替军票之行使，并配合由财政部（日方）所发出的指示。[④]

由此可知，首先，就在台日人而言，若能保留其台湾银行券，取代盟军可能在占领期间发行的军票，则较能符合并保有日方利益。毕竟就发行权而论，台银券暂时仍掌握在日方手中，有利于通货的印制操作。其次，若能以原来的发行券代替，将来在旧券换新券之际，部分债务将可透过币制改革之形势消除；免去盟军的军票形式，最终也将以索赔方式，向被占领的战败国要求巨额偿还。

① 《奉令接收台湾自本备忘录后应即奉行本长官之一切命令规定》（1945 年 10 月 5 日），台北，"台湾发展委员会"档案管理局典藏，档案号：B5018230601/0034/002.6/4010.2/004/004。
② 铃木茂夫：《台湾处分》，东京，同时代社，2002，第 194 页。
③ 台湾银行史编纂室编纂《台湾银行史》，台湾银行史编纂室，1964，第 1124～1125 页。
④ 《密电第九号》（1945 年 8 月 30 日），转引自张翰中《战后初期台湾货币改革之研究——从"台湾银行券"到"台币"的发行》，硕士学位论文，成功大学，2008，第 76 页。

陈仪的前进指挥所在 1945 年 10 月《金融事项》报告中，便表示"日本殖民时期，以前发行最高额为百元券，十五日（行文指 1945 年日本投降）以后即有千元券之发行，在台湾日官吏薪津已发至明年（1946 年）三月，似此日方滥发钞票溢行支付，势必引起通货膨胀，影响台胞生活，故台胞极感恐慌，甚望能兴紧急措置或发行当地新通用券，以代台券，又不欲内地现行之法币在台流通，反引起紊乱。且财政税收与专卖之收入，目下亦有滞收滞纳之现状"。① 虽通货问题亟须解决，但安稳民心更为迫切，眼下又在面对财政部对台金融接收的进逼，故而不得不有一权宜之策。

陈仪为抗拒财政部对其台湾财政权的争夺，乃至台银的可能"削弱"，先于 1945 年 10 月 6 日在台北前进指挥所通告于众：

> 现行货币准允继续流通，公用事业照常进行，工商各业安心经营，各级学校继续上课。②

并又追加规范告示：

> 携有法币者，在本奉明令在台湾使用以前，不准向市面使用。③

显然陈仪盼以保有先行台银所发行之台银券为缓冲。在法币（国民政府中央）暂且未到之际，暂保既有台银的金融体制。10 月 7 日，前进指挥所更透过广播和《台湾新报》发表《告台湾同胞书》，声明："本人奉命前来台湾成立前进指挥所，以备忘录递交台湾总督，所负责主要任务是注意日方实施情形，调查一般状况，并准备接收工作，以待国军和行政长官陈仪上将前来履新。我们一方面愿望日本人深明大义，遵照命令办事……"④ 言下实有拉拢台湾总督之意，以便其进行相关配合，好抗击财政部对台金融的"介入"。

---

① 《金融事项》（1945 年 10 月），台北，"台湾发展委员会"档案管理局藏，档案号：A375000100E/0034/013/314。

② 曾键民：《1945·破晓时刻的台湾》，台海出版社，2007，第 210 页。

③ 《奉令接收台湾自本备忘录后应即奉行本长官之一切命令规定》（1945 年 10 月 5 日），台北，"台湾发展委员会"档案管理局藏，档案号：B5018230601/0034/002.6/4010.2/004/004。

④ 《三十四年十月七日告台湾同胞书载台湾新报与广播》（1945 年 10 月），台北，"台湾发展委员会"档案管理局藏，档案号：A375000100E/0034/013/314。

对此，1945 年 10 月 11 日前进指挥所再发电函给台湾总督，双方并各派代表相会商讨，[①] 其后前进指挥所提出九点要求，如"台湾银行立即停止增发兑换券，如有需要增发时，应事先申明理由，经许可方可增发"，[②]以借日方和台银在正式接收前稳定台湾金融市场。面对陈仪的"要求"笼络，日方旋于 10 月 23 日调拨台银券 3000 万元，先行转交给前进指挥所600 万元，以供其调度利用，隔日（24 日）又将 1000 万元划入台银存折，[③] 以便陈仪在台湾光复大典之际支取运用。陈仪虽援引台湾总督的金融体系和通货政策，但面对"敌方"可能的恶意套取，也有对策因应，在前进指挥所中有关台湾区日俘（侨）处理一案，便引用了同年 10 月 1 日《中国境内日本居留民集中管理办法》，其内容限定在台湾之日俘、日侨，其私有现金限至中国法币 5000 元，其余相关各种钱币，金银、金饰、宝石、有价债券等物品皆不允转移携出。[④] 由此可见，日方虽有通货操作空间，但资本最终将难"套现出境"。

1945 年 10 月 24 日国民政府指派的陈仪接收团队抵台，在获得日本台湾总督的"输诚"配合下，隔日（25 日）于庆祝光复大会致辞中，陈仪便提到：

> 到台的文武官员士兵不得使用法币，因为台湾另有一种币制，与国内不同。在台湾新币制尚未确定，及台币与法币的兑换率尚未规定以前，本人业已请准中央，台湾暂时还是使用台币，而不使用法币。[⑤]

陈仪除直接采取行政命令的方式加以抵制法币外，也向蒋介石与行政院宋子文乞援。然正当 10 月 25 日正式抵台接收，财政部即与央行会商，对台湾区财政实行紧急措施、项目办理，[⑥] 追加通过《中央银行台湾流通

---

① 《前进指挥所副主任范诵尧与日谏山春树参谋长第二次谈话》（1945 年 10 月 11 日），中国第二历史档案馆藏，档案号：（二）17899。

② 《兹为便于整理通货起见特先提出下列九项》（1945 年 10 月 11 日），台北，"台湾发展委员会"档案管理局藏，档案号：B5018230601/0034/002.6/4010.2/6/003。

③ 《函应缴三千万元除已收陆百万元希再饬缴一千万元划入台湾银行存折以便支取》（1945年 10 月 24 日），台北，"台湾发展委员会"档案管理局藏，档案号：B5018230601/0034/002.6/4010.2/6/012。

④ 《台湾区日俘（侨）处理案》（1945 年 9 月 30 日），台北，"台湾发展委员会"档案管理局藏，档案号：B5018230601/0034/545/4010/11/161。

⑤ 魏永竹：《抗战与台湾光复史料辑要》，台北，"国史馆"台湾文献馆，1995，第 421 页。

⑥ 黄亨俊：《台湾银行旧台币发行史》，《国家图书馆馆刊》（台北）第 2 期，2002 年，第 94 页。

券发行办法》，其部分规范如下：

> 第二条、中央银行台湾流通券为台湾省境内流通之法币，凡台湾
> 省境内完纳赋税，及一切公私款项之收付，均使用之。
> 第六条、台湾省与内地之汇兑，由财政部另订办法管理之。①

行文不只强调央行发行之台湾流通券为省内唯一合法，且此时央行同时在上海赶印 26 亿台湾流通券，备赴台军政机关使用与收换日本旧台湾银行钞票，并遣派要员赴台设立分行，此项由央行发行台湾流通券的计划，经筹备、设计、印制、发行、兑换、支付、流通等，竟臻完成阶段，② 财政部对接收在台金融已万事俱备。

四　承继财政到建置台币

陈仪自始强烈反对，于上海赴台前夕，已鉴于法币的通膨问题，多次进见蒋介石，③ 强力建议 "台湾货币金融暂维现状，中央银行在台设行为期尚早，希望暂不插足台湾"，并表示 "台湾货币应由台湾银行继续发行，如中央不予赞同，则当商请中央银行委托台湾银行发行，由中央银行派人监督"。④ 其间，更多方电函宋子文盼能在赴台前于沪相会，⑤ 以争取由台银主管台币发行。战后俞鸿钧和宋子文于财政上貌合神离，⑥ 在陈仪的坚

---

① 《货币金融管理法令（七）》（1945 年 11 月 10 日），台北 "国史馆" 藏，入藏登录号：001000001705A。
② 《财政部为制定台湾流通券发行办法及台湾省汇兑管理办法致行政院呈》（1945 年 10 月 31 日）、《财政部为请仍准中央银行赴台设行发行台湾地名券致行政院呈》（1945 年 11 月 8 日），中国第二历史档案馆藏，档案号：二 6999。
③ 《蒋介石日记》，1945 年 10 月 12、13、16 日，美国斯坦福大学胡佛研究所典存。
④ 葛敬恩：《接收台湾纪略》，王晓波编《陈仪与二二八事件》，台北，海峡学术出版社，2004，第 124～125 页。
⑤ 《宋子文致陈仪电》（1945 年 10 月 14 日）、《陈仪致宋子文电》（1945 年 10 月 17 日）、《宋子文致陈仪电》（1945 年 10 月 18 日），T. V. Soong Papers，Box47 Folder18，美国斯坦福大学胡佛研究所藏。
⑥ 1944 年底宋子文上台后，对财长俞鸿钧的诸多政策多有质疑之意。《财政部呈行政院据本部缉私署呈税警团队长警教练所组织规程》（1945 年 1 月 24 日），台北 "国史馆"，入藏登录号：014000007440A。另见郑会欣《关于战后伪中储券兑换决策的制定经过》，《文史哲》2012 年第 1 期。

持和游说下,① 并承诺"所有抵充发行准备之日本债券概交中央,由中央换给公债,作为新发行之准备","俟中央整理币制对美对日比率确定后,即用法币",获宋子文的支持核准,② 给予台银印制新券自办发行之权。③ 1945 年 11 月 22 日台银券正式作为光复后的台湾初期流通货币,同时延续台银特殊地位及发钞权力。④

　　战后台湾初期市面金融混乱杂絮,日本银行兑银券更混入市面,随意使用,漫无限制。⑤ 为有效整理台银金融,台湾行政长官公署于 1945 年 11 月 7 日先行发布《处理省内日本银行兑换券及台湾银行背书之日本银行兑换券办法》,主要在于强制规范市面不允流通千元面额以上的日银券,相关钞券需统一储存于包括台银等在内的官方指定银行。⑥ 获行政院首肯保留台银发钞权后,陈仪于同年 12 月 11 日又通告《台湾省行政长官公署处理省内日本银行兑换券及台湾银行背书之日本银行兑换券特种定期存款存户支取暨抵押借款办法》。此办法显示了陈仪对于战后初期台湾的银行与货币政策,主要内容节列于下:

　　　二、台银券特种定期存款个人存户,存满一个月后,因生活之必要,待填具申请书,凭原存单,向存款银行支取生活费。

　　　四、前两条存户,每月每户得申请支取或抵借生活费一次,每月生活费不得超过三百元。

　　　七、法团特定定期存款一次抵押借款不得超过原存款总额百分之十。为连续借款,其总额不得超过原存款总额百分之五十。

　　　八、台银券特种定期存款抵押借款,按年息百分之二点五计算……⑦

---

① 《台湾省行政长官公署请令中央银行暂不在台设行事致行政院秘书长蒋梦麟电》(1945 年 11 月 15 日),中国第二历史档案馆藏,档案号:二 6999。

② 《徐学禹转来陈仪致宋子文电》(1945 年 11 月 2 日),T. V. Soong Papers, Box49 Folder11。

③ 《行政院长宋子文令财政部文——台湾币制仍照陈长官所拟办理,央行暂缓在台设行发钞》(1945 年 11 月 7 日),中国人民银行总行参事室编《中华民国货币史资料·第二辑 1927 ~ 1949》,上海人民出版社,1991,第 711 页。

④ 《财政部为暂不支用台湾流通券事致行政院秘书处》(1945 年 11 月 22 日),中国第二历史档案馆藏,档案号:二 6999。

⑤ 《妨碍金融之日银券省政府核定处理方法》,《民报》1945 年 11 月 8 日,第 1 版。

⑥ 台湾银行经济研究室编《台湾之金融史料》,台北,台湾银行经济研究室,1953,第 206 页。

⑦ 《台湾省行政长官公署处理省内日本银行兑换券及台湾银行背书之日本银行兑换券特种定期存款存户支取暨抵押借款办法》(1945 年 12 月 11 日),《台湾银行季刊》创刊号,台湾银行季刊调查室,1947,页不详。

再加上 12 月 14 日所公告的《台湾省行政长官公署收缴日本在台各种债券之训令》①，综合上述办法，其实即在延用台银的金融体系收拢通货，于最少波动干扰下，完成对台银的整理接收和资产过渡。

但在 1945 年 12 月 12 日，财政部致行政院呈稿——《财政部制定中央银行监理台湾银行发行办法致行政院呈稿》中，如行政院前函批示，台银之币制准陈仪所拟办理，同时财政部有相关监管台银的权力，相关细节办法节录如下：

> 二、中央银行派驻台湾银行监理之任务如左：（一）监督新台币之印刷及发行；（二）检查新台币发行准备金；（三）审核关于新台币收换旧台币事宜……（五）检查旧台币之印刷数额及准备金之实况。
>
> 五、驻台湾银行监理为执行职务得随时向该行主管人员查询一切情形及检查账册籍其他有关文件……②

显然财政部并非完全放弃对台银的监管，陈仪在面对财政部的督导压力之外，更棘手的问题则是从最初 1945 年 6 月国民政府推估，日本现行台银发行额预计达 8.5 亿元，平均每月增加 3000 万元，③ 但实质至 8 月 14 日投降之际，台银发行额已达 14 亿元，同年 10 月光复交接前夕，更爆冲至 29 亿元。④ 盐见俊二在回忆中，便叙述自日本搭飞机押送大量巨额钞券，空运钞券数量之多，需要卧在钞券堆上始可容身，⑤ 由此可想见日本于战末至接收前对台金融的有意套取。

这样的通货膨胀，投机套利，其实远远超乎陈仪之前的预料。同时在整理台银之时，才明悉准备金详额，在台之台银金库，仅剩日本古金币 949 枚，合纯金 1600 余钱，约合台银券 21350 元。⑥ 超额发行达 29 亿，凸

---

① 《台湾省行政长官公署收缴日本在台各种债券之训令》（1945 年 12 月 14 日），中国第二历史档案馆藏，档案号：廿八 3848。

② 《财政部制定中央银行监理台湾银行发行办法致行政院呈稿》（1945 年 12 月 12 日），中国第二历史档案馆藏，档案号：二 6999。

③ 《邮政储金汇业局与四联总处关于战后处理台湾金融方案的来往文件》（1945 年 6 月 6 日），《馆藏民国台湾档案汇编》第 34 册，第 37 页。

④ 《台湾之金融史料》，第 2 页。

⑤ 盐见俊二：《秘录·终战直后的台湾 – 私の终战日记》，高知，株式会社高知新闻社，1979，第 43 页。

⑥ 袁璧文：《台湾之货币发行》，台湾银行经济研究室编印《台湾金融之研究》，台北，1969，第 32 页。

显了陈仪严重低估日方掌控下台银的发行"能力",进而错判情势。整体而言,虽台湾人民所拥有的台银券只占发行总量的20%,其余80%均在在台日军及日侨手中,[①] 并又于同年11月、12月陆续制定相关附加限兑、限用命令,但大量台银券仍以各种不同形式,持续加速流于台湾市面。[②] 以至于1945年11月仍维持个位数的物价指数,于12月便大幅上升至130。[③] 虽以《中国境内日本居留民集中管理办法》命令,限定离台日军、日侨所能携资本之数额;但台湾甚难设防,仅以战后战败国须如实上缴军需物资为例,滞台日军不乏假借不同形式,或托民间汽船走私,或私自盗卖,或暂存山间仓库房舍,[④] 种种藏匿、偷运,不胜枚举,更别说换成金条、细软,夹带蒙骗出境。

因此,整理台银接收其资产,以利后续币改推行,成为陈仪的当务之急。1945年12月8日,行政长官公署财政处正式发文给台银,指派接收监理委员若干,[⑤] 进驻总行与各分行,同年12月11日正式接收办公。[⑥] 值得注意的是,或许是因为台银具有全台地区之"中央银行"性质,且又肩负各项业务,故而在整理期间包含总行与台湾省内之各分行,皆准予继续营业,[⑦] 形成一种边查账边营运的特殊场景。此外,作为日后新币发行和收兑台银券的准备,台银的印钞前置工作亦如火如荼地展开。但由于战后台湾地区的印刷设备不足,故只得转由大陆印刷。1945年12月21日,陈仪便直接提出以总量50亿元,第一期先印30亿元台币的方式进行,并特电函行政院宋子文,再转饬财政部与上海中央印制局先行赶制,又单方面由台银派人赴沪洽办印制事宜。[⑧] 显然对于财政部事先提出的,由央行派驻监管台银,审核发兑新钞数额及检查其准备金一事,陈仪似已无力

① 黄彰健:《二二八事件真相考证稿》,台北,联经出版事业股份有限公司,2007,第260页。

② 彰化银行百年史编辑委员会编《彰化银行百年史》,台中,彰化银行,2005,第206页。

③ Shih - hui Li, "The Currency Conversion in Postwar Taiwan: Gold Standard from 1949 to 1950," *The Kyoto Economic Review* 74 (2), December, 2005, p.194.

④ 《中国台湾省警备总司令部命令》(军字第82号,1945年12月21日)、《中国台湾省警备总司令部命令》(军字第16号,1946年1月8日),转引自戚如高、马振犊《抗战胜利后台湾日军投降及南京国民政府军事接收档案资料选(上)》,《民国档案》1989年12月31日。

⑤ 《台湾银行史》,第1145页。

⑥ 《台湾银行开始办公通报案》(1945年12月15日),台北,"国史馆"台湾文献馆藏,档案号:00301300005016。

⑦ 《台湾银行总行分行派员接收案》(1946年1月8日),台北,"国史馆"台湾文献馆藏,档案号:00325300008003。

⑧ 《台湾银行钞券换发新台币办理案》(1945年12月21日),台北,"国史馆"台湾文献馆藏,档案号:00326620055008。

理会。

对于陈仪片面自行接收查账与印制新钞之事，1946 年 1 月 14 日，财政部与央行委派驻台银监理人员，以奉财政部之命，发函要求台银需在五天内，将相关所查账册和业务报告，同步惠转财政部与央行。对此陈仪所属财政处和台银方面则以"俟清理工作完毕可将接收情形汇报"应付。[①]而到最终台银完成相关数据转交汇报时，其实已迟至 1946 年 8 月 15 日。[②]种种恩怨积累更加深了双方矛盾，以 1945 年底在沪成立台银上海分行筹备处一案为例，便得以看出财政部对此的漠视冷淡。[③] 而其间，为强化基础，收并日资产业，台银先后接收清理三和银行、储蓄银行，[④] 同时陈仪更再向宋子文乞援 20 亿元，[⑤] 至 1946 年 5 月 20 日，隶属于行政长官公署的台湾银行方正式发行台币，收兑台银券。但碍于局势混乱，考虑社会舆情及对价格体系的影响，遂未另行定价，乃将台银券和新发行台币予以等值流通，[⑥] 此举自然也概括承受了日方通膨套取的事实。

五 结论

由于战时陈仪与蒋介石的关系亲密，且陈仪多少参酌战时台湾精英[⑦]建议，[⑧] 蒋介石也认同其对台的接管计划。陈仪主导下有意保留日殖台湾金融的特殊独立性，除考虑用之阻隔大陆法币的通膨问题外，也能落实对台政治的完整掌控；然而俞鸿钧则倾向于金融的集中化，好有效统筹战后各方资源，加速财政全局的复兴；战后日方乃至日本殖民台湾总督，因利

---

① 《接收敌国银行情形请呈报案》（1946 年 1 月 14 日），台北，"国史馆"台湾文献馆藏，档案号：00325300007001。

② 台银早于同年 5 月 20 日便完成接收正式"复业"。《台湾银行接收报告书等呈报案》（1946 年 8 月 15 日），台北，"国史馆"台湾文献馆藏，档案号：00329530004002。

③ 《为陈报成立筹备乞鉴核备案由（附收文沪台字第 29、37 号二件）》，台北，"台湾发展委员会"档案管理局藏，档案号：035/A0/0001/12/001。

④ 《台湾银行总行呈》，台北，"台湾发展委员会"档案管理局藏，档案号：A375000100E/0035/253/18。

⑤ 《陈仪致宋子文电》（1945 年 11 月 2 日），T. V. Soong Papers, Box48 Folder2。

⑥ 台湾银行编印《台湾银行五十年》，台北，锐志传播有限公司，1996，第 63～64 页。

⑦ 蒋在日记中不乏提及台籍精英黄朝琴、宋瑞华，可派台湾工作。《蒋介石日记》，1945 年 4 月 14 日。

⑧ 黄朝琴率先于台湾调查委员会会议中提出，战后台湾应以实验方式治理，不必与各省强同。《台湾调查委员会座谈会纪录及各部门接受台湾计划草案》（1944 年 7 月），《馆藏民国台湾档案汇编》第 23 册，第 281 页。

益考虑，盼能暂时保有台湾货币。故至接收之际，陈仪得借力使力，援引旧有台银券抗衡财政部之方案；经多方角力汇流博弈，最终沿用既有币制，更使台银续保有发钞特权。

陈仪对台币制的立场和作为，不仅是出于自我在台治理的政治考虑，也是战后日本殖民台湾总督、台湾民众以及宋子文和俞鸿钧间的矛盾等多方拉力与推力下的共同结果，不能单独评价此为陈仪一人之举。但不可否认，陈仪的"大意"，使得"敌方"得以浮滥发钞套取台湾资本；加上和财政部的交恶，自此种下日后行政长官公署财政困境的苦果。

五四的新图景与社会的再发现

—— 评杨念群《五四的另一面：社会观念的形成与新型组织的诞生》

王　旭*

提　要　百年五四运动史的研究路径与话语变迁，基本是在中国革命史的既定框架内不断展开与扩充的。20 世纪 80 年代之后，学术界将五四运动定义为思想 – 文化革命基本已成为共识，由此有一系列面相不同的研究成果涌现，其中也借鉴了不少西方的研究成果。杨念群《五四的另一面：社会观念的形成与新型组织的诞生》一书，进一步聚焦社会观念的形成与新型社会组织的诞生，在思想文化层面，对于五四运动图景的阐释颇见创获，并提出五四阐释学的范式变化，是五四研究学术化的一个新探索。事实上，如果从更为广阔的社会史视野检讨与研究五四运动，不能仅仅停留于社会观念史/思想史上，而应落实于社会本身的演进过程中。

关键词　五四运动　五四解释学　社会观念史

近代中国革命运动的演进与社会力量的发育，从晚清至民国，共同描绘出了百多年历史情貌的斑斓色彩和思想话语转向之图景，国家—社会的关系进入了不同于传统政制的新局面。20 世纪初年，排满运动到民族主义思想的张扬，旧式教育模式到新式学堂学校的形成，地缘血缘纽带走向多种行业关系整合，帝国专制政体步入符合世界潮流的民主共和体系，乃至分化为力量不一的社会团体与民间力量，国权强势而社会低沉的二元性逐步瓦解、互通交融，现代国家形成的机理与模式似已铸就了一个有多重可

＊　王旭，复旦大学历史系博士研究生。

能的路径。

1911 年辛亥革命之后，帝制皇权的影子在逐步消逝，民初的舆论场从"一种声音"到"众音齐奏"，社会观念在组织化进程中演变为独特的政治能量。1919 年五四运动发生之后，其意义与价值已经远超一般的事件，俨然成为中国近代史上的一个符号与界标，其强烈的民族主义和爱国主义内核催引着之后的社会实践和话语再阐释，蔚为学术研究的显学。五四运动研究一度以专史的面孔出现，亦派生出诸如五四精神、五四学、大五四/小五四等新概念与话语，具有浓厚的意识形态色彩。可以说，"五四"是近代中国最具影响力和延展度的话语之一。

20 世纪中国革命运动和社会变迁的过程，时常折射着"五四前奏"、"五四精神"、"五四余波"乃至"后五四时代"变动带来的延续性作用，五四运动逐步被强化为一个与革命意涵同构同生的符号与象征。故而，五四运动史构成了近代史研究领域中一个特殊的"话题域"，甚为流布的"没有晚清，何来五四"[1] 之说更是赋予其一种贯通的思想史意义。百年风云多变迁，能被念兹在兹的并不多，被"怀念"的五四也不断呈现各类新面孔。不断贴近真实、具备学理地解释五四运动和把五四运动作为政治符号进行宣传，两者并非二元对立的，前者或可以予以宣传更多的历史资源和思想张力。2019 年是五四运动爆发一百周年，因此关于五四运动史研究的论著不乏精彩之作。特别令人关注者，乃是中国人民大学杨念群的新作《五四的另一面：社会观念的形成与新型组织的诞生》（以下简称"杨著"），倡导走出"五四八股化"和"纪念史学"的套路，为我们观察五四运动史提供了一个新的切口。[2]

一

以重大历史事件建构起中国革命史的框架和理论，曾是革命史叙事的基本书写方法。五四运动研究的独特性，在于这一事件与社会性质的界定互为表里。在中共革命史的解释体系内，民主主义革命分为旧民主主义革命和新民主主义革命，其界点就在于五四运动。同时，在近代－现代的叙

---

① 〔美〕王德威：《被压抑的现代性：晚清小说新论》，宋伟杰译，北京大学出版社，2005，序言。

② 参见杨念群《五四的另一面：社会观念的形成与新型组织的诞生》，上海人民出版社，2019。

事框架内，五四运动一度也被视为中国走向现代化的全面启动，① 在华岗、胡绳等人的论著中亦多有呈现。在这种意义的赋予下，五四运动史研究无疑包含着特殊的政治性，且其研究具有明确的导向性，并一度成为中国近代史与现代史的分期界限，成为不言自明的"历史分水岭"。

因此，杨著在自序中即说道："谈'五四'就像赶场庙会，不仅要就着 5 月 4 日这天去赶集，而且有大集小集之分，今年好像逢上个'赶大集'的日子，言论圈又该熙熙攘攘地热闹一番了。"② 不过笔者倒认为，五四运动的纪念具有现实层面的正当性，也是近代革命运动一个鲜活的案例。但是，如何纪念，到底是纪念真实还是纪念建构，都是社会各界（尤其是历史学界）面临的客观问题。其实，所谓"追时髦、吆喝几句与凑热闹"，恰恰反映了五四运动史具有特别的号召力。

"应景式"研究与五四运动的政治地位是相符的，"学术赶集"虽说有参差不齐之嫌，但客观上给予了五四运动讨论一个走向多元的关切。持续性的解读与诠释，多种声音的涌现，构筑了目前五四纪念最基本的话语市场。因此，所谓"陈词滥调"太多源于时代的新变化和五四学术化的新吁求。杨念群在 2009 年出版的《"五四"九十周年祭：一个"问题史"的回溯与反思》一书中，总结出"五四解释学"主要有两大范式——"政治史"范式与"自由主义"范式，并对此多有论析，已能够看出作者学术考辨与思想的功力，体现了一定的学术敏锐性。③ 而时隔 10 年该书出版，作者的聚焦点比之前近乎"学术回顾"的笔法更为明确的是，进一步突出对社会观念和新型社会组织发育的解释，这其中自然无法离开对五四前后各类光怪陆离思潮的考察，可谓一种"社会史范式"（或更为宽广的社会文化史范式及跨范式）。实际上，该书在探讨不同政治思潮及其影响力、勾勒五四时期各类思想变动乃至社会关联的同时，还展现了百多年前普遍存在的急躁情绪与救国迫切性，一定程度上涉及了不同"主义""思潮"之间的关系史，颇具长时段与贯通性考察，此正是其学术讨论的一大亮点。

五四运动的历史延续已经远远超越了一个事件本有生命力的影响范围，成为中国近代社会运动合法性的源泉之一。杨念群基于传统"五四解释学"的式样，在对已有研究做出梳理和整合的同时，提出了个人的"五四解释学"框架，并试图以"社会"为论域，析出不同群体的文化心理和

---

① 彭明：《五四运动与二十世纪的中国》，《中共党史研究》1999 年第 3 期。
② 杨念群：《五四的另一面：社会观念的形成与新型组织的诞生》，自序，第 1 页。
③ 杨念群：《"五四"九十周年祭：一个"问题史"的回溯与反思》，世界图书出版公司，2009，第 12～14 页。

行为选择，乃至"社会改造"风潮的洪波涌起，建构起五四运动的发生机理与影响。① 这种研究思路和思想深度是非常可贵的。在学术界主张"术业专治"的总体趋势下，从更为宏观的角度探研与贯通五四运动，不是说完全不可能，至少说具有相当的难度，这是一种实证与阐释路径上的分异，也是当代"五四解释学"亟待解决的问题。

当然，完整建构起一个新的阐释并非易事，且要从万象丛生的社会现象中凝练出可以并且足以代表时代的话语与演进的内核。民元之后，无论是德先生（民主）、赛先生（科学）还是后来提出的莫小姐（道德伦理革命），尽管在思想文化格局上呈现"三足鼎立"之势，但后来者的研究都仅仅是对某种或某一类思潮的源流追溯或延伸，而历史的多元性足以从另一方面来否认某一类研究的史实基石。更为明显的是，以"重大事件"结构中国近代史的潮流褪去之后，五四运动的学术化研究如何纵深化，就成为一个问题。多元可能性构成了总体视野的前提，进一步找出五四前后社会变动的宏观特征，在新旧、中西杂糅之间，予以体认和审视，似乎可以规避解释学上的局限和单一。实际上可以看出，杨著的一系列论证并非要否认民族主义、爱国主义或自由主义话语的正当性，而更多是希望从"社会观念"这一思想维度的演进中，"不可对社会运动所带来的变化视而不见"，集中于社会改造的影响和实践，并认为社会观念"远超对个体自由观念的认同和诠释"。② 在这样的路径下，试图探寻出真正能够切入五四解释的组织动力和网络结构，继而能够丰富"五四解释"的完整性和促进"五四研究"的学术化。

"社会观念"在清末民初中央权力下移和秩序不断重组的历程中逐步彰显和强化。发现社会力量的释放及其组织方式，对于五四运动的解释价值甚巨。有学者关注到了五四运动与社会改造之间的关系："启蒙知识分子从'五四'的胜利中尝到了社会运动的甜头，开始从个人的解放转向社会改造，转向面对广大国民的社会运动。"③ 罗志田曾认为：五四不仅如我们一般所知的是个时代分界点，它还见证和表述了"国家"和"社会"在中国的"诞生"。而尚在诞生中的国家和社会，又成为观察和认识五四的媒介和描述时代变迁的诠释工具。④ 事实上，在思想界纷繁多歧的结果中，个人主义的觉醒与社会改造运动是五四运动的两大历史遗产。总体来说，社会是一个关键词，兼及五四的思想革命、文化改造和社会运动的意义。

---

① 杨念群：《五四的另一面：社会观念的形成与新型组织的诞生》，第一章，第16页。
② 杨念群：《五四的另一面：社会观念的形成与新型组织的诞生》，第一章，第6页。
③ 许纪霖：《作为社会运动的"五四"》，《学术月刊》2009年第5期。
④ 罗志田：《把"天下"带回历史叙述：换个视角看五四》，《社会科学研究》2019年第2期。

因此，杨著在这种理念的导向下，其分析过程和组成部分就有明确的针对性，包含了多个层次的有机内容。在一系列问题集合下，杨著从五四前奏、无政府主义与社会观念的传播，再及个人主义与社会之关联、新型知识群体与社会改造运动，乃至最终将"社会观念"与 20 世纪中国政治思想变迁勾勒出一个初步线索，可谓一个相当宏观的历史阐释，部分内容读之会有一种"历史现场感"。从这个意义上而言，作者杜绝"雾里看花、模样含糊"① 的学术目标与诉求颇中鹄的。

二

五四运动的渊源与延续展现出的社会紧张，在某种程度上调动着民初之后"政教学工"各界的共同心态。杨念群认为，"五四运动的复杂性在于它既是清末民初政治转型的产物，同时也是对政治改革失败的叛逆"，② 恰似鲁迅所说之身处"一塌糊涂的泥塘中"，时局维艰无绪，其张扬的思想内核具有一种持久的精神召唤力量。近期，华东师范大学瞿骏在《觅路的小镇青年：钱穆与五四运动再探》一文中也认为："五四运动不仅是一个启蒙运动，也不仅是一个反传统运动，它是一个庞大无比的多层次复合型运动。特别是进入 1920 年代后，新文化、整理国故、新主义这三股大风同时刮起，吸引和调动着有政治理想的读书人。"③ 造就了一种相对开放、活跃的学风与政风。很明显，五四运动已经成为一个与文化转型、知识人交际网络和新政治思潮互动的观察切口。也正如杨念群所言：五四新文化运动形成了一个巨大而复杂的舆论场，各种思潮纷繁交织在一起，不断竞争着对知识界的主导权。④

学术视野下"社会"的再发现，不在于重估社会力量的强弱，而在于发现社会如何走向运动的逻辑。事实上，无论五四前后的思潮名目之变换、社团组织目标之多元，⑤ 其落脚点多数处在救亡富强和文化转型的脉络之内，俨然一个启蒙 – 救亡的双重变奏，⑥ 兼及对于公理 – 强权之关系

---

① 杨念群：《五四的另一面：社会观念的形成与新型组织的诞生》，第一章，第 5 页。
② 杨念群：《五四的另一面：社会观念的形成与新型组织的诞生》，第一章，第 17 页。
③ 瞿骏：《觅路的小镇青年：钱穆与五四运动再探》，《近代史研究》2019 年第 2 期。
④ 杨念群：《五四的另一面：社会观念的形成与新型组织的诞生》，第四章，第 136 页。
⑤ 如少年中国学会、工学会、新民学会、新潮社、平民教育讲演团、工读互助团、马克思学说研究会等。
⑥ 李泽厚：《启蒙与救亡的双重变奏》，《中国现代思想史论》，安徽文艺出版社，1994，第 19 页。

的追索。杨念群也指出了："知识界参与五四运动的不少人就认为其终极目标不仅要打破旧道德、旧思想和旧伦理，而且也受到隐于背后的政治救国动机和目标所支配。"① 确实，再从事件的意义阐释和影响延续的角度来看，五四运动其过程史实与价值阐释的结构，交织着明显的政治动因与意识形态特质。客观来说，无论是有意为之还是无心插柳，历史解释离不开再度建构。比如，五四运动带有的"反传统"品质，在 20 世纪下半叶又被塑造成一种"传统"，具有相当明显的政治色彩。笔者考察过战后国统区学潮的诸多口号，挂名为"重演五四""五四再起""纪念五四"的运动就不在少数，其藐视传统权威，甚至成为学潮一种"合法的武器"。青年学生"热爱"政治，却与政治是"隔膜"的。战后学生的政治倾向隐伏于整体社会衰颓之中，并又演变成系统性危机的组成部分。② 可见，反传统与传统之间，在社会格局的变迁中呈现价值走向上的吊诡，思想史范围的解释明显有其力不足之处，杨著倡导五四研究"社会史"取向的学术用心和见解在此方面也谓良苦——更有阐释进阶的必要性。

社会舆论是社会现实的反映。在 20 世纪的历史中，学生群体在政治理念上作为进步的社会力量，一度被广为宣扬，被看作承载着薪继传统与针砭时弊的社会功能，甚至在"救国图存"时代主题的导引下，一度从象牙塔走向历史舞台，在残酷革命的烽火中彰显着浩浩荡荡的隐形力量，是社会结构演变中的一个"有抱负阶层"（Aspirational Class）。在传统的阐释体系里，民族主义与爱国主义是五四运动爆发的关键动力，并给予学生力量和工人组织以极大的赞许，"救亡压倒启蒙"，这构成了一个时代话语并延伸到了 1949 年新中国成立之后。毋庸置疑，学生群体的力量和民国政治的走向存在逻辑上的关联性。五四前后社会力量的集聚释放与走向运动，通过示威游行、请愿、罢工、暴力对抗等多种形式先后展演，凸显出变动时代权力分化和民间力量组织化的阶段性图景。

社会情绪的爆发氤氲于晚清之后的对外疲软，"从 1895 年到 1925 年，各类国耻事件不断累积，激发着国人的救亡意识和民族情感"。③ 在权力分化与整合之际，以"爱国"为口号的群众性革命运动本身就具有比较独特

---

① 杨念群：《五四的另一面：社会观念的形成与新型组织的诞生》，第二章，第 69～70 页。
② 参见王旭《战后国共两党在天津的学生导控与教育救助研究（1945～1949）》，硕士学位论文，南开大学，2018，第 57～66 页。
③ 李里峰：《"运动时代"的来临："五四"与中国政治现代性的生成》，《中共党史研究》2019 年第 8 期。

的社会张力，"中国的土地可以征服而不可以断送"，[①] 并在各类宣言信条和新式报刊论说的化合下走向呼应与初步联合，进步知识人的角色是微妙且具有引领作用的。事实上，不管是五四前奏、五四发生，还是五四余波、后五四时代，知识群体与社会形态的关系被愈加强化。杨著指出，"青年群体走出寻求个人自由、张扬道德自省的狭小圈子，步入底层社会，遂渐成时尚之风气"。[②] 西方氤氲于一战之后的"社会改造"思潮渐渐成为一个时代的关键词，也左右着"后五四"时期知识界的舆论导向，这也是新知识人对于时局的因应和自我选择的社会化，与社会观念的演进和社会组织的诞生呈现逻辑上的一致性，在全球化和中西交通中体现出别样的历史场景。[③]

民国时期，当学生运动特别是五四运动进入社会视野后，已经有学人进行了初步归纳与论说。1922 年，五四运动的余波尚未完全褪去，顾倬出版了《学潮研究》一书，从理论动机层面考察了学潮发生的来龙去脉与社会环境。[④] 从科举制废除后士人力量的消退，到新式教育体制下学生群体和新知识阶层的兴起，其形式有变，但作为知识传承主体的青年学生骨子里仍蕴含着对于国是的自发判断，而民国诸多社会改造方案亦是五四思想的"产儿"。并且，由于政党的理念基础和具体处境不同，国共双方对于五四的评议与书写也颇显分殊，"在野的共产党更愿意从社会运动的角度来定义五四运动，而在朝的国民党更愿意从思想文化运动的角度来定义五四运动"。[⑤] 很明显，处于发展状态下的中国共产党试图以五四建构社会运动的合法性和团结青年群体，加强对五四地位的确认和意义的提升。而国民党则"无取于学生干政之风"，[⑥] 畏惧青年人以"五四"作为社会运动合法性的依据，刻意淡化激进政治的宣扬而鼓吹三民主义的引导。因此，五四运动的发生机理及其长期影响，不是政治史或思想文化史解释那般简约，而是一个逻辑相继的社会要素综合体。

正如有学者谓，五四新文化运动被视为中国的文艺复兴，是中华民族

[①] 罗家伦、许德珩等起草《北京学界全体宣言》，《每周评论》第 21 期，1919 年 5 月 11 日；又见复旦大学历史系中国近代史教研组编《中国近代对外关系史资料选辑（1840 ~ 1949）》下卷第 1 分册，上海人民出版社，1977，第 7 页。

[②] 杨念群：《五四的另一面：社会观念的形成与新型组织的诞生》，第三章，第 71 页。

[③] 李永春：《论五四时期社会改造思潮兴起的国际背景》，《湘潭大学学报》2013 年第 6 期。

[④] 参见顾倬《学潮研究》，上海中华书局，1922，第 1 ~ 117 页。

[⑤] 陈占彪：《不同的纪念：国共两党的青年节》，《东方历史评论》2019 年 5 月 6 日。

[⑥] 《五四精神与中国外交》，《大公报》（重庆）1942 年 5 月 4 日，第 1 张第 2 版。

精神的重新整理。① 同时，思想的绵长与延续给予了社会演进一个大致的脉络与曲线。周策纵曾经如此置论，五四新文化运动的新思潮，内容固然十分复杂，它背后还是可以找到一个思想的基调，这就是："重新估价一切。"思想大分裂也是社会大转型，复旦大学章清指出：20 世纪 20 年代是思想冲突加剧、思想界随之分裂的时代。② 可以确认的是，五四运动之后，知识分子首先在思想上，继而在行动上的不一致与日俱增，以致在以后的年代里这个运动产生了巨大分裂，③ 出现了诸多社会改造方案和政治理念，走向社会、步入实践成为一种必然。在原有身份评价机制瓦解的情况下，青年学生与知识阶层面对时局的抉择与走向，反映的是一个总体社会视域下的共性图景。而这一图景的绘制，是从清末就开始贯穿的时代呼吁。从社会的角度来说，五四时期处于新社会的新起点上，也是传统时代的延长线，社会取向替代政治成为知识精英重点讨论的关键词。杨著最有"社会色彩"的或是关于地方自治、责任伦理和社会组织建立的部分，将纷繁多歧的思想落实于社会化的进程之内，突出历史意识的重构和地方资源的利用，凝练出五四中心话题国家—文化—社会下降曲线，给予思想研判一种运动实践和地域化的魅力。④

　　晚清与五四之间在历史延展中具有思想价值上的贯通。众所周知，思想文化的跃迁与流动制度变更具有明显的因果关系，"输血管被强行阻塞，上下贯通的循环系统也随之不复存在"，⑤ 谱写了激进与保守的历史之歌，知识人不断分流异趋。传统社会的教育在科举模式制度分层下，虽然不具备"平均"意义上的公平性，却塑造了一个内部流动的封闭体系，对社会秩序与稳定影响久远。清末废除科举之后，学子与功名挂钩的渠道成为陈迹。现代学堂及新式教育体制下培养出的学生群体，分流入各种职业群体，即使不再于社会结构和等级秩序中占据先导阶层，然其公民意识的萌发与成熟，又使其继替了士人消退后新型学术与话语力量的位置，形成势力强盛的社会参与理念。氤氲于清末乱局之下的学堂学潮，与民变、士变交杂社会万象纠缠在一起。旧式学府与现代学校之间，区别在于前者乃是

① 马勇：《重构五四记忆：从林纾方面进行探讨》，《安徽史学》2011 年第 1 期。
② 章清：《中国社会的重组：对〈新青年〉同人"后五四时期"思想分化的追踪》，《近代史研究》2004 年第 6 期。
③ 〔美〕周策纵：《五四运动：现代中国的思想革命》，周子平等译，江苏人民出版社，1996，第 332 页。
④ 杨念群：《五四的另一面：社会观念的形成与新型组织的诞生》，第五章，第 227~256 页。
⑤ 杨念群：《五四的另一面：社会观念的形成与新型组织的诞生》，第一章，第 33 页。

在国权范围内制度化流动的主要模式，后者虽仍有此种意义，但由于自由、科学、民主、个人主义等思想的发轫，其价值取向已不再局限于此。新式学生努力追求更为独立的道路，从"学堂清议"走向"政治参与"，扮演了颇具经世色彩的责任角色，流动方向从治经化、科层化走向了职业化、公共化轨辙。

很显然，杨念群对于这一问题观照颇多。从士子身份认同的难局到"践履型"知识群体的形成，也是社会观念和社会组织机理的一个隐藏要素，可以视为五四前奏的思想基点，"深描"出一个长期的观念场景。杨著对于五四前后个人与社会之间关系的论证，即个人应为社会所定义，并在社会的规训下发生作用，确立自我的位置，人生困惑和国家问题之间具有密切的关联。① 同时意识到，仅仅依靠个人觉醒很难在残酷的现实中立足，脆弱的个体需要寻找新的依托场所和支撑点。进而，五四运动使得知识群体不断分化组合，呈现因新旧知识和地域差异而不均衡分布的状态。② 这些论断对于理解五四青年一代思想上的迷茫和彷徨颇见益处，也能看出作者学术思路的敏锐。

五四之后，诸如个人主义等思潮销声匿迹而"社会改造观念"的崛起延续，可谓历史的作用与选择，即杨念群所言："个人自由是五四的目标之一，但绝非其唯一的价值所在。"③ 个人与社会的微妙界限终将为时代所规定，而一些思想流派的相关改造运动自然就建基于社会环境的演变方向内。然而，面对社会革命的挑战，仅仅拥有社会理论的构建和辨析是远远不够的，知识人逐步有了面对现实的清醒头脑，在思想和实践中维持着个人、国家和社会之间微妙的张力和界限。

无政府主义与社会组织的衍生历程，同五四思想是紧密相连的，杨著对此有一深度的论析。在革命运动的催引下，一些满脑子宪政蓝图、热衷组建政党的知识分子开始怀疑上层政治改革的有效性，发现只把注意力集中在政治顶层设计，却忽略了基层组织的构造和运行，也许是个重大的缺陷。在晚清新政前后，一批早期的无政府主义者即已开始把眼光投向底层社会，寻求建立非政府组织的可能性，这对于近代中国社会观念体系的建构意义深远。④

也就是说，杨著对于五四"前奏"的思想谱系分析和不同观点论辩，

---

① 杨念群：《五四的另一面：社会观念的形成与新型组织的诞生》，第四章，第 173 页。
② 杨念群：《五四的另一面：社会观念的形成与新型组织的诞生》，结论，第 265 页。
③ 杨念群：《五四的另一面：社会观念的形成与新型组织的诞生》，自序，第 2 页。
④ 杨念群：《五四的另一面：社会观念的形成与新型组织的诞生》，第三章，第 135 页。

也是对社会观念这一命题的展开与论证，最终做出意义上的界定：五四既是以往一系列政治变革活动的延续，同时其思想遗产又暗暗启迪了后来的社会革命风潮，更被看成传统与现代思想对垒较量的"文化培养基"。① 不仅如此，各界要谋取社会革命的成功，显然不可以仅凭个人主义的书生论辩，而是必须以个人网络的联系为基础，最终要超越个体的层面，进入高度组织的程序之中方能办事，社会观念、社会组织和社会改造之间，具备思想脉络上的同构性。这样一种对于社会现实与思想场域的揭示，自然能够"号准"五四运动产生并起作用的"脉搏"。

三

五四运动曾经作为一个"重大事件"② 进入了民国政治史关注的视野，也常与新文化运动合称并进，扮演着代言民族主义、自由主义和个性解放的角色。可以说，五四运动真正使得社会"运动起来"，成为现代中国政治运动轨迹的重要节点。

周策纵在《五四运动：现代中国的思想革命》一书中，对五四的定义至今仍有不俗的学术生命力："它是一种复杂的现象，包括新思潮、文学革命、学生运动、工商界的罢市罢工、抵制日货以及新式知识分子的种种社会和政治活动……它不是一个统一的有严密组织的运动，而是许多通常具有不同思想的活动的结合，尽管这个运动并非没有其主流。"③ 而杨著的讨论，也有相似的论断："五四"无疑是新型知识人发动的一场运动，但"五四"的发展经历了较长时段的变迁，因此对"五四"变革主题和行动方式的支配，并非由一个单一色彩的群体所能独自包揽，而是由不同的群体交替掌控，是一个长时段、全方位的革新运动。当五四运动超越单纯的事件认知路径之后，不断被赋予更多内涵（尤其是政治价值），俨然成为"深具文化象征意义的符号之网和不同思想纠葛对话的场域"。④

可以说，杨著主要是从思想文化史的角度切入，勾勒出一幅五四前后社会思潮演进的动态图。"把五四扩展到与清末变革和民初社会革命的前后长线关联中予以定位，特别是对于五四阐释学和五四思想长期影响的论

---

① 杨念群：《五四的另一面：社会观念的形成与新型组织的诞生》，第一章，第17页。

② 如上文所说，重大事件是中国革命史建构的基本方法与路径，并呈现严谨的史学理论与框架意义，构成了马克思主义史学体系的有机部分。

③ 〔美〕周策纵：《五四运动：现代中国的思想革命》，第5～6页。

④ 杨念群：《五四的另一面：社会观念的形成与新型组织的诞生》，第三章，第85～86页。

述多有思想的光芒，区分了学术阐释和政党合法性历史叙述之间的差异"，①并进一步关注到了知识精英社会改造运动与思想文化变迁之间的关系，对无政府主义、个人主义等思潮的全景化呈现，可以说是当下五四研究学术化的一个范本。

不过，以学术的视角来评判，没有任何著作会是绝对完美或终极的结果。杨著全书立足于设定的两条"故事主线"（双线故事）：青年人的广场联络集会引发了广泛的民众抗议活动和新型知识分子介入并赋予了文化复兴的深层次诉求。②更多是侧重于对五四前后社会思潮和组织演进关系的解释，包括个人主义、自由主义、团体主义、社会主义、无政府主义、虚无主义等层面，已经涉及了部分思潮的不切实际与组织行动力的缺失局限，但是对于"社会"的其他要素关注不甚多——社会观念与社会组织之间的关系及何谓"社会"的问题。即使对社会组织演进的辨析，实际上也是一种观念史建构和思想史回溯。

而且，一些新观点的阐发，比如"上山下乡运动"承接了无政府主义时期企图建立"社会组织"新式职能的预想，但因无法与乡村传统进行有效衔接而归于失败。③笔者认为从思想脉络层面似可圆通无碍，但是立足于动员体制和城乡分化视野，这一解释又略见其短或者说需要进一步完善。再如对无政府主义者社会改造的评价，得出其对"社会"内涵的理解混乱不清，导致其组织新型社会的行为缺乏可操作性，最后难免流于失败的观点。思想与实践的统一与效能、知识精英的行动方略，需要在具体的社会环境中形成运动的张力，社会内涵认识上的偏差和分歧与新型社会组织的实践成败之间，其关系似应置于组织运作史而非思想史视域下进行辩解。

能够看出，杨著的学术路径仍然是立足于思想史解读，对于不少具体问题的探究原点是思想化的，事实上"社会"不是单薄的思想切面。照此路径，也就无法全面揭示"世相百态"与社会运动之间的有机关联。进而，作者后记所说"不满意五四运动史研究拘囿于思想史讨论圈子里"④的目标也不易实现，学术立体感呈现也会打一些折扣。除此之外，杨著中许多特有名词、概念与新理论，在充满义理性的分析中，多具思维的光芒与火花，但部分段落读之稍显拗口，需要对概念的语境再推敲、考虑或者

---

① 杨念群：《五四的另一面：社会观念的形成与新型组织的诞生》，第一章，第 17 页。
② 杨念群：《五四的另一面：社会观念的形成与新型组织的诞生》，结论，第 257 页。
③ 杨念群：《五四的另一面：社会观念的形成与新型组织的诞生》，第一章，第 30 ~ 35 页。
④ 杨念群：《五四的另一面：社会观念的形成与新型组织的诞生》，后记，第 277 页。

进一步加以解释。笔者意识到，尽管这种"吹毛求疵"般的评论有些不近人情（毕竟作者的聚焦点在于社会观念的形成、演变与实践），事实上杨念群也在书中提到，"五四"的丰富性和复杂性在于，我们抉取其中任何一个片段都不足以窥其全豹。[①] 但是，更为宏阔和平易近人的书写视野也并非不可能。另外，五四运动研究的国际视野和全球史意义需得到一定的学术关注。近些年有学者对日本和美国因素有所探索，五四的复杂面相也不断纵深化。[②]

更为重要的是，近代中国社会本身存在一个规律性的演进历程，我们似乎不必过多去讨论思想史、文化史、政治史或社会史范式解释的有效性与局限性，或者跨领域研究的利与弊，逐步抽离出范式、概念和名目的交锋，核心问题在于如何给五四运动史一个真正的新阐释，进一步充实"五四叙事"的完整性，这样一种路径或许才是学术化思考的基点。进一步打破框框与枷锁，对既有研究进行学理上的评析，"五四"从社会运动到引发思想文化运动，之后诱发各类社会改造风潮，堪当真正的"五四的另一面"与"五四的新图景"，从而建构出一个符合史实的学术话语。也就是说，如果从更为广阔的社会史视野检讨与研究五四运动，不能仅仅停留于社会观念史/思想史，而应落实于社会本身的演进过程。

事件阐释与历史认识具有时代性。杨著开宗明义："五四解释学"自进入知识生产流程以来，就一贯难脱政治史解读的窠臼。[③] 诚然，历史是一个"任人打扮的小姑娘"，充满了长期建构与话语的迷思。但是，历史又是一个真实而坦荡的过去，也须面对"卸妆还原"后的反差与惊异。纪念、宣传与学术是一个互相补正的综合体，并且各有裨益，"五四解释学"的当代阐述与路径，应是立足五四而超越特定话语/概念的，尽管这会陷入"新一轮"建构的泥淖之中——或许不少学人对于建构与解构颇不以为然。但是，历史学的求真与演进，不就是这样步步剥离而步步惊心吗？很明显，"祛魅"的道路仍然比较漫长，这就并不仅仅是五四运动史研究存在的问题了。

---

① 杨念群：《五四的另一面：社会观念的形成与新型组织的诞生》，第一章，第31页。
② 代表性论文有欧阳军喜的《论美国对五四运动的影响》（《中共党史研究》2019年第4期），董振平的《美国因素与五四运动的发生》（《福建省社会主义学院学报》2002年第1期），任一的《"襄世独美"：五四前夕美国在华宣传与中国对新国家身份的追求》（《史学集刊》2016年第1期），马建标的《五四运动爆发的日本因素——"百年五四"之一》（《博览群书》2019年第5期），日本学者野泽丰著、林晓光编译的《日本的米骚动与中国的五四运动》（《党史研究与教学》2002年第3期）等等。
③ 杨念群：《五四的另一面：社会观念的形成与新型组织的诞生》，第一章，第4页。

　　总而言之，五四的新图景与社会的再发现，反映出五四运动研究的学术取向，而非单纯的"纪念取向"。最后，有理由相信，杨念群对于五四运动史的相关讨论，特别是"五四解释学"的相关反思与疏通，是学术界五四运动史再研究所需参考的必读之物，笔者期待该书能够引起更多关注。管窥蠡测，《五四的另一面》其学术旨归，杜绝应景和重构阐释，所希望者，乃是关于五四运动的学术化检视也更"热闹"起来。

《中国红十字运动通史（1904~2014）》的学术特色

孙语圣[*]

2015 年 5 月 5 日，习近平总书记在会见中国红十字会第十次会员代表大会代表时指出："红十字组织是全世界影响范围最广、认同程度最高的国际组织。红十字是一种精神，更是一面旗帜，跨越国界、种族、信仰，引领着世界范围内的人道主义运动。"中国红十字会是国际红十字运动大家庭中的一员，自1904 年成立以来，已经走过了110 多年的风雨历程，在中国近代史和中华人民共和国史上留下了闪光的足迹。池子华教授总主编的 6 卷本 315 万言的鸿篇巨制《中国红十字运动通史（1904 ~2014)》（以下简称《通史》），日前由合肥工业大学出版社出版发行，是迄今为止规模最大、系统性最强、内容最丰富的中国红十字运动通史性著作。该书具有鲜明的个性和特色，其中以下几个方面尤其值得关注。

一 篇幅宏大巨制，论述全面

《通史》为国家"十三五"社会科学与人文科学出版规划重点图书、国家出版基金资助项目最终成果，分为第 1 卷《近代的红十字运动历史变迁》[①]、第 2 卷《新中国成立初期的红十字运动》[②]、第 3 卷《改革开放以来的红十字运动》[③]、第 4 卷《中国红十字外交（1949 ~2014)》[④]、第 5 卷

---

[*] 孙语圣，安徽大学社会与政治学院教授。
① 池子华：《近代的红十字运动历史变迁》（上、下），合肥工业大学出版社，2018。
② 徐国普：《新中国成立初期的红十字运动》，合肥工业大学出版社，2018。
③ 杨红星：《改革开放以来的红十字运动》（上、下），合肥工业大学出版社，2018。
④ 吴佩华：《中国红十字外交（1949 ~2014)》，合肥工业大学出版社，2018。

《中国红十字文化》①、第 6 卷《中国红十字运动大事编年》②，共 6 卷 8
册。《通史》系统再现了中国红十字运动百余年的历史发展，既有救死扶
伤人道理念的阐释、感人颇深的人物事迹，又有生动具体、让读者难以释
怀的人道叙事；既有宏观的历史论述、大事编年，又有中国红十字外交和
红十字文化两个专题；既凸显了红十字运动的国际性特质，又明确了红十
字运动与中国传统优秀文化及中国特色社会主义文化的内在关联。对于推
进新时期中国红十字运动的可持续发展、繁荣红十字文化事业，提供了可
资借鉴的历史经验。

　　《通史》依据历史的发展行程，分别论述国际红十字会运动的起源、
中国红十字会的组建、日俄战争中的救援、辛亥革命战场中的救护、民国
肇建后红十字会的转型、"二大"的召开、"二次革命"的人道救援、"军
阀时期"的战事救护、日本关东地震的人道救援、1928～1930 年的旱灾救
济、抗战初期的战地救护、平津战场救护、淞沪会战中的人道行动、上海
国际红十字会、救护总队的创建和活动、国际援华医疗队、"复原"时期
红十字会的工作、新中国成立后红十字会的改组、国际医防为朝鲜、开展
医防卫生救护、红十字会百年华诞、"八大"的召开、推进理顺管理体制、
印度洋海啸国际救援、汶川特大地震救援、"九大"的召开、能力建设的
理论与实践、西南旱灾和舟曲泥石流救援、青海玉树震灾救援、海地震灾
救援、"郭美美事件"的反思与应对、四川雅安震灾救援、修改红十字会
法、新时期的改革之路、博爱工程、筹资工作、志愿服务、参与"新农
合"、推进青少年工作、中国特色红十字会理论体系、打造核心竞争力等，
全方位地进行梳理，并逐一展开细致、深入的分析论证，笔力雄健地展现
了一百多年来中国红十字运动波澜壮阔的恢宏历史画卷。全书结构严整，
叙述清晰细致，说理透彻，论证有力，令人叹服。

二　增加专题研究，锦上添花

　　《通史》另设的两个专题研究，则专门从外交和文化两个主线，对中国
红十字运动 110 年的风雨历程做另辟蹊径的新探索，为中国红十字运动通史
研究再添新亮色，也开辟了中国红十字通史研究的新思路和新路径。

　　两个专题分别以外交、文化为主轴，论述中国红十字运动自创始至

---

①　郭进萍：《中国红十字文化》，合肥工业大学出版社，2018。
②　池子华：《中国红十字运动大事编年》，合肥工业大学出版社，2018。

2014 年的发展历程和演进轨迹，资料丰富，内容充实，说理得当，论证合理有力，令人信服。

红十字会是一个国际性组织，是政府在人道领域的得力助手，具有不可替代性，在对外交往方面可以发挥很大的作用，因而受到各国的重视。中国红十字会是国际红十字运动大家庭中的重要一员，中国红十字会的外交关涉其自身形象和在国际舞台的分量，甚至关联到国家形象。《中国红十字外交（1949～2014）》就是这一方面研究的重要成果。该卷主要研究内容包括：中国红十字外交历程、战争时期的红十字外交、和平状态下的红十字外交、红十字援外外交、祖国统一中的红十字外交、"一带一路"与中国红十字外交等。[1] 叙述和论证十分翔实，资料运用自如，观点鲜明可信，笔力饱满，情感充溢。

红十字文化是红十字运动的灵魂，与中华民族优秀传统文化一脉相承，与社会主义核心价值观高度契合，是社会文明进步的重要体现。《中国红十字文化》首次拉长考察的视野，对中国红十字文化做了较为全面系统的考察，填补了该领域整体性研究的空白，其学术价值和现实价值不言而喻。该卷论述的主要内容有：红十字文化走近中国、近代红十字文化的演进轨迹、近代红十字文化的传播、近代红十字文化的社会认同、新中国成立初期红十字文化的改造和融入、新中国成立初期红十字文化的宣教、改革开放以来红十字文化的新生、新时期红十字文化的保护和新时期红十字文化的传播。[2] 余论部分则探讨了红十字文化本土化的必要性和路径问题，富有新意。

三　论证精辟深刻，超越既有

与之前红十字运动史的研究著作相比，其内容精细度、分析深入度、资料征引面等都有巨大的延展和探究，全面超越了《中国红十字会初期发展之研究》[3]、《红十字会在中国》[4] 等中国红十字运动史著作及《中国红十字会历史资料选编》[5] 等资料集。在叙述、论证、时间跨度、空间范围

---

① 吴佩华：《中国红十字外交（1949～2014）》，第 1～179 页。
② 郭进萍：《中国红十字文化》，第 1～54、98～338 页。
③ 张建俅：《中国红十字会初期发展之研究》，中华书局，2007。
④ 周秋光：《红十字会在中国》，人民出版社，2008。
⑤ 中国红十字会总会编《中国红十字会历史资料选编（1904～1949）》，南京大学出版社，1993；中国红十字会总会编《中国红十字会历史资料选编（1950～2004）》，民族出版社，2005。

等方面也超越了《通史》作者之前已有的研究成果，如《百年红十字》①、《红十字与近代中国》②、《中国红十字外交（1949～2009）》③、《辉煌的十五年（1950～1965）》④、《挫折后的振起（1966～2004）》⑤ 等。《通史》立足丰富翔实的资料，钩沉索隐，颇多建树，不仅述的部分更为壮阔深入，而且增添了诸多论的成分。

从述的方面看，红十字运动起源的"三个一"、"移花接木"的实践、盛宣怀将中国红十字会易名"大清红十字会"后的不同反响、"回归"中国红十字会、中国红十字会万国董事会的组建、构建救援行动的支持系统、辛亥革命战场纷繁壮阔的救护行动及影响、民国肇建与中国红十字会转型、"二次革命"中的人道救护、从"狼"战到护国战争、北伐战争救护、北京政府时期水旱等灾害救护、日本关东地震的人道救援、"三大"的流产、波澜壮阔的抗战救护、"复员"与工作重心转移、开辟社会服务"新路径"、新中国成立后红十字会的改组、干部学习与纯洁组织、医疗机构的整理、国际医防为朝鲜、医防保健和应急训练、爱国卫生运动、改革开放后的组织恢复和初步发展、"四大"和"五大"之后的全面深入发展、依法建会、印度洋海啸国际救援、汶川地震等重大灾害救援、红十字会能力建设、博爱工程等方面的记述及诸多相关人物生平事迹的介绍，或为新增添的内容，或记述更为宏富翔实，已远远超越既有的各种近现代中国红十字会的研究著作。

从论的方面看，《通史》对红十字会在较短时间内能够在中国长驱直入的原因分析、红十字文化与中国本土慈善文化关系的考察、中国红十字会为什么首先在上海发起成立、上海万国红十字会在日俄战争结束后没有立即解散的原因分析、中国红十字会"自立"原因分析、盛宣怀的"大清"情结、"京会"与"沪会"矛盾分析、张竹君与沈敦和之争、对沈敦和"解职"事件的解释、"三大"召开的原因分析、会员征求运动的特点与不足、林可胜被迫辞职"激素"的精细研习、中国红十字会改组的意义、人道主义辨析、红十字人道主义源流考、"郭美美事件"的反思、博爱工程的社会学考察、中国红十字外交的特点、对外援助的多角度透视、新时代红十字外交的展望、江南善会善堂与红十字会的融通、改革开放以

①　池子华：《百年红十字》，安徽人民出版社，2003。
②　池子华：《红十字与近代中国》，安徽人民出版社，2004。
③　吴佩华：《中国红十字外交（1949～2009）》，合肥工业大学出版社，2012。
④　徐国普：《辉煌的十五年（1950～1965）》，安徽人民出版社，2009。
⑤　杨红星：《挫折后的振起（1966～2004）》，安徽人民出版社，2009。

来红十字运动的反思等，作者在翔实的资料整理基础上，运用扎实的学术功底，进行细致的梳理、分析、论证，使中国红十字会发展过程中的诸多问题得以拨云见日，让读者耳目一新。

四　资料翔实可靠，叙论精当

资料是历史研究的前提和基础。主编虽言档案资料缺乏，但该书在资料收集和整理方面花费了大量时间和精力，特别是在基础文献方面，尽量做到了搜索的丰富和翔实。

作者运用了大量第一手资料，并广征博引。不仅有收藏于中央档案馆、中国红十字会总会、中国第二历史档案馆、上海市档案馆、地方档案馆等的原档史料，还有各个时段的报刊，各个时段的著作就有几百种，此外还有各种文献资料汇编，做到了尽量使资料来源更加多元化。

对于近代时期的红十字会。作者运用翔实的历史资料和深厚的学术功力，对红十字走进中国的分析、红十字文化与中国本土文化关系的阐释、中国红十字会创建过程中复杂纷繁的力量博弈、"结万国红会会局、巩中国红会初基"①、中国红十字会的适应与变革②、近代历次战争中的伟大救护行动等，梳理和探究得一清二楚。如对盛宣怀欲将"中国红十字会"变"大清红十字会"原因③的考证分析鞭辟入里，让读者折服，再现了历史的真实。

对于新中国成立后的红十字会。作者通过对史料的深挖掘，进行查缺补漏，厘清了此前资料存在的多处错误，特别是完善了中国红十字会第二届理事会成员及其职务的资料，首次还原了1950年红十字会协商改组、红十字医防队工作、中国红十字会"二大"等情况。作者经过分析和论证，得出了诸多令人信服的结论。比如提出了红十字会的组织整顿，是国家政策、社会意愿、自身发展以及苏联经验等国内外诸多因素共同影响的结果；红十字医防队不仅具有业务功能，而且承担了一定的政治功能；"大跃进"期间，红十字运动既有在医疗保健、环境卫生等方面值得肯定的突出业绩，也存在值得深刻反思的违背科学精神和客观规律的极左的做法等观点，④ 鲜明而公允。

---

① 池子华：《近代的红十字运动历史变迁》（上），第 9～37、58～95 页。
② 池子华：《近代的红十字运动历史变迁》（下），第 335～396 页。
③ 池子华：《近代的红十字运动历史变迁》（上），第 89～95 页。
④ 徐国普：《新中国成立初期的红十字运动》，第 1～14、112～135、204～213 页。

对于红十字文化。作者在对中国红十字文化的考察中，梳理了红十字文化在中国的发生、发展以及演变的历史轨迹，并通过铺陈大量史实，勾勒了中国红十字文化的多向度图景，丰富了读者对中国红十字文化的认知。

另外，多学科的研究方法也使得该书摆脱了"完全"历史学的味道。历史学、政治社会学、文化社会学、组织管理学、法学等学科知识的运用，使著作生色不少，对诸多问题的分析和解读也更为深入透彻，同时使得著作能为各学科专业背景的读者所喜爱。

遗憾之处也是有的。由于研究的时间跨度大，研究的问题精深，这就需要有充足而可信的各方面的史料，材料要多样化，但可能是红十字会的大部分档案资料还没有开放，作者难以查询以为用，自然给部分问题的深入研究留下些许缺憾。同时，该书以整体研究为主，对地方分会的精细研究少些，难以做到面面俱到。

总之，《通史》的出版，是对中国红十字运动百多年发展历程的一次系统、有益的总结，对于促进社会主义和谐社会建设有着积极的意义，具有极其重要的学术价值和实践意义。《通史》的出版发行，可以"告诉大家一个真实的红十字会"，对于解决红十字运动发展中面临的问题能起到正本清源、以正视听的积极作用。《通史》的出版，既是弘扬"人道、博爱、奉献"的红十字精神、传播国际人道法的积极举措，也是在新的历史条件下推动国际文化交流与"一带一路"发展大局的具有重要学术价值和现实意义的行动。

第一届中华民国史前沿论坛会议综述

何 鑫* 郭 洋**

近年来，海内外有关中华民国史的研究欣欣向荣，成果颇丰。2018 年恰逢改革开放 40 周年，为回顾 40 年来中华民国史研究的历程，总结海内外相关研究机构和学者的研究经验，研讨中华民国史的前沿问题，探索中华民国史学科未来的发展趋势，南京大学中华民国史研究中心联合南京大学历史学院，邀请来自中国大陆、港澳台地区以及美国、日本、澳大利亚等地的 40 余名知名学者，于 2018 年 12 月 8 日至 9 日在南京大学举办了"第一届中华民国史前沿论坛"。本次论坛，与会学者的论文既有关于民国史研究中具体问题的个案分析，也有对民国史研究的整体回顾与反思，更有对引入新视角和新方法的尝试。形式颇有新意，学术讨论也具有相当高的水准。从整体上看，体现了中国民国史研究的前沿水平。以下将本次论坛的几个主要议题略做综述。

一 中华民国史研究的整体回顾与展望

中国大陆的中华民国史研究是改革开放之后兴起的新兴研究领域。随着改革开放的不断深入，民国史研究在各个方面都取得了长足进步。在本次论坛上，多位知名学者回顾和反思了 40 年以来民国史研究的发展历程，并对今后的深化与拓展进行了探讨。

南京大学人文社会科学荣誉资深教授张宪文在开幕式发言中，回顾了南京大学中华民国史研究走过的历程。虽然早在 1956 年和 1971 年，中华

---

* 何鑫，南京大学中华民国史研究中心博士研究生。
** 郭洋，南京大学中华民国史研究中心博士研究生。

民国史研究被先后列入国家的研究规划，但真正走向学术化的民国史研究，还是在改革开放之后。张宪文教授分别以蒋介石研究、辛亥革命研究以及抗日战争研究为例，指出蒋介石由"人"变成"鬼"，又由"鬼"变成"人"的过程；辛亥革命从资产阶级革命到民族民主革命的性质演变；从忽视国民党在抗日战争正面战场中的作用到逐步对 22 次正面战场战役进行系统研究。这个过程的演变体现了大陆民国史研究的艰辛历程。他指出，当前的民国史研究，要坚持实事求是原则，做经得起检验的研究。同时要加强学术界，特别是海峡两岸的交流合作，共同将民国史研究推向深入。

中国社会科学院近代史研究所王建朗研究员简要回顾了中国社会科学院近代史研究所的民国史研究历程。他指出，中国社会科学院近代史研究所和南京大学中华民国史研究中心，之所以能成为目前中国大陆民国史研究的两大重镇，既有"地利"的因素，也与双方的学者均较早开展民国史研究密切相关。改革开放以来，中华民国史研究在大陆进展迅速，首先得益于思想解放，其次则归功于对外开放以来与境外学术界的交流。随着思想解放带来的学者思维方式的转变，以及对外开放所形成的平等的学术交流气氛，民国史才得以在中国大陆取得了迅速进步。展望未来，中国对改革开放政策的坚持不会发生变化，而相对宽松的外部环境也能继续为海内外的学术交流提供便利，因此，中华民国史研究仍然大有可为。

台湾中研院近代史研究所黄克武研究员做了题为《台湾民国史研究的回顾与展望》的报告。他指出，台湾虽然没有出现"民国热"，也极少谈及"民国范儿"，但民国史与台湾的现实有着千丝万缕的联系。台湾学者的民国史研究，也做出了许多重要的贡献，特别是在史料的整理与开放方面。近年来，台湾学者除了对蒋介石研究、胡适研究等传统领域继续关注外，也开始逐步关注主流论述之外的宽广世界。虽然两岸史学界对一些问题的认识仍有分歧，但随着近年来两岸学术界的交流，相较以往，已经取得了更多的共识。黄克武研究员认为，在未来有几个重要的思考方向：一是重新思索清朝与民国之关系；二是振兴中华民国北京政府史研究；三是以"概念史""社会史"为视角切入民国史。

美国一直是海外中国学研究的重镇，加州大学伯克利分校的叶文心教授对近年来西方的中华民国史研究进行了回顾，并归纳出西方研究所具有的三个重要特点。首先是思维上的"历史化"，其次是关注中国研究的全球视野，最后是关注人与自然的关系，其中既包括科学技术史的研究，也包括后工业化时代的反思。她认为，西方研究在很多层面上已经发生了重大变化：在空间上，从关注城市和沿海地区到逐步关注内地，关注边缘地带；在时段上，不再将民国史研究仅仅视为断代史，仅仅局限于 1912～1949 年，注重打通与晚清史及中华人民共和国史之间的关系；在题材上，从前主要关注的是 1937 年以前南京国民政府的历史，而近期将视角逐渐移到战争，尤其是抗日战争上；在方法上，非文字性史料和数据化资料的开发逐步得到重视。

南京大学中华民国史研究中心陈谦平教授近年来坚持倡导民国史研究视角的"多元化"。在本次论坛上，他对深化民国史研究提出了四点新思考。第一，他认为应该用国际化的视野进行民国史研究。首先从史料角度看，大量与中华民国史相关的档案史料收藏在海外众多档案馆中；其次，中华民族本身并非单一民族，有着悠久的对外交往历史；再次，自鸦片战争以来，中国已经进入国际化的发展轨道，被纳入了不平等条约的体系中。因此，国际化的视野很有必要。第二，中华民国史研究要运用多元化的理论和视角。第三，应该注重民国发展过程中的延续性和整体性，不能人为地将历史割裂。第四，民国史研究要有新的思路。比如近年来学界对辛亥革命与民国建立的意义有了新的认识，认识到辛亥革命开启了中国由王朝到现代国家的转型过程，一直到民国建立，是历史合力的结果，这正是新思路的具体体现。

浙江大学陈红民教授对"新民国史"何以可能的问题进行了探讨。他指出"新民国史"的称谓，是受到学界颇为流行的"新革命史"的启发。40 余年来的民国史研究，经历了从中共史观到革命史观再到民族主义史观、现代化史观、民众史观的演进过程，体现了从一元史观到多元史观的转变。当今要用民国史观来构建中华民国史学科的新体系，而民国史观的核心是将中华民国史学科重新定位为"断代史"，"新民国史"的目标就是在学术上为国家主导的、持续二十四史的中华民国史修撰工作做好多方面的充分准备。民国史的研究对象，主要指的是 1912 年 1 月 1 日至 1949 年 10 月 1 日之间发生在中国的全部历史存在。他认为，"新民国史"研究在建立新体系的过程中，至少需注意四个方面：一是独立性和完整性，二是相关历史现象的评价标准，三是国际化的视角，四是史料的多样化与研究方法的多元化。

南京大学学衡研究院孙江教授做了题为《回顾与前瞻：全球本土化的中国史研究》的发言。他在发言中回顾了近代以来中国历史的研究状况及存在的问题，特别指出现在的研究有"能别裁而不能铺叙""能创作而不能因袭"之弊，他希望学界的研究应该注意两点：第一是"有话好好讲"，要磨砺写作；第二是"有理接着讲"，不能把别人讲过的换个说法、添些新材料照样讲，这是有违学术规范的。孙江认为，概念史研究必将成为历史学的"明日之星"，他尝试提出研究中国概念史的"四化"标准：一是标准化，二是通俗化，三是政治化，四是衍生化。

"有""无"之辩贯穿历史叙事，历史研究中一直有所谓"说有容易说无难"的说法。复旦大学历史系章清教授的报告《"有生于无"：重建近代中国历史叙述管窥》，针对中国历史叙事中的"有""无"之辩进行了新的思考。近代中国的历史叙述表现出对"有"的追逐，既是历史因素使然，也是所谓"阐释中国"的"焦虑"体现。他强调，历史叙述同样可以选择"无"展开，尤其是当所谓"有"是基于"目的论"立说，则更要注意到这样的"有"，实际舍弃的可能是更为重要的"无"。对于"无"的重视，不仅可以突破"有"的樊篱，也有裨揭示"无"中之"有"。就上述所涉及的问题来看，无论是西学的影响还是现代性成长等问题，实际上皆可基于"无"立说。对此的重视，既可推进对近代中国"多个世界"及"低音"的认知，而重建近代中国的历史叙述或许也成为可能。

香港中文大学郑会欣研究员的报告题目为《民国史研究中的三个"八〇后"》。他认为，随着改革开放之后的思想解放、档案材料的逐步开放、学术交流的日益广泛、研究力量的逐步加强和壮大，民国史研究呈现研究机构普及、学术团体众多、学术活动频繁、学术观点纷竞、学术论著丰硕的特点。他将目前仍活跃在民国史研究领域中的学者大致概括为三个"八〇后"。第一个"八〇后"指的是目前已经八十高龄甚至还要年长一代的学者，他们不仅是民国史研究的开荒牛，而且目前仍笔耕不辍，是他们引领一代学人开创了民国史研究的新天地。第二个"八〇后"指的是 20 世纪 80 年代以后成长起来的一代史学工作者，他们生逢其时，许多人早已成为民国史研究各个领域的领军人物，他们的研究开始有了自己的选择。第三个"八〇后"指的是出生于改革开放以后的青年学人，他们可以选择的方向非常多，然而歧路亡羊如何选择，其实对他们也是一个很大的考验。

二 中华民国史具体研究领域的回顾与反思

除了对民国史研究的整体状况进行回顾以外，一些与会学者还对民国史研究中具体领域的研究状况进行了思考。

自 20 世纪 90 年代以来，中国学术史的研究成了学界关注的一个热点。北京师范大学李帆教授对民国学术史的研究进行了一些思考。他认为，近现代的中国学术实际上是中西交融的产物，而在这一过程中，民国时期起到了关键作用。如现代大学体制的建立、相对自由的舆论空间等，都为学术的发展和繁荣奠定了良好的基础，使得民国学术成为中国学术史上的一座高峰。但是，目前非常严谨的学术史层面的学理研究尚不充分。李帆认为，在民国学术史的研究中，思想史的角度非常重要，而文化史的视野同样必不可少。

2018 年是第一次世界大战结束 100 周年。香港大学徐国琦教授对中国的一战史相关研究进行了回顾和分析。他指出，中国的一战史研究还较为薄弱，对第一次世界大战还存在一些误解。第一次世界大战对于中国当时的政府而言既是挑战也是机遇，第一次世界大战使中国与国际接轨，也让西方反思何为真正的亚洲。此外，徐教授还着重分析了青岛战役和一战华工问题，他以第一次世界大战为例再次强调进行跨国史研究的必要性。

中外关系史是中国近现代史重要的组成部分。湖南师范大学李育民教授对改革开放以来的中外关系史研究进行了回顾。他分别总结了宏观整体研究、北京政府时期的中外关系、南京国民政府时期的中外关系等专题的研究成果。他认为，改革开放以来的民国中外关系史研究取得了巨大成绩，但仍存在诸多不足和局限。面对这些问题，需要从宏观上统筹努力，构建中外关系学科的理论体系，同时要加强专业史料的建设。相信通过这些努力，民国中外关系史研究会有新的突破。

近代中日关系一直受到近现代史研究学者的高度重视。北京大学臧运祜教授用"两个 40 年后再出发"来总结民国时期中日关系史的研究。他认为第一个 40 年指的是，民国时期近 40 年（1912～1949）的相关研究状况。民国早期学术界延续了清末以来的师日传统，但随着对日抗战成为时代的主题，中国学术界对中日关系史的研究进入高潮，其主题变为日本帝国主义侵华史与中国人民的抗日斗争史。第二个 40 年则是指改革开放以来的中日关系史研究。此阶段仍然以中国抗战史与日本侵华史为中心，但无论是数量还是质量方面，都取得了长足而显著的进步。对于如何继续开拓与创新中日关系史的研究，他指出在研究内容上，应当更加重视北京政府时期的中日关系研究以及日本侵华决策研究；在研究理论上，应该具有全球视野与国际史的视野。

日本信州大学久保享教授则回顾了 40 年来日本学界对中华民国北京政府时期历史的研究状况。他认为相比南京国民政府时期的民国史研究，对北京政府的研究仍然相对落后。首先表现为如何历史性地认识北京政府在近现代史整体之中的定位，相关研究尚且不够；其次是缺乏一个大力推动该研究的主体；再次是史料的分散性。尽管如此，久保亨仍认为学界应该重新审视中华民国时期北京政府所发挥的正面作用。

三 新视角的探索与新史料的发掘

本次会议中不仅有学者回顾与审视 40 年来民国史宏观和微观层面的研究，也有学者尝试用新研究视角、新史料来探索、思考民国史的具体课题。

近年来，从性别角度研究中华民国史的成果不少，但大多数性别研究针对的是女性层面，而复旦大学陈雁对中华民国史与男性研究进行了让人耳目一新的论述。她认为，男性研究以男性特质为核心范畴，经过不断探索和深化，西方已经建立了自己的研究范式，并形成了一个跨学科的研究领域。她觉得在中国现有的男性研究当中，从男性的角度来讨论处于转型关键期的民国时期，不仅能够拓宽民国史研究的思路，还能深化性别史的讨论。在此方面，台湾学者已经有了代表性著作。从男性角度去解读中华民国史大有可为，但同时要警惕源于欧美学术界的男性研究理论范畴运用到中国时遇到的水土不服问题。

澳大利亚昆士兰大学黎志刚教授回顾了中国城市史的研究，探讨了新的切入点，即日常生活史和城市史研究的关系。在过去的一个世纪，历史学家和社会学家探索了无数的城市问题和社会因素，并写了大量优秀的城市历史作品。他认为，空间和人是城市史研究应该抓住的两个基本要素，使用空间理论和日常生活史研究有助于重构一个更真实的城市，可以为未来的城市发展提供参考。

南京大学历史学院李玉教授以概念史为角度，考察了中国近代早期的股权问题。他分析了"股票之权"与"股份之权"、从"股利"到"股权"、"大股东之权"与"小股东之权"、"维权"与"用权"等层面的变化。他认为，股权在一定程度上体现了股东对于投资权溢均性与平等性的追求。股权机制在一定程度上会溢出公司边界，产生政治文化效应。在近代中国的语境中，"股权"与"民权"确实存在互通的情况。其相互影响，值得深入研究。

随着大数据时代的到来，量化史学和数字人文近年来受到了历史学界的充分重视。南京大学中华民国史研究中心梁晨的论文《中国大学生群体社会与地理来源：1912—1952》，通过初步构建成的民国大学生学籍数据库（CUSD - ROC）中已完成的 24 所高校近 8.5 万名大学生的个人信息，先后分析了抗战前的教育资源与学生地理来源、抗战时期的大学生与学生流动和复员后高等教育的区域特征，探讨了民国时期高等教育资源分布的不平衡性及不平等背后呈现的生源结构特征及其变化。梁晨近年来一直致力于以量化数据的方法从事中国高等教育史的研究。此次他在论坛上的新论，引发了诸多学者的共鸣。

史学的点滴进步，离不开史料的开发使用。南京大学历史学院张生教授则向大家介绍了万国宫藏李顿调查团档案文献的结构和价值。据他介绍，"国联和联合国档案馆"与"国联和联合国图书馆"收藏的李顿调查团档案文献，分为"S 系列"、"R 系列"和"BOOK 系列"，这些档案系统地记录了李顿调查团在中日进行实地调查的经过，反映了中日双方和第三方的观点。初步研究表明，国难当头时刻，中国各界，尤其是东北民众向国联调查团和国际社会全面揭示了日本蓄谋制造事变、扶植傀儡政权的事实，是研究九一八事变经过和近代中日关系史的最新一手资料，具有重要的学术价值和现实意义。张生的学生陈海懿则以上述相关原始档案为依托，关注到九一八事变后的英国与国联调查团的组建。九一八事变后，国联派调查团赴远东开展调查，这是国联介入中日战争的伊始。作为国联主导国之一的英国，在国联调查团的组建过程中发挥了重要作用，英国内阁、英国驻中日使领馆、英国驻国联代表团在该过程中构成了三方主体，并在国联调查团的提议—预演—正式组建三个阶段均发挥了实效作用。

香港科技大学常成则利用 FRUS（美国对外关系文件）及相关英文出版物，对美国外交官约翰·戴维斯（John Paton Davies, Jr.）进行了较为贯通式的介绍。约翰·戴维斯是 20 世纪 40 年代著名的中国通。他与谢伟思（John Service）都担任史迪威的政治顾问。1944 年下半年，两人作为美军观察组的政治观察员到延安访问。他们得出中共将在内战中获胜的结论，并建议美国政府抛弃蒋介石政权，与中共建立正式关系。1945 年 1 月，戴维斯被赫尔利大使排挤，调往美国驻苏联大使馆，从而开始与乔治·凯南产生密切关系。1947 年初，他被调回国务院创建政策企划部（Policy Planning Staff），负责东亚政策并同时协调中央情报局等部门的政治战、心理战与秘密行动。朝鲜战争爆发后，戴维斯立场强硬，主张在朝鲜半岛实施"推回"（roll back）战略，并对朝鲜人民和战俘实施政治灌输。中国参战后，美国政府将反共灌输政策扩大到中国战俘营，造成反共战俘拒绝遣返的现象，使战争又多打了十几个月。戴维斯的两项朝鲜政策主张都遭到了失败。

关于中国大陆的史料开放问题是民国史学者长期以来高度关注的。中国第二历史档案馆马振犊馆长介绍了国家档案局抗战档案汇编编辑出版工程的情况。他指出，为贯彻习近平总书记关于抗战研究的指示精神，国家档案局启动了该项工程，调动国内各相关档案馆进行抗战档案的汇编出版工作，目前已经初见成效，本次汇编拒绝"炒冷饭"，主要针对研究所急需的、新发现的有价值的史料。即将出版的有关于日本战时播音、长城抗战、一·二八抗战、满铁简报、重庆兵器工业、战时军粮、兵役、青岛维持会等的档案汇编。同时，中国第二历史档案馆于 2018 年底开放一批有关汪伪统治时期的档案。

近些年来诸多学者主张研究视角的"下移"。与此相呼应，一些学者大力挖掘基层档案馆所藏档案史料。东北师范大学刘景岚教授以舒兰市档案馆的馆藏资料为例介绍了她对东北县域档案馆藏民国时期档案文献的调查整理与研究。她发现，基层县市档案馆收藏有大量民国前期特别是 20 世纪一二十年代的档案资料。这些档案资料保存得相对完整，绝大部分是档案原件，基本上有完整的卷册，编号连续，字迹清晰。目前她已经组织团队对其中一些县市档案进行了较完整拍摄，正处于一边拍摄挖掘、一边整理过程中。初步检视看，这些档案资料对研究民国前期东北社会政治、经济、文化、教育等将会有非常重要的价值。

四　具体问题的实证研究

对具体问题的实证研究一直是学界的主流，也是推动学术进步的重要方式。南京大学中华民国史研究中心李恭忠教授关注到了现代中国民族主义话语中的"三一运动"。1919 年朝鲜三一运动爆发后，在中国媒体的密集报道和评论中，日本殖民统治的残暴、韩国独立意志的坚决以及民族自决的观念，都得到了令人印象深刻的呈现。此后二三十年里，三一运动作为"邻家镜像"逐渐进入中国的民族主义运动和民族解放话语，为走向国族独立和民族复兴道路的中国人持续提供激励和镜鉴。放在波澜壮阔的现代中国历史进程中，这一点似乎不那么引人注目，但也值得留意。这一事例反映出，在现代中国国族构建的艰难历程中，内部的变革固然最为根本，但与周边"弱小"伙伴的联系和互动仍是不可忽视的。

20 世纪 30 年代的华北，政治势力争相角逐。南开大学贺江枫考察了在复杂局面下晋系的抉择。1935 年华北事变期间，阎锡山从静观其变到试探性与日合作，逐步转向蒋阎积极互动，阻遏冀察政务委员会成立。由此或可窥悉 30 年代华北地方实力派在日本步步紧逼之下自身的生存逻辑及地方政治的多元面相。首先，保存实力、维持存在成为华北各地方实力派行为逻辑的关键所在，政治立场往往具有多面性与投机性。其次，阎锡山与其他地方实力派在对日问题上虽方式、目的不同，但也主张采取妥协退让的政策。地缘政治成为影响各派势力政治选择的重要变量。此外，日本无休止地蚕食华北，使中央与地方的结构性矛盾在日军侵略的外在压力下越发激化，成为国民政府控制华北难以克服的关键性因素。

南京大学校史研究室牛力对抗战时期国立大学薪津的演变进行了考察。国立大学教员的薪津在抗战时期经历了显著变化：抗战初年，教员的薪津单纯来自薪俸，经折减后反较战前为低，物价上涨和教员生活境遇每况愈下恰成对比；1940 年后，对大学教员的各种补助政策陆续出台，补助的来源和性质有别，使得教员的薪津结构呈现不同特征，也造成群体间的差异。从总体的发展趋势看，非常规的津贴逐步超过传统的薪俸收入，成为抗战中后期大学教员薪津的主要部分。薪津结构的剧烈变动，从根本上改变了大学教员原有的薪津格局。

五　民国时期的香港与澳门研究

随着港澳研究的复兴，民国时期的香港、澳门日益受到史学界的重视。南京大学中华民国史研究中心孙扬一直从事香港史研究，在本次论坛上，他探讨了国民党在香港角色的变化。香港曾是革命党人筹谋起事的基地，从护法战争到国民革命，香港经历了多次革命风暴冲击。随着国民党建政南京，国民党香港党组织逐渐颓落。全面抗战爆发后，国民党于 1939 年组建港澳总支部，力图有所振作。虽然香港国民党党员数量大幅增长，但党员与组织脱节，总支部派系斗争不断，内耗严重。从 1945 年 8 月英国重占香港到 1949 年 10 月中华人民共和国成立，国民党在香港经历了从高调复出到低调蛰伏这一由"地上"而"地下"的过程。50 年代初，在冷战的环境下，国民党主导的香港"右翼社会"逐渐生成，它具备一定的社会系统，承担一定的社会功能。1956 年"双十暴动"发生后，香港的"右翼社会"由盛转衰。

澳门理工学院的王熹则梳理了阖澳华侨赈济会的始末。1940 年 3 月 5 日日军登陆后，中山各地有大批难民陆续涌入澳门。3 月 8 日，澳门各界成立"阖澳华侨济难会"，3 月 14 日改称"阖澳华侨赈济会"，专门救助中山难民，直至 6 月 10 日结束赈济，存在长达三个月之久。王熹从赈济会的架构、对难民的安置与管理、对难民的赈济、经费来源和结束赈济的善后事宜等方面为学界还原了阖澳华侨赈济会的历史。他认为，这段历史表明澳门同胞在抗战救亡运动中，始终与祖国同呼吸、共命运，因而书写出别样的抗战历史，为中华民族的解放、独立与发展做出了自己独特的贡献，同时为研究抗战时期的澳门以及澳门与抗战之间的关系提供了最有说服力的素材。

南京大学中华民国史研究中心吕晶、冯翠则根据粤港澳地区的档案、报刊等史料，及日本亚洲资料中心相关文献，初步厘清了抗战时期粤港澳地区自发传染病与人为传染病（细菌战）关系，探讨了该地区传染病的起源与正常瘟疫、细菌战之间的复杂关系及相互影响，深化了对日本细菌战及当地传染病史的研究。

第一届中华民国史前沿论坛为海内外从事中华民国史研究的学者搭建了交流与对话平台。与会学者希望这个平台能继续办下去，以推动民国史研究者开展更加深入广泛的学术交流，为深化民国史研究做出更大贡献。

稿　约

　　《民国研究》系教育部哲学社会科学重点研究基地南京大学中华民国史研究中心主办的学术专刊。创办20余年来，在国内外民国史研究专家学者的关注与支持下，产生了良好的社会影响与学术效应，现为CSSCI来源集刊。

　　为适应民国史研究学科发展的需要，本刊现改由社会科学文献出版社每半年出版一辑。本刊主要刊载关于1949年前之中华民国时期相关史实与理论的研究文章，注重实证，提倡探索。热诚欢迎海内外专家、学者赐稿。

　　来稿要求文风朴实、论从史出、观点新颖、逻辑严密、引文准确、注释规范。本刊采用社会科学文献出版社的投稿格式和注释体例，请各位作者投稿前务必参照改妥，并校订无讹，否则恕不受理。

　　由于人力所限，对于来稿不能一一回复。作者自投稿之日起一个月未接到本刊备用通知者，请自行处理。本刊对决定采用的稿件，有权进行修改、删节。

　　根据著作权法规定，凡向本刊投稿者皆被认定遵守上述约定。

　　本刊专用电子邮箱：minguoyanjiu06@sina.com

　　电话（兼传真）：025-83594638

南京大学中华民国史研究中心

《民国研究》编辑部

图书在版编目（CIP）数据

民国研究. 2019 年. 秋季号：总第 36 辑／朱庆葆主
编. -- 北京：社会科学文献出版社，2020.1
ISBN 978 - 7 - 5201 - 6066 - 7

Ⅰ. ①民… Ⅱ. ①朱… Ⅲ. ①中国历史 - 现代史 - 研
究 - 民国 Ⅳ. ①K258.07

中国版本图书馆 CIP 数据核字（2020）第 014605 号

民国研究（2019 年秋季号　总第 36 辑）

主　　编／朱庆葆

出 版 人／谢寿光
责任编辑／李丽丽
文稿编辑／李蓉蓉　汪延平　郭锡超　王　娇

出　　版／社会科学文献出版社·历史学分社（010）59367256
　　　　　地址：北京市北三环中路甲 29 号院华龙大厦　邮编：100029
　　　　　网址：www. ssap. com. cn
发　　行／市场营销中心（010）59367081　59367083
印　　装／三河市龙林印务有限公司

规　　格／开本：787mm × 1092mm　1/16
　　　　　印张：16.25　字数：291 千字
版　　次／2020 年 1 月第 1 版　2020 年 1 月第 1 次印刷
书　　号／ISBN 978 - 7 - 5201 - 6066 - 7
定　　价／89.00 元